심리학 연구방법의 기초

| 서장원 저 |

FUNDAMENTALS OF
PSYCHOLOGICAL
RESEARCH METHODS

학지사

머리말

저명한 심리학자이자 심리치료자였던 George Kelly는 모든 인간이 일종의 과학자라고 제안했다. 자기 자신과 세상을 주의 깊게 관찰하여 깨달은 바를 정리해서 일종의 이론을 만들고, 그 이론을 다시 검증하는 일을 끊임없이 반복하기 때문이다. 개인 간의 차이는 이 과정을 얼마나 오류 없이 진행하는가에 달려 있다. 어떤 사람은 오류를 많이 범하여 실제와는 동떨어진 이론체계를 구성하고, 또 다른 사람은 오류를 거의 범하지 않아 실제를 잘 반영한 이론체계를 구성한다. 전자와 후자는 현실적응 측면에서 차이를 나타낼 수밖에 없다.

인간이 이미 과학자이자 연구자라면, 오류를 최소화는 방식으로 연구를 진행하는 것이 삶에 도움이 될 것이다. 연구방법론은 이 목적을 달성하기 위해 개발되고 발전한 학문이다. 즉, 연구방법론은 우리가 좀 더 현실적으로 세상을 바라보고, 좀 더 진실에 가까운 원리를 발견하도록 돕는다.

필자가 대학 강단에서 연구방법론을 강의하면서 느꼈던 안타까움이 몇 가지 있다. 첫째는 학생들이 연구방법론을 학위취득의 도구로만 바라본다는 점이었고, 둘째는 연구 초심자들에게 적절한 쉬운 교재가 거의 없다는 점이었다. 셋째는 연구 초심자들이 겪을 수 있는 실질적인 어려움(예: 연구 아이디어를 개발하고 선별하는 것)을 다루는 교재가 적다는 점이었다.

첫 번째 문제와 두 번째 문제는 서로 연결되어 있다. 학생들이 연구라는 행위가 쉽고 흥미로운 활동일 수 있다는 점을 깨닫게 도와줄 쉬운 교재가 충분하지 않았던 탓에, 어렵지만 어쩔 수 없이 참고 공부해야 하는 학문으로 자리를 잡게 된 면도 있기 때문이다. 세 번째 문제는 해당 주제를 이론적으로 다룰 것이 아니기 때문에 나타난 자연스러운 현상일 수 있다. 하지만 연구를 처음 진행하는 초심자의 입장에서 보면, 연구에서 가장 중요한 활동들(실질적인 문제들의 해결)을 스스로 처리해야 하는 상황이 당황스럽고 난감할 수밖에 없을 것이다.

이 책은 이러한 문제의식에서 출발했다. 연구를 처음 접하는 학생들이 연구방법론을 쉽게 이해하여 흥미를 느낄 수 있도록 돕고, 실제로 연구를 진행하는 과정에서 겪는 어려움을 줄여 주고 싶었다. 이를 위해 이 책에서는 연구의 기본 개념과 방법을 쉽게 이해할 수 있도록 가장 기초적인 내용들만을 명료하게 제시하려고 노력하였으며, 연구 초심자들이 어려움을 겪을 수 있는 영역(예: 연구주제와 연구문제의 탐색)에 대한 구체적인 가이드라인을 제공하려고 노력하였다.

1장에서는 연구와 과학적 연구의 기본 개념을 소개하고, 과학적 연구로서의 심리학 연구가 갖는 특징을 간단히 제시하였다. 2장부터는 과학적 연구에서의 주요 활동을 단계적으로 다루었다. 2장에서는 연구주제를 탐색하고 선정하는 방법을 소개하였고, 3장에서는 연구문제를 발견하여 연구가설을 설정하는 방법을 제시하였다. 연구가설을 검증하기 위한 연구설계 방법은 4장에서 6장에 걸쳐 소개하였다. 4장에서는 과학적 연구의 근간이 되는 측정과 관련된 연구설계를 다루고, 5장과 6장에서는 각각 상관연구 설계와 실험설계에 대해 소개하였다. 7장과 8장은 자료수집과 자료분석 방법을 담고 있다. 이 부분은 사실 통계학 지식을 어느 정도 갖추고 있어야 큰 문제없이 이해할 수 있다. 이를 고려하여 통계학의 기초적인 개념과 주요 분석모형들을 2부(11~12장)에 포함시켰다. 통계학을 아직 공부하지 않은 독자는 11장과 12장의 통계학 기초를 먼저 공부한 뒤 7장과 8장을 공부하기를 권한다. 9장에서는 분석된 결과를 토대로 논문을 작성하는 방법에 대해 다루었으며, 작성된 논문을 투고하는 실질적인 방법도 함께 제시하였다. 마지막으로 연구윤리에 대한 내용을 10장에 소개하였다.

각 장의 내용을 보면 알겠지만, 이 책은 연구방법론의 모든 것을 다루지는 않는다. 오히려 입문서에 가까우며, 다양한 관점을 제시하기보다 보편적으로 인정되는 지식을 명료하게 제시하는 데 초점을 두고 있다. 따라서 독자 여러분은 제시된 내용을 하나의 의견으로 받아들이고, 의문스러운 부분에 대해서는 비판적으로 검토하면서 공부의 범위를 확장했으면 한다. 연구 공부를 하면서 알게 될 모든 것을 비판적으로 검토하면 할수록, 여러분은 더욱 유능한 연구자로 성장할 것이다. 부디 이 책이 연구하는 삶의 좋은 출발점이 되기를 기대한다.

차례

CHAPTER 10 연구윤리 193

PART 2 심리학 연구를 위한 통계학

CHAPTER 11 통계의 기초 207

제1부

심리학 연구방법

제1장 심리학 연구의 기초

1. 연구의 개념

연구(research)의 사전적 의미는 어떤 일이나 사물에 대해 깊이 있게 조사하여 이치나 사실을 밝혀내는 것이다. 'research'는 'recerchier'라는 프랑스어로부터 유래되었는데, 이 단어는 're'라는 접두사와 'cerchier'라는 명사로 구성되어 있다. 접두사 're'의 의미는 몇 가지가 있지만, 대표적인 의미로 '반복'을 들 수 있다. 즉, 어떤 동사에 접두사 're'를 붙이면, 동사가 제시하는 활동을 반복하는 것을 의미한다. 'cerchier'라는 단어의 의미는 영어 'search'와 동일하기 때문에, 'recerchier'라는 단어는 결국 '탐색을 반복하는 것' 정도로 정리할 수 있을 것이다.

연구는 다양한 방식으로 정의되고 있지만, '반복적인 탐색'의 의미를 대부분 포함하고 있다. 도구를 이용해 조사를 한다거나 특정한 방식으로 자료를 수집하여 분석한다는 식으로 탐색의 의미를 구체화하는 측면에서 약간의 차이가 있을 뿐이다. 연구의 정의에서 중요하게 고려되는 다른 한 가지는 목적이다. 어떤 대상이나 상황을 반복적으로 탐색할 때에는 그럴 만한 이유가 있을 것이다. 그 이유로는 '이치나 사실을 밝혀내는 것' 혹은 '지식을 증가시키는 것' 등이 제안되고는 한다(Creswell, 2002). 이러한 목적들의 공통점은 이전에 알지 못했던 것을 알게 되는 것이며, 그 앎의 핵심은 현상의 원리를 파악하는 것이다.

이렇게 연구를 정의하고 나면, 연구로 명명될 수 있는 활동이 매우 다양하다는 것을 알 수 있다. 예를 들어, 사람들이 불안을 느끼는 이유에 대해 호기심을 갖게 된 한 학자가 있다고 가정해 보자. 그는 자신의 궁금증을 해소하기 위해 인간의 불안과 관련된 고문서들을 체계적으로 조사했으며, 그 결과를 종합하여 인간이 경험하는 불안의 몇 가지 원리를 알아내었다. 그는 '인간의 불안'에 대한 고문서들을 '조사'하여 '불안의 원리'를 밝혀낸 셈이니 '연구를 했다'고 말할 수 있을 것이다.

또 다른 예로 시골의 한 농부를 생각해 보자. 이 농부는 수십 년간 옥수수 농사를 지어 왔다. 그런데 최근 몇 년 동안 유사한 질병 때문에 수확량이 절반 이상 줄어버렸다. 농부는 더 이상 두고 볼 수 없다 판단하고, 옥수수가 걸린 병의 원인을 알아내고자 조사를 시작했다. 이 과정에서 그는 옆 마을에서 재배되는 옥수수들이 지난 몇 년 동안 아무런 질병에도 걸리지 않았다는 사실을 듣게 되었고, 해당 마을에서 재배한 옥수수들의 품종과 경작 방법, 땅의 상태, 서식하는 곤충들의 차이 등을 체계적으로 조사했다. 그 결과, 옆 마을과 달리 자신의 마을에 특정한 질병을 퍼뜨리는 해충이 눈에 띄게 늘었다는 사실을 알게 되었고, 그 해충이 피해의 원인일 것이라고 판단했다. 농부는 '옥수수의 병'에 대해 체계적인 '조사'를 실시했으며, 그 결과 '병의 원인'일 가능성이 있는 해충을 찾아낸 셈이니, 그도 '연구를 했다'고 볼 수 있을 것이다.

이처럼 연구는 인간의 삶 곳곳에서 찾아볼 수 있는 비교적 흔한 활동이다. 하지만 동일한 현상을 이해하기 위해 여러 사람이 연구를 진행한다고 가정했을 때, 진실에 다가선 정도는 사람마다 다를 수 있다. 앞서 살펴본 예에서 학자와 농부는 각자의 방법으로 연구를 진행했으며, 그 결과 어떤 사실을 알게 되었다. 하지만 학자의 다른 동료 10명이 동일하게 불안에 대해 연구하고, 농부의 다른 동료 10명이 병의 원인을 연구한다고 가정했을 때, 이들이 모두 동일한 결과를 얻을 것이라고 보장할 수는 없다. 저마다 다른 결과를 얻을 가능성이 있으며, 각 결과는 진실에 다가선 정도에서 차이가 있을 수밖에 없다. 즉, 연구를 하는 행위 자체가 그 결과의 진실성을 보장하지는 않는 것이다.

연구의 결과가 진실을 반영하는 정도는 연구를 '어떻게 실시하는가', 즉 연구방법(research methods)의 차이에 의해 결정된다고 보아도 무방하다. 얼마나 타당한 연구방법을 이용하여 오류 없이 연구를 진행했는지가 관건이 되는 것이다. 이 때문에 연구자들은 좀 더 타당한 연구방법을 개발하기 위해 많은 노력을 기울여 왔으며, 그 결과 다양한 방법이 활발하게 사용되고 있다. 연구방법은 연구대상의 특성이나 자료의 특성, 철학적 관점 등에 따라 다양하게 구분될 수 있으며, 각 학문 분야별로 선호되는 방법이 다르다. 심리학 영역에서는 주로 과학적(scientific) 접근을 선호한다.

2. 과학적 연구의 개념

1) 과학의 기본 개념

과학(science)이란 검증 가능한 설명이나 예언의 형태로 지식을 구축하고 조직화하는 체계적인 활동을 의미한다. 과학에서는 어떤 현상의 원리를 이해하고자 할 때 경험적 관찰을 중시한다(Peirce, 1877). 관찰을 통해 현상에 대한 일련의 생각이나 아이디어를 갖게 되면, 다시 관찰을 통해 관련된 경험적 증거들을 수집하여 아이디어를 검증하는 것이 과학의 주요 활동이다. 예를 들어, 어떤 마을에 전염병이 돌아 많은 사람이 사망했다고 가정해 보자. 과학자는 전염병에 걸린 사람들을 면밀히 관찰할 것이다. 관찰 결과, 최근 병에 걸린 사람들이 모두 마을 중앙의 우물에서 물을 길어 마셨다는 사실을 알게 되었다면, 과학자는 '우물의 물이 전염병을 유발했을 것이다.'라는 아이디어를 도출할 것이다. 그리고 그 아이디어를 검증하기 위해 우물의 물을 길어와 실제로 전염병을 유발할 수 있는지를 확인할 것이다. 과학자는 수집된 정보를 이용해 자신의 아이디어를 검증한다. 만일 모아진 정보들이 아이디어와 일치한다면 아이디어를 채택하고, 불일치한다면 폐기하거나 수정한다.

현대에는 과학적 접근법이 매우 활발하게 사용되고 있어 이러한 방식의 연구 과정이 익숙하게 느껴질 것이다. 하지만 과학적 방법이 연구에 적극적으로 활용된 역사는 그리 길지 않다. 상당히 오랜 시간 동안 다른 방법들이 사용되어 왔는데, 대표적인 예로는 교조주의를 들 수 있다. 교조주의(dogmatism)란 기존의 학설이나 이론의 명제를 종교의 교조(dogma)와 같이 취급하면서, 연역적인(deductive) 방법을 통해서만 새로운 사실을 이해하려는 태도나 입장을 의미한다(Rokeach, 1954).

앞서 제시한 예를 이용해 보자. 교조주의에서는 우선 유추(inference)의 기본이 되는 명제들이 필요하다. 만일 '신을 거역하는 사람은 벌을 받게 된다.'는 명제가 있고, '전염병은 신의 벌이다.'라는 명제가 있다면, 마을에 전염병이 도는 것은 마을 사람들 중에 신을 거역하는 사람이 있기 때문이라는 추론을 할 수 있다. 이와 같이 경험적인 자료는 사용하지 않은 채 널리 받아들여지는 기존의 학설이나 이론의 명제들에 근거해 사물이나 상황을 이해하고자 하는 시도를 교조주의라 한다.

이러한 연구방식의 큰 단점은 추론의 근간이 되는 명제들이 참이 아닐 경우 도출된 결론 또한 틀릴 수밖에 없다는 점이다. 하지만 교조주의에서는 근간이 되는 명제들이 참이라고 가정하기 때문에 그 진위를 검증하지 않으며, 사실상 검증할 수 있는 방법을 가지고 있지 않다. 진위 검증을 위해서는 또 다른 명제들이 필요하기 때문이다. 또한 서로 다른 이론적 입장을 가지고 있는 사람들이 하나의 문제에 대해 서로 다른 의견을 제시했을 때, 누구의 말이 진실에 더 가까운지를 확인할 수 있는 방법도 가지고 있지 않다. 이 때문에 어떤 사물이나 현상에 대한 지식이 합의를 통해 성장하기가 매우 어렵다.

이러한 한계를 보완할 수 있는 철학적 사조로 경험주의를 들 수 있다. 경험주의(empiricism)는 모든 지식의 기원이 경험에 있다고 보고, 철저한 관찰과 경험적 인식을 통해서만 현상을 이해하려는 철학적 입장을 말한다(Meyers, 2014). 경험주의에서는 모든 아이디어를 관찰된 자료를 이용해 검증한다. 따라서 다른 어떤 전제가 없더라도 자료만 있다면 아이디어의 진위 여부를 따질 수 있다. 또한 자료는 객관적으로 실재하는 것이기 때문에 수집하는 방법이 동일할 경우 서로 다른 이론적 입장의 연구자들일지라도 동일한 결과를 얻게 된다. 따라서 서로 의견이 불일치하는 경우 자료를 통해 어떤 의견이 더 진실에 가까운지를 확인할 수 있다. 결과적으로 연구를 거듭할수록 어떤 사물이나 현상에 대한 지식은 더욱 성장하게 된다. 과학적 접근법은 이러한 경험주의에 뿌리를 두고 있다.

2) 과학적 연구에서의 입증주의와 반증주의

과학적 연구방법은 철저하게 경험적 자료 중심의 지식 구축을 추구한다는 점에서 현상을 정확히 이해하는 유력한 연구방법임에 틀림없다. 다만, 연구자들이 오랜 기간 동안 사용해 온 입증의 방식은 중요한 한계를 가지고 있었다. 입증 (verification)이란 어떤 아이디어와 일치하는 자료를 찾아 아이디어의 타당성을 확인하는 방법을 말한다. 이 방법은 일견 적절해 보이지만 중요한 결함을 가지고 있다. 수집된 자료가 어떤 아이디어와 일치할 경우 '현재까지 관찰된 자료'로는 아이디어가 참이라고 말할 수 있지만, 앞으로 불일치하는 자료가 전혀 발견되지 않을 것이라고 확신할 수 없다는 점이다. 즉, 아무리 일치하는 자료가 많을지라도 어떤 아이디어가 확실하게 참이라고 말하기는 어렵다. 예를 들어, '곰의 털은 갈색이다.'라는 아이디어가 있다고 가정해 보자. 어떤 연구자는 이 아이디어의 진위 여부를 확인하기 위해 1000마리의 곰을 관찰했고, 그 결과 1000마리 모두 갈색 털을 가지고 있다는 사실을 확인했다. 그렇다면 곰의 털은 갈색이라고 확정지을 수 있을까? 현재까지 확인된 자료로는 참이라고 말할 수 있지만, 다른 색깔의 털을 가진 곰이 앞으로도 발견되지 않을 것이라 보장할 수는 없다. 따라서 입증의 방식으로는 어떤 아이디어가 참이라고 확증하기 어렵다.

　이러한 한계를 공식적으로 지적한 대표적인 학자는 영국의 철학자 Popper(1902~1994)이다. 그는 보다 타당한 방식으로 과학적 연구를 진행하기 위해서는 입증이 아닌 반증(falsification)의 방법을 사용해야 한다고 주장했다(Popper, 1959). 그의 주장에 따르면, 경험적 자료는 어떤 아이디어가 틀렸다는 것을 보여 주는 증거로만 활용되어야 한다. 어떤 아이디어가 옳다는 것은 많은 수의 자료로도 확증할 수 없지만, 그 아이디어가 틀렸다는 것은 하나의 자료만으로도 확인 가능하기 때문이다. 예컨대, '곰의 털은 파란색이다.'라는 아이디어는 갈색 털을 가진 곰 한 마리만으로도 기각할 수 있다. 이렇게 어떤 아이디어가 틀렸다는 것을 자료를 통해 확증한 뒤, 그 대안으로 다른 아이디어를 잠정 채택하는 것이 반증주의에 입각한 연구방법이다. 물론 잠정 채택된 다른 아이디어 또한 반증의 대상이 될 수 있다. Popper를 포함한 반증주의자들은 이러한 방식으로 아이디어를 하나하나 제거하다 보면 진실에 가까이 다가갈 수 있을 것이라고 보았다.

글상자 1-1

Popper(1902~1994)의 생애

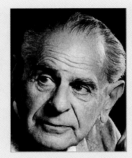

Popper는 오스트리아 출신 영국 철학자이다. 오스트리아 빈에서 태어난 그는 그곳에서 대학교육을 받고 1928년에 심리학 박사학위를 취득했다. 당시 빈은 유럽 문화의 중심지로 정신분석(psychoanalysis)을 포함한 다양한 학문이 자유롭게 번성하고 있었기 때문에 Popper 또한 자연스럽게 이러한 학문들을 공부했다. 그는 특별히 정신분석과 마르크스주의를 열정적으로 공부하고 관련 활동에 직접 참여하기도 한 것으로 알려져 있는데, 이 과정에서 그는 이 이론들이 과학과 비슷해 보이지만 실은 과학이 아닌 유사과학(pseudo-science)이라고 결론짓게 된다.

출처: https://en.wikipedia.org

Popper가 당시 가장 유력했던 두 이론을 유사과학으로 정리하는 데 가장 크게 기여한 것은 그가 과학에서 가장 중요하다고 여겼던 반증주의였다(Popper, 1959). 그에 따르면, 과학의 발전은 반증을 통해 기존 이론을 폐기하고 새로운 대안적 이론을 제안하는 과정을 통해 달성할 수 있다. 이러한 관점에서 볼 때, 마르크스주의는 분명한 반증이 있음에도 불구하고 이를 인정하지 않은 채 새로운 보조가설을 덧붙이는 등 기존 이론에 집착했다는 점에서 과학적이지 않았고, 정신분석은 너무 모호하기 때문에 반증이 불가능하다는 점에서 과학적이지 않았다.

Popper가 발견한 대표적인 과학적 이론은 Einstein(1879~1955)의 상대성 이론이었다. Einstein은 당시 가장 유력했던 Newton(1642~1727)의 물리학 이론에 반기를 들고 시공간에 대한 새로운 이론을 제안했을 뿐만 아니라 이 이론이 맞을 경우 예상되는 구체적인 결과까지 제시하고, 이를 검증할 수 있는 방법 또한 제안했다는 점에서 매우 과학적인 이론이었던 것이다.

Popper는 그동안의 연구내용을 정리하여 1934년에 『연구의 논리(Logik der Forschung)』를 출간하였으며, 이 책은 과학계에 큰 반향을 불러일으켰다. 이후 뉴질랜드의 캔터베리 대학교에 임용되어 철학을 가르쳤으며, 1946년에 런던 정경대학교로 자리를 옮겨 논리학과 과학적 방법론을 가르쳤다.

3) 현대의 과학적 연구

Popper의 철학은 현대 과학에 많은 영향을 미쳤으며, 현재까지도 많은 연구자가 그의 연구방법을 따르고 있다. Popper의 철학을 토대로 구성한 구체적인 연구절차는 다음과 같다. 첫째, 연구자가 주장하고자 하는 아이디어의 반대를 참이라 가정한다. 여기서 연구자가 검증하고자 하는 잠정적인 예언이나 아이디어를 가설(hypothesis), 혹은 연구가설(research hypothesis)이라 하고, 이 가설의 반대가설을 영가설, 혹은 귀무가설(null hypothesis)이라 부른다. 예컨대, '예습을 하면 성적이 좋아진다.'는 가설을 구성했을 때, 영가설은 '예습 전과 후의 성적은 동일하다.'로 설정할 수 있다. 둘째, 자료를 통해 영가설이 그럴듯하지 않음을 보인다. 앞의 예에서는 예습 전과 후의 성적 자료를 실제로 수집해서 성적이 유의하게 변하는지를 확인할 수 있을 것이다. 만일 실제로 성적이 달라졌다면 영가설이 그럴듯하지 않다는 증거가 될 수 있다. 셋째, 그럴듯하지 않은 영가설을 기각하고 대안으로서 연구가설을 채택한다. 영가설은 참이 아니라는 사실이 확인되었으므로 대립가설인 연구가설을 참이라고 판단하는 것이다.

검증하고자 하는 가설은 현상에 대한 관찰을 토대로 구성하거나, 기존의 연구를 통해 구성된 지식체계, 혹은 이론을 토대로 구성하는 것이 일반적이다. 여기서 이론(theory)이란 사물의 이치나 지식 따위를 해명하기 위해 정연하게 일반화한 명제들의 체계를 의미한다. 간단히 말하면, 이론은 특정한 명제들이 모여 하나의 체계를 이룬 것이다. 명제(proposition)란 참과 거짓을 판별할 수 있는 의미 있는 평서문을 뜻한다. 명제는 일반적으로 개념에 대한 기술을 담고 있거나 개념들 간의 관계에 대한 내용을 포함하고 있다. 즉, 개념들로 구성되어 있는 의미 있는 평서문을 명제라고 부른다. 여기서 개념(concept)이란 일정한 현상을 일반화하여 추상적으로 표현한 것을 의미한다. 개념은 현상, 혹은 사실의 존재가 전제되어야 하며, 언어나 수학적 기호 등으로 표현할 수 있다. 간단히 정리하면, 개념들이 명제를 구성하고, 명제들이 이론을 구성한다. 예를 들어, 심리학 연구에서 자주 등장하는 우울(depression)이나 분노(anger) 등의 정서(emotion)/기분(mood) 관련 표현은 모두 개념에 해당한다. 기분이 저조하고 부정적 생각이 많으며 신체생리적 기능이 크게 저하된 상태를 추상적으로 표현한 것이 '우울'이라는 개념이며, 높은 각성 수준과 흥분, 공격적인 생각과 신체적 긴장 상태를 추상적으로 표현한 것이 '분노'라는 개념인 것이다. 이 두 개념이 특정한 관계를 맺고 있다면, 두 개념의 관계성을 기술하는 명제를 구성할 수 있다. 예컨대, '내향화된 분노는 우울을 유발한다.'와 같이 개념의 인과관계를 설정하여 평서문으로 기술한 것은 명제라고 볼 수 있다. 이 명제는 자료 등을 이용해 참과 거짓을 판별할 수 있다. 그리고 '내향화된 분노는 우울을 유발한다.'와 같은 명제나, '중요한 대인관계 상실은 분노를 유발한다.'와 같은 명제처럼 우울의 원인에 대한 특정한 관점을 지닌 명제들이 논리적으로 연결되어 하나의 체계를 구성했다면, 이것은 하나의 이론으로 볼 수 있을 것이다.

가설은 이러한 이론을 토대로 만들어 낸 반증 가능한 예언을 의미하며, 보통 개념들 간의 관계에 대한 잠정적 진술의 형태를 띤다. 예컨대, 어떤 이론을 토대로 '우울한 기분을 많이 경험할수록 자기 자신에 대한 분노감이 강할 것이다.'라는 예언을 구성했다면, 이것은 가설이다. 이러한 가설은 검증 가능하며, 가설검증의 결과는 이론을 수정하거나 폐기하는 데 사용된다. 이와 같은 방식으로 특정 주제에 대한 지식체계가 성장하게 된다([그림 1-1]).

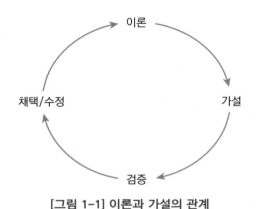

[그림 1-1] 이론과 가설의 관계

이렇게 지식체계가 형성되고 성장하는 과정을 연역(deduction)과 귀납(induction)의 관점에서 이해하기도 한다. 연역이란 전제로부터 논리적으로 어떤 명제를 도출하는 과정을 의미하고, 귀납이란 개별적인 사실들로부터 일반적인 원리를 도출하는 과정을 의미한다. 과학에서 어느 쪽을 보다 강조하는가는 학자들마다 의견을 달리하지만(Harré, 2002), 일반적으로는 두 과정 모두 지식체계의 성장에 관여한다고 본다. 보다 구체적으로 말하면, 관찰된 사실들로부터 어떤 일반원리를 도출하여 이론을 구성하는 과정은 귀납과 밀접하고, 이미 구성되어 있는 이론으로부터 새로운 아이디어를 도출하는 과정은 연역과 밀접하다. 이렇게 도출된 아이디어는 다시 관찰을 통해 확인되고, 그 결과는 이론의 강화나 수정에 기여하게 된다. 이러한 순환의 과정을 통해 지식이 점점 더 성장하게 되는 것이다.

Kuhn(1922~1996)의 패러다임 전환

Popper의 주장은 매우 논리적이며 별다른 결함이 없어 보일 수 있지만, 연구세계의 현실은 예상보다 복잡하다. 실제로 특정 주제의 연구들을 살펴보면, 동일한 가설을 검증한 연구들이 서로 다른 결과를 보여 주는 경우가 많이 있다. 이러한 현상이 나타나는 이유는 세부적인 연구방법의 불일치나 연구 진행 과정에서의 오류 때문일 것으로 보이지만, 그 이유를 명쾌하게 정리하여 결론내리는 것은 쉽지 않은 일이다. 이 때문에 특정 이론에 기반한 가설이 기각되어도 한동안 해당 이론은 기각되지 않은 채 유지되는 경향이 있다. 그렇다면 어떤 이론이 진실을 담고 있

출처: https://en.wikipedia.org

는지, 그렇지 않은지를 확실하게 밝히는 것은 불가능한 일이 아닐까?

미국의 물리학자였던 Kuhn은 이 질문에 대한 흥미로운 답을 제시했다. 그에 따르면, 과학의 발전은 점진적으로 이루어지는 것이 아니라 주기적으로 혁명을 겪는 형태를 띤다. 그는 과학의 발전을 4단계로 정리하여 제시했다. 먼저, 과학자들이 어떤 패러다임(연구를 가능하게 하는 도구와 문제의 총체)을 받아들이면, 이 과학 분야는 정상과학(normal science) 단계에 접어든다. 정상과학 단계에서는 과학자들이 해당 패러다임에 기초해서 연구를 진행하면서 문제를 풀어 나가게 된다. 이 과정에서 기존 패러다임으로는 풀리지 않는 문제들이 발견될 수 있는데, 이때 위기 단계가 나타난다. 위기 단계가 지속되면 기존의 패러다임과 전혀 다른 새로운 패러다임이 등장하여 경쟁하는 양상을 보일 수 있는데, 이 단계가 과학혁명(scientific revolution) 단계이다. 이 단계에서 새로운 패러다임이 과학자들에게 받아들여지면 새로운 정상과학의 단계가 시작된다(Kuhn, 1962).

Kuhn의 관점에 따르면, 정상과학은 보수적인 경향이 있으며, 새로운 패러다임과 기존의 패러다임은 기본적으로 합리적 소통이 불가능하다. 이것은 각 패러다임을 구성하는 도구와 개념 등이 서로 다르기 때문에 일어나는 현상으로 볼 수 있다. Kuhn은 이러한 현상을 비교불가능성(incommensurability)이라 부르기도 했다(Kuhn, 1962). 이러한 소통불가능성 때문에 패러다임이 전환되는 과정은 Popper가 주장했던 것처럼 연속적이지 않으며, 오히려 급진적이고 혁명적이라고 볼 수 있는 것이다.

Kuhn의 이론에서 가장 논란이 되는 부분은 새로운 패러다임이 채택되는 이유이다. 그에 따르면, 새로운 패러다임이 채택되는 이유는 기존의 패러다임보다 더 합리적이어서가 아니라, 미적 단순함이나 아름다움, 정치, 혹은 사상적 측면에서의 적합성 등 때문이다. 이러한 주장은 많은 과학자의 강한 비난을 받았다. Kuhn은 이러한 비난을 받아들여 정확도와 일관성, 포괄하는 범위, 단순성, 풍부함 등의 기준에 의해 패러다임이 선택되는데, 이 기준이 과학자들의 주관에 따라 조금씩 달라질 수 있다고 의견을 수정하였다.

3. 과학적 연구의 목적

우리가 연구를 하는 이유는 현상을 이해하고 통제하기 위함이다. 과학적 연구의 목적도 동일하다. 과학적 연구의 목적을 보다 세분화하면 기술과 설명, 예측, 통제로 구분할 수 있다.

1) 기술

과학적 연구의 첫 단계이자 근간이 되는 활동은 기술이다. 기술(description)이란 개념 등을 이용하여 현상을 있는 그대로 묘사하는 것을 의미한다. 어떤 사물이나 현상을 이해하기 위해서는 가장 먼저 그 현상을 정확하게 기술할 수 있어야 한다. 기술과 관련된 연구 활동은 매우 다양하지만, 심리학 연구에서 특별히 중요하게 다루어지는 기술연구는 측정연구이다. 측정(measurement)이란 어떤 속성을 수량화하는 작업을 의미한다. 예컨대, 어떤 사람의 키를 측정한다는 것은 특정한 길이 단위를 이용해 그 사람의 실제 신체 길이를 수량화하는 것을 의미한다. 심리학 영역에서 측정은 개인의 심리적 속성을 수량화하는 작업이며, 통계적 기법을 이용해 가설을 검증하기 위해서는 이 작업이 반드시 선행되어야 한다.

우울이라는 심리적 상태를 연구한다고 가정해 보자. 이 연구를 하기 위해서는 기본적으로 우울을 측정할 수 있어야 한다. 이를 위해 우선적으로 실시하는 작업은 우울을 개념적으로 정의하는 것이다. 개념적 정의(conceptual definition)란 어떤 개념을 다른 개념들로 재규정하는 작업을 의미한다. 우울의 경우, '우울이란 부정적 기분과 의욕 저하를 경험하는 상태이다.' 등의 방식으로 정의하는 것이 개념적 정의이다. 개념적 정의가 완료되었다면, 다음으로 조작적 정의를 실시한다. 조작적 정의(operational definition)란 특정 개념을 구체적이고 측정할 수 있는 조건으로 기술하는 과정을 의미한다. 예컨대, '나는 요즘 의욕이 없다.'는 문항에 동의하는 정도를 우울로 정의하는 것이 조작적 정의이다. 심리학 영역에서 측정연구의 핵심은 바로 특정 개념을 가능한 한 정확하게 정의하고, 그 정의에 입각해 신뢰롭고 타당하게 해당 개념을 측정하는 도구를 개발하는 것이다.

2) 설명

　어떤 현상을 정확하게 기술할 수 있게 되었다면, 다음으로 진행할 작업은 그 현상이 어떻게 일어났는지를 알아내는 것이다. 과학적 연구에서 설명(explanation)이란 이렇게 특정 현상의 원인을 밝히는 것이다. 즉, 개념들 간의 인과관계(causal relationship)를 밝히는 것이 설명이다. 예컨대, 부정적 내용의 생각이 우울을 유발하는 원인인지의 여부를 밝히는 것이 곧 설명과 관련된 연구라고 볼 수 있다.

　어떤 두 개념의 인과관계를 확증하기 위해서는 일반적으로 다음 세 가지 조건이 만족되어야 한다. 첫 번째 기준은 두 개념이 서로 공변해야 한다는 것이다. 여기서 공변한다는 것은 하나의 개념이 변할 때 다른 개념도 변한다는 것을 의미한다. 이렇게 두 개념이 공변하는 이유로는 세 가지를 들 수 있다. 편의상 두 개념을 각각 A와 B로 칭해 보자. 우선 A가 B의 원인일 때 두 개념은 공변한다. 또한 B가 A의 원인일 때도 두 개념은 공변한다. 마지막으로 A와 B에 동시에 영향을 미치는 제3의 개념이 있을 때에도 두 개념은 공변한다([그림 1-2]). 따라서 A가 B의 원인임을 확증하기 위해서는 나머지 두 개의 가능성을 제거해야 한다.

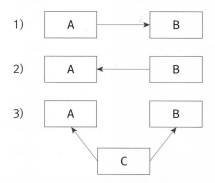

[그림 1-2] A와 B의 공변관계가 나타날 수 있는 세 가지 경우

　기대하는 인과관계를 제외한 나머지 가능성을 제거하기 위해 설정된 두 번째 기준은, 원인에 해당하는 개념이 결과에 해당하는 개념보다 시간적으로 선행해야 한다는 것이다. 달리 말하면, 원인에 해당하는 개념의 변화가 먼저 일어나고 그다음에 결과에 해당하는 개념의 변화가 일어나야 한다.

마지막 기준은 원인과 결과에 동시에 영향을 미칠 수 있는 다른 개념들이 없어야 한다는 것이다. 즉, 두 개념 모두에 영향을 미칠 수 있는 제3개념의 효과가 모두 제거되어야 한다. 예를 들어, 부정적 생각이 우울의 원인이 되려면, 우선 부정적 생각이 많을수록 우울 수준도 높아야 할 뿐만 아니라 부정적 생각이 시간적으로 선행하고 뒤이어 우울 수준이 높아져야 한다. 마지막으로 부정적 생각과 우울에 동시에 영향을 미치는 다른 개념들의 효과가 없어야 한다.

인과관계의 세 가지 조건을 모두 만족하는 원인을 밝혀내었다면, 과학적 연구의 핵심 목적인 설명을 달성한 것이라고 볼 수 있다. 설명을 할 수 있게 되면 자연스럽게 예측과 통제도 가능해진다.

3) 예측

예측(prediction)이란 특정 개념의 상태를 통해 미래의 다른 개념의 상태를 예상하는 것을 의미한다. 예컨대, 어린 시절의 성적 학대(sexual abuse)경험 수준을 통해 성인기의 부적응을 예상하는 작업이 예측에 해당한다. 이러한 활동을 위해서는 어린 시절의 성적 학대경험이 성인기 부적응의 원인이라는 인과관계가 우선적으로 확립되어야 한다.

심리학 영역에서 예측과 관련된 연구는 미래에 일어날 수 있는 부정적 사건을 예방하기 위한 목적으로 진행되거나, 인간의 긍정적 측면을 더욱 증진하기 위한 목적으로 진행되고는 한다. 전자의 대표적인 예로는 자살(suicide)을 포함한 다양한 심리장애와 심리적 문제가 발생할 가능성을 예측하는 연구들을 들 수 있고(예: Beck, Brown, & Steer, 1989), 후자의 예로는 인간의 성격과 직업적 특성의 관계를 탐색하는 진로 관련 연구들을 들 수 있다(예: Woods & Hampson, 2010).

4) 통제

과학적 연구에서 통제(control)란 특정 개념을 변화시켜 다른 개념의 변화를 유도하는 것을 의미한다. 통제 또한 두 개념의 인과관계가 확립되었을 때 가능한 활동이다. 원인에 해당하는 개념을 변화시키면 결과에 해당하는 개념 또한 변화는 것을 이용하기 때문이다.

　심리학 영역에서 통제와 관련된 대표적인 연구는 심리치료나 적응성 개선을 목적으로 진행되는 연구들이다. 예컨대, 부정적 생각이 우울의 원인이라면, 부정적 생각을 감소시키는 프로그램을 개발하여 효과를 확인하는 연구를 진행할 수 있다. 이렇게 개발된 프로그램은 우울증을 감소시키는 목적으로 활용될 수 있다. 이밖에도 보다 나은 삶을 위해 통제연구가 활용될 수도 있다. 인간의 행복에 대한 연구를 진행한 결과 일상에서의 소소한 긍정적 정서경험이 중요한 원인으로 확인되었다면, 이러한 정서경험들을 증진할 수 있는 개입방안들을 개인 수준이나 사회 수준에서 마련하여 적용해 볼 수 있을 것이다.

4. 과학적 연구의 절차

　어떤 현상에 대한 과학적 연구들은 기술, 설명, 예측/통제의 순서로 진행되고는 한다. 기술연구들이 완전히 마무리되어야 설명 단계의 연구들이 진행되는 것은 아니지만, 기술연구가 충분히 진행되지 않은 상황에서 설명 단계의 연구가 진행되는 경우는 드물다. 마찬가지로 설명 단계의 연구가 부재한 상태에서 예측/통제 단계의 연구가 진행되는 경우 또한 찾아보기 어렵다.

　한편, 과학적 연구의 특성상 아무리 오랜 시간과 노력을 기울여 어떤 현상에 대한 기술연구들을 진행했다고 해도 완벽하게 그 현상을 기술했다고 말할 수는 없다. 마찬가지로 아무리 많은 인과관계를 확인했다고 해도 어떤 현상을 완벽하게 설명했다고 보장하기는 어렵다. 따라서 각 단계의 연구들이 순차적으로 진행되는 경향이 있는 것은 사실이지만, 각기 다른 목적의 연구들이 병렬적으로 진행되기도 한다. 물론 양적인 측면에서 보면 초기에는 기술 관련 연구들이 많고, 지식체계가 성숙할수록 설명/예측/통제와 관련된 연구들이 상대적으로 많아지게 된다.

　특정한 목적을 가진 하나의 과학적 연구는 일정한 절차에 따라 진행된다. 모든 연구가 동일한 절차를 거치는 것은 아니지만, 대부분의 연구는 다음에 소개하는 절차에 따라 진행된다. 기본적으로는 각 단계를 순차적으로 거쳐 가지만, 특정 단계에서 문제가 발생할 경우 이전 단계로 돌아가기도 하는 등 유동적인 면도 있다.

연구를 진행하고자 할 때 가장 먼저 실시하는 작업은 다양한 주제 중 특정 연구주제(research topic)를 선정하는 것이다. 쉽게 예상할 수 있듯이 연구주제는 매우 다양하다. 심리학 역시 셀 수 없을 만큼의 연구주제들이 있으며, 연구자는 많은 연구주제 중 하나를 선정해야 한다. 관건은 적절한 선정기준을 사용해서 연구주제의 범위를 좁혀 나가는 것이다.

연구주제가 선정되었다면, 해당 주제를 다룬 연구들을 체계적으로 검토하면서 이론적/실질적으로 가치 있는 연구문제를 발굴한다. 여기서 연구문제(research question)란 특정 주제에 대한 내용을 다루면서 구체적인 대답이 제시될 수 있는 형태의 문제를 말한다. 예컨대, '행복'이 연구주제라면, '여성들은 남성들보다 행복한가?'는 연구문제라고 볼 수 있다. 연구문제를 구체적으로 선정했다면, 문제에 대한 가장 유력한 잠정적 대답을 검증 가능한 형태로 구성한다. 과학적 연구에서는 이렇게 검증 가능하도록 구성된 잠정적 진술을 가설이라 부른다.

연구가설이 설정되었다면, 해당 가설을 검증할 수 있도록 연구 전반을 계획한다. 이러한 과정을 간단히 연구설계(research design)라 부르기도 한다. 연구설계 단계에서는 가설을 검증하기에 적절한 연구방법을 구체적으로 계획한다. 즉, 연구설계의 유형을 결정하고, 연구 참여자 모집방법과 측정도구, 자료수집 절차, 자료분석 방법 등을 구체적으로 계획한다.

연구설계가 마무리되면, 계획한 도구를 이용해 자료를 수집한다. 이 단계에서는 미리 계획한 방법을 이용해 대상을 선정하고, 준비된 도구들로 가설검증에 필요한 자료를 수집한다. 대부분의 심리학 연구는 관심의 초점이 되는 집단 전체를 대상으로 자료를 수집하지 않고, 해당 집단을 잘 대표하는 좀 더 작은 집단을 대상으로 자료를 수집한다. 여기서 원래의 전체 집단을 모집단(population)이라 부르고, 이 집단을 대표하는 작은 집단을 표본(sample)이라 부른다. 자료수집 단계에서는 설계 단계에서 계획한 방법을 이용해 표본을 추출하고, 준비된 도구들을 이용해 자료를 수집한다.

수집된 자료는 사전처리를 거쳐 가설검증에 적절한 기법을 이용해 분석한다. 자료는 일반적으로 양적 자료와 질적 자료로 구분하는데, 양적 자료(quantitative data)란 숫자로 표현되는 자료를 의미하고, 질적 자료(qualitative data)란 숫자 이외의 방법으로 표현되는 자료를 의미한다. 질적 자료의 대표적인 예는 언어적 자료들이다. 학자들마다 의견을 달리하기는 하지만, 엄격한 과학자들은 양적 자료를 이용한 연구들만을 과학적 연구로 보고는 한다. 질적 자료의 경우 분석 과정에서 연구자의 주관적 판단이 개입될 여지가 많아 과학의 기본 특징인 반복 검증 가능성 측면에서 문제가 될 수 있기 때문이다. 이 책에서는 이 의견에 따라 양적 자료만을 과학적 연구의 자료로 간주할 것이다. 따라서 이 책에서 말하는 자료란 기본적으로 양적 자료를 의미한다.

자료에 대한 분석이 마무리되면, 자연스럽게 가설에 대한 기각 여부를 판단할 수 있다. 연구자는 이러한 분석결과를 토대로 논문을 작성한다. 논문(research paper)이란 연구의 목적과 방법, 결과, 논의 등을 담은 글을 의미한다. 연구자는 논문을 작성함으로써 연구 전반을 마무리 짓고, 그 내용을 다른 연구자들과 공유한다. 작성된 논문을 공유하는 대표적인 방법은 학술지에 투고하는 것이다. 여기서 학술지란 특정 연구주제를 담은 논문들을 모아서 발간하는 정기간행지(journal)를 의미한다. 일반적으로 학술지에서는 투고된 논문들이 중요한 연구문제를 다루는 동시에 연구방법 측면에서 양호한지의 여부를 심사한다. 학술지에 논문이 실리려면 이러한 심사 과정을 통과해야 한다.

연구의 전반적인 절차를 간략하게 설명하였다. 이 책에서는 제시된 연구의 각 단계를 좀 더 세부적으로 살펴보는 방식으로 각 장을 진행하고자 한다. 〈표 1-1〉에는 각 연구 단계별 주요 활동과 공부해야 할 핵심 내용이 간략히 제시되어 있다.

〈표 1-1〉 연구의 주요 단계와 내용

단계	활동 내용	공부의 핵심
연구주제의 선정	다양한 기준을 고려하여 연구주제를 선정한다.	• 연구주제 선정기준 • 연구주제 선정을 위한 문헌검토
연구문제의 선정	문헌연구 등을 통해 가치 있는 연구문제를 선정한다.	• 연구문제 선정기준 • 연구문제 선정을 위한 문헌검토 및 기존 연구를 분석하는 방법
연구가설의 설정	연구문제를 고려하여 연구가설을 설정한다.	• 가설검증의 논리와 가설의 형식
연구설계	연구가설을 검증하기에 적절한 연구설계를 실시한다.	• 연구설계의 유형과 각 유형의 장단점

자료수집	측정도구들을 이용해 자료를 수집한다.	• 표본추출 방법과 한계 • 자료수집 과정에서 일어날 수 있는 다양한 오류
자료분석	자료의 특성을 고려하여 적절한 통계모형을 선정하고 분석을 실시한다.	• 기술통계와 추론통계의 원리 • 다양한 통계모형(어떤 통계모형을 사용할 것인지를 결정하기) • 분석 과정에서 일어날 수 있는 다양한 오류
논문작성	분석결과를 토대로 논문을 작성한다.	• 논문의 구성 • 논문의 각 영역에 포함되어야 할 정보와 불필요한 정보 • 논문작성 과정에서 범하기 쉬운 오류
논문투고	학술지에 논문을 투고하고, 수정 작업을 진행한다.	• 학술지 선정 • 지원서류 준비 • 논문 수정 방법

5. 과학적 연구로서의 심리학 연구

마지막으로 심리학 연구가 갖는 특수성에 대해 간단히 언급하고자 한다. 심리학 연구는 기본적으로 과학적 연구이며, 일반적인 과학적 연구방법을 그대로 따른다고 보아도 무방하다. 다만 다른 과학 분야와는 구별되는 점이 있는데, 그것은 연구하고자 하는 현상을 직접 관찰하기 어려운 경우가 많다는 점이다. 물론 행동(behavior)과 같이 직접 관찰 가능한 것들도 있지만, 사고(thought)나 심상(image)처럼 직접 관찰하기 어려운 특성이 많은 것 또한 사실이다.

앞서 언급한 바와 같이 관찰 및 측정은 과학적 연구의 핵심이다. 관찰 과정에서 오류가 적을수록 보다 정확한 자료가 수집되며, 그에 따라 보다 진실에 가까운 가설검증을 할 수 있다. 심리학은 그런 면에서 다른 연구 분야에 비해 불리한 측면이 있다. 직접 관찰하기 어려운 대상일수록 간접적인 방법을 취할 수밖에 없고, 그에 따라 측정 과정에서 오류를 범할 가능성도 높아지기 때문이다. 실제로 심리학 연구에서는 측정 과정에서 많은 오류가 발생할 수 있으며, 이러한 오류를 줄이기 위해 매우 체계적이고 엄격한 절차를 이용해 측정을 실시한다. 심리측정 (psychological measurement)이라는 심리학의 하위 연구 분야에서는 심리적 속성을 보다 신뢰롭고 타당하게 측정하기 위한 방법들만을 체계적으로 연구하기도 한다.

　심리학이 다른 과학 분야와 구별되는 또 다른 중요한 측면은, 연구하는 심리적 특성들이 매우 다양한 특성의 영향을 받을 수 있다는 점이다. 예컨대, 연구를 진행하는 연구자의 특성이나 연구 참여자의 특성, 연구자와 참여자의 상호작용, 측정 시 환경 특성 등의 매우 다양한 요소가 연구하고자 하는 심리적 특성에 영향을 미칠 수 있다. 이렇게 다양한 특성이 하나의 심리적 속성에 영향을 미칠 수 있는 상황에서는 특정 개념의 인과적 효과를 확인하는 것이 매우 도전적인 작업이 될 수 있다. 하지만 이러한 본질적인 문제가 오히려 심리학 연구방법론의 큰 발전을 가져오기도 했다. 따라서 심리학 연구 초심자들은 이미 개발된 최신 연구방법을 공부하는 동시에, 각 개별 연구에서 제3개념들의 효과를 통제하는 방법을 끊임없이 고민함으로써 심리학 연구가 가진 본질적인 한계를 극복하기 위해 노력해야 한다.

요약

- 연구란 어떤 일이나 사물에 대해 깊이 있게 조사하여 이치나 사실을 밝혀내는 것을 의미하며, 과학은 검증 가능한 설명이나 예언의 형태로 지식을 구축하고 조직화하는 체계적인 활동을 의미한다. 과학적 연구란 과학적 방법을 활용한 연구를 말한다.

- 과학적 연구는 경험주의에 기반을 두고 있다.

- 반증주의에 입각한 과학적 연구에서는 주장하려는 연구 아이디어의 반대 아이디어를 자료를 이용해 기각하는 방식을 취한다.

- 과학적 연구의 목적은 기술과 설명, 예측, 통제이다.

- 과학적 연구의 일반적인 절차는 연구주제와 연구문제의 선정, 연구가설의 설정, 연구설계, 자료의 수집, 수집된 자료의 분석, 논문작성 순으로 진행된다.

- 심리학 연구는 인간의 심리적 특성을 대상으로 하는 과학적 연구를 말한다.

연습문제

1. 과학적 연구의 근간이 되는 경험주의에 대해 설명하시오.

2. 과학적 연구에서 입증주의의 한계를 제시하고, 그 대안으로 제시된 반증주의에 대해 설명하시오.

3. 개념과 명제, 이론의 의미를 간략히 기술하고, 이들 간의 관계에 대해 설명하시오.

4. A는 사랑의 개념을 정의하고 이를 측정하는 도구를 개발하였다. A가 실시한 연구의 목적은 아래에 제시된 과학적 연구의 목적들 중 무엇에 해당하는가?

   ① 기술(description)
   ② 설명(explanation)
   ③ 예측(prediction)
   ④ 통제(control)

5. 과학적 연구로서의 심리학 연구가 갖는 고유한 특징을 설명하시오.

제2장 연구주제

1. 연구주제의 선정기준

연구의 첫 단계는 연구주제를 선정하는 것이다. 여기서 연구주제(research topic)란 연구하고자 하는 중심 개념이나 테마 등을 의미한다. 예컨대, 우울증이나 지능, 성격 등은 심리학 영역의 대표적인 연구주제에 해당한다. 사실 심리학의 연구주제는 셀 수 없을 정도로 많지만, 특정 시점에 모든 주제가 동일한 정도로 중요한 것은 아니다. 〈표 2-1〉에는 미국심리학회(American Psychological Association)에서 제안하고 있는 심리학의 주요 연구주제들의 예가 소개되어 있다(https://www.apa.org/topics).

〈표 2-1〉 미국심리학회에서 제안하고 있는 주요 심리학 연구주제

Abortion(임신중절)	Learning & Memory(학습과 기억)
Addictions(중독)	Lesbian, Gay, Bisexual, Transgender
ADHD(주의력 결핍 및 과잉행동 장애)	(레즈비언과 게이, 양성애, 트랜스젠더)
Aging(노화)	Marriage & Divorce(결혼과 이혼)
Alzheimer's(알츠하이머)	Military(군대)
Anger(분노)	Money(돈/금전)
Anxiety(불안)	Obesity(비만)
Autism(자폐증)	Pain(통증)
Bipolar Disorder(양극성 장애)	Parenting(양육)
Bullying(집단 따돌림)	Personality(성격)

Children(아동)	Post-traumatic Stress Disorder
Death & Dying(죽음과 임종과정)	(외상 후 스트레스 장애)
Depression(우울)	Race(인종)
Disability(장애)	Safety & Design(안전과 디자인)
Disasters(재난)	Schizophrenia(정신분열증/조현병)
Eating Disorders(섭식장애)	Sex(성)
Education(교육)	Sexual Abuse(성폭력)
Emotional Health(정서적 건강)	Shyness(수줍음)
Environment(환경)	Sleep(수면)
Ethics(윤리)	Socioeconomic Status(사회경제적 지위)
Hate Crimes(증오에 의한 범죄)	Sport and Exercise(스포츠와 운동)
Health Disparities(건강 불평등)	Stress(스트레스)
HIV & AIDS(인간 면역 결핍 바이러스와	Suicide(자살)
후천성 면역 결핍 증후군)	Teens(10대)
Human Rights(인간의 권리)	Testing Issues(검사 관련 이슈)
Hypnosis(최면)	Therapy(치료)
Immigration(이민)	Trauma(외상)
Intelligence(지능)	Violence(폭력)
Kids & the Media(아동과 미디어)	Women & Men(여성과 남성)
Law & Psychology(법과 심리학)	Workplace Issues(직무공간 관련 이슈)

〈표 2-1〉에 제시된 연구주제들은 상위 연구주제들이며, 각 주제별로 무수히 많은 하위 연구주제가 있다. 연구자는 이렇게 다양한 연구주제 가운데 상대적으로 더 '좋은' 연구주제를 선정해야 한다. 좋은 연구주제를 선정하는 기준은 매우 다양하겠지만, 보편적으로 사용되는 기준은 네 가지 정도로 정리해 볼 수 있다. 첫 번째 기준은 개인적 관심이다. 개인적인 호기심과 궁금증을 기준으로 삼는 것이다. 두 번째 기준은 기존 지식체계의 요구이다. 간단히 말하면, 특정 분야의 지식 성장을 위해 기존의 연구들이 필요로 하는 주제를 선정하는 것이다. 세 번째 기준은 연구 분야의 주요 흐름이다. 어떤 연구 분야이든 특정 시점에 연구자들이 집중적으로 연구하는 주제들이 있다. 그런 주제들을 연구주제로 삼는 것이다. 네 번째 기준은 실질적 요구이다. 연구자가 속한 사회의 문제를 해결하는 데 필요한 연구주제를 선정하는 것이다. 각 기준이 어떻게 좋은 주제를 선정하는 기준이 될 수

있으며, 어떤 특징을 갖는지 조금 더 자세하게 살펴보겠다.

1) 개인적 관심

개인적으로 흥미를 느끼는 주제는 그 자체로 좋은 연구주제이다. '알고자 하는 욕구'는 연구를 진행하는 훌륭한 동기가 되며, 난관에 봉착했을 때 포기하지 않고 연구를 지속하도록 돕기 때문이다. 하지만 개인적 관심은 연구주제 선정의 필수 조건이 아니다. 사실 개인적 관심을 최우선 기준으로 삼았다가 어려움을 겪는 일이 빈번하게 일어나고는 한다. 개인적 관심만으로 연구주제를 선정할 때 겪을 수 있는 어려움은 다음과 같다.

첫째, 다른 사람들도 해당 주제에 관심을 가지고 있을 가능성이 높다. 예컨대, 우울은 매우 보편적인 심리적 문제이기 때문에 연구자로서 흥미를 갖기 쉬운 주제이다. 하지만 그만큼 다른 사람들도 우울에 관심을 가질 가능성이 높으며, 그에 따라 많은 양의 연구가 이미 진행되었을 수 있다. 이미 진행된 연구가 많다는 것은 그만큼 검토하고 정리해야 하는 연구의 양이 많다는 것을 의미하며, 아직 다루어지지 않은 연구문제가 적다는 것을 의미한다. 따라서 연구를 처음 시작하는 경우 많은 양의 시간과 노력을 들여도 의미 있는 연구 아이디어를 발견하기 어려울 수 있다.

둘째, 관심을 갖고 있는 주제가 현시점에서 연구를 진행하기 어려운 주제일 수도 있다. 예컨대, 자살과 관련된 정서적 고통을 견디는 과정에 영향을 미치는 신경학적 구조는 학술적으로 매우 중요한 주제일 수 있지만, 이제 막 연구를 시작하는 연구 초심자가 다루기에는 기존에 진행된 연구가 너무 적고 시간과 비용 면에서의 부담도 클 수 있다. 따라서 연구 초심자들의 경우 개인적 관심만을 기준으로 삼지 말고, 다른 기준들도 종합적으로 고려해서 연구주제를 선정하는 것이 안전하다.

2) 기존 지식체계의 요구

과학적 연구에서 지식체계(knowledge system)란 특정 주제에 대한 과학적 연구들에 의해 수집된 개별적 지식들이 일관된 논리에 따라 조직된 체계를 의미한다. 지식체계는 연구들이 추가됨에 따라 끊임없이 변화하고 성장한다. 하지만 관련 주제를 다룬 모든 연구가 동일한 정도로 지식체계의 성장에 기여하는 것은 아니다. 기존 지식체계의 성장에 도움이 되는 연구주제는 좋은 연구주제라고 볼 수 있다. 관건은 어떤 주제가 지식체계 성장에 기여하는지를 알아내는 것이다. 지식체계가 성장하는 데 특히 중요한 것으로 고려되는 주제는, '상대적으로 연구가 덜 이루어진 주제'와 '연구결과가 불일치하는 주제'이다.

어떤 지식체계이든 특정 시점에 충분히 연구된 주제가 있는 반면, 상대적으로 연구가 적은 주제가 있을 수 있다. 충분히 다루어지지 않은 주제는 좋은 연구주제라고 볼 수 있다. 예를 한 가지 들어 보자. 과학적 연구로서의 심리학이 시작된 이래로 많은 연구자가 매달렸던 주제는 인간 심리의 부정적 측면들이었다(Seligman & Csikszentmihalyi, 2000). 다양한 심리적 문제나 심리장애(psychological disorder), 개인이나 사회에 부정적인 영향을 미치는 개인적/집단적 행동 등이 여기에 해당했다. 이러한 주제들은 실질적인 가치가 크기 때문에 중요한 연구주제로 부족함이 없었던 것이 사실이다. 하지만 인간의 부정적 측면에 연구가 집중되면서 중요한 또 다른 측면인 긍정적 측면이 상대적으로 간과되는 문제가 발생하고 있었다. 이렇게 심리학이라는 거대한 지식체계에서 그동안 소홀히 다루었던 인간의 긍정적 측면을 본격적으로 연구하는 하나의 흐름이 나타났는데, 그것이 바로 긍정심리학(positive psychology)이다. 긍정심리학은 인간의 긍정적 측면, 특히 인간의 긍정적 경험(positive experience)과 긍정적 특질(positive trait), 긍정적 조직(positive organization)에 대해 체계적으로 연구하는 학문 분야이다(Seligman & Csikszentmihalyi, 2000). 전체 심리학 지식체계의 관점에서 보면, 긍정심리학이라는 주제는 아직 충분히 연구되지 않은 좋은 연구주제에 해당한다.

어떤 경우에는 동일한 연구주제를 다룬 연구들이 서로 불일치하는 결과를 제시하기도 한다. 이러한 현상이 나타나는 이유는 매우 다양하다. 연구 참여자의 특성이나 측정방법 및 도구의 차이 때문일 수도 있고, 연구를 진행하는 과정에서 오류가 발생했기 때문일 수도 있다. 이런 경우 동일한 주제에 대해 반복 연구를 진행해서 어느 쪽이 보다 진실에 가까운지를 확인해야 한다. 따라서 이러한 주제를 연구주제로 삼는 것도 좋은 방법이 될 수 있다.

이렇게 연구가 부족하거나 결과가 불일치하는 주제를 파악하는 가장 좋은 방법은 기존 연구들을 체계적으로 검토하는 것이다. 이에 대해서는 이후에 보다 자세하게 다루도록 하겠다.

3) 연구 분야의 주요 흐름

각 연구 분야에는 소위 주류(mainstream)라 불리는 연구주제들이 있다. 해당 분야의 연구자들이 집중적으로 연구하는 주제들이 여기에 해당한다. 이러한 주제들을 연구하는 것은 몇 가지 측면에서 유리하다.

첫째, 주류에 속하는 주제는 기존 지식체계에서 필요로 하는 중요한 연구주제일 가능성이 높다. 특정한 시점에 특정 주제가 집중적으로 연구되는 데에는 그럴 만한 이유가 있을 것이다. 그 이유는 사실 다양하지만, 기본적으로는 지식체계의 성장에 필요한 연구이기 때문에 많은 연구자가 다루고 있을 가능성이 높다. 따라서 이러한 주제를 선정하면 자연스럽게 지식체계의 성장에 기여하는 중요한 연구를 진행할 가능성이 높아진다.

둘째, 주류에 속하는 주제를 선정하여 연구를 진행할 경우, 좋은 학술지에 기고될 가능성이 높아진다. 학술지는 독자들이 흥미를 갖는 논문들을 발행하고 싶어한다. 그리고 독자들이 읽고 싶어 하는 논문은 많은 연구자가 관심을 가지고 있는 중요한 주제들을 다루는 논문이다. 따라서 주류에 속하는 주제를 다루어 성공적으로 논문을 작성하면, 좋은 학술지에 논문을 투고할 수 있는 가능성이 자연스럽게 높아진다.

셋째, 주류에 속하는 주제를 연구하면 다른 학자들과의 활발한 교류를 통해 연구의 질을 높이기 쉽다. 주류에 속하는 주제는 많은 유능한 학자의 관심을 받을 가능성이 높다. 따라서 해당 주제를 연구할 경우 그들과 교류할 기회가 많아지며, 그에 따라 자신의 연구에 대한 정보를 공유하고 양질의 피드백을 받게 될 기회도 많아지는 것이다.

최신 연구의 흐름을 파악하는 좋은 방법은 각 연구 분야의 주요 학술지에 최근 실리고 있는 연구들의 주제를 살펴보는 것이다. 각 연구 분야의 주요 학술지를 선정하는 유력한 기준은 인용지수이다. 인용지수(citation index)란 해당 학술지에 실린 논문들이 얼마나 많이 인용되는지를 지수로 구성한 것을 말한다. 학술지들의 인용 순위는 다양한 방법으로 확인할 수 있다. 최근에는 여러 분야 학술지들의 순위를 정리하여 제공하는 웹사이트들도 많이 개발되어 있다. 예를 들어, SCImago(https://www.scimagojr.com/)라는 기관에서는 여러 지표를 활용하여 특정 분야 학술지들의 인용 순위를 구체적으로 제시하고 있다.

어떤 지표를 사용하느냐에 따라 미세하게 순위는 달라질 수 있지만, 대략적인 등급은 크게 다르지 않기 때문에 쉽게 접근할 수 있는 기관의 정보를 이용해도 무방하다. 상위에 랭크되어 있는 학술지일수록 영향력이 강한 학술지이며, 해당 학술지에 실린 연구들의 주제가 주류일 가능성이 높다.

마지막으로 주류에 해당하는 주제를 다루는 것의 문제를 간단히 언급하고자 한다. 주류에 속하는 연구주제를 다루는 것이 많은 장점을 갖는 것은 사실이지만, 모든 연구자가 주류에 속하는 주제들만 다루다 보면 상대적으로 소외되는 주제들이 발생할 수밖에 없다. 이러한 주제들은 '아직 충분히 다루어지지 않은 주제'들로 남게 된다. 현대 심리학이 한때 부정적 측면에 크게 치우치게 된 것은 어쩌면 주류만을 따르는 연구 경향 때문일 수도 있다. 또한 앞서 언급한 바와 같이 주류가 형성되는 이유가 '지식체계의 요구' 하나만 있는 것은 아니다. 예컨대, 정치적인 이유나 경제적인 이유 때문에 특정한 연구의 흐름이 발생하기도 한다. 따라서 연구자는 주류인지의 여부뿐만 아니라 다른 기준들도 종합적으로 고려하는 자세를 가져야 할 것이다.

4) 실질적 요구

사회에서 연구를 요청하는 주제도 좋은 주제라고 볼 수 있다. 우리가 속한 사회에는 다양한 문제가 있으며, 이러한 문제들 중 일부는 심리학과 밀접한 관계를 맺고 있다. 예컨대, 우리 사회가 당면하고 있는 주요 정신건강 문제인 자해와 자살, 알코올 사용장애, 심리적/신체적 폭력 등은 개인 및 집단의 심리와 밀접하게 연결되어 있다. 따라서 이러한 문제를 해결하는 데 도움이 되는 연구주제는 그 자체로 좋은 연구주제라고 말할 수 있다.

사회의 실질적 요구를 반영한 연구주제는 사회가 당면한 문제 해결에 도움을 줄

뿐만 아니라 연구자 개인에게도 몇 가지 실질적 혜택을 안겨 준다. 우선 사회가 문제해결의 필요성을 인정하고 있기 때문에 정부 등의 기관으로부터 연구비 지원을 받을 가능성이 높다. 실제로 사회가 그 중요성을 인정한 정신건강 문제들은 다양한 연구사업의 주제로 채택되는 경우가 많다. 연구자는 이러한 사업에 응모하여 연구비를 지원받아 좀 더 질 높은 연구를 수행할 수 있다. 또한 관련 주제로 연구 성과를 이루어 내면 다양한 분야에서 활동할 기회를 얻을 수도 있다. 예컨대, 연구 성과를 기반으로 사회문제 해결을 위한 정책 제안의 기회를 얻을 수 있으며, 새로운 직책을 가지고 추가적인 연구를 진행할 수도 있을 것이다. 혹은 강연이나 교육 등을 통해 사회문제 해결을 위한 인력 양성 기회를 얻을 가능성도 높아질 것이다.

사회의 실질적 요구는 관련 분야 종사자들의 의견이나 매스컴에서 다루는 내용 등을 통해 파악하는 것이 일반적이다. 따라서 사회의 실질적 요구를 파악하고자 하는 연구자는 현장에서 활동하는 전문가들과 끊임없이 소통할 필요가 있으며, 사회의 소리를 반영하는 다양한 매체에 관심을 기울이는 것이 좋을 것이다.

사회의 실질적 요구는 그 필요성이 명백하기 때문에 매우 매력적인 선택기준으로 보일 것이다. 하지만 이 기준 또한 문제가 없는 것은 아니다. 일반적으로 사회는 다양한 구성원을 가지고 있으며, 그들 중에는 심리적 문제를 해결하기 위한 구성원들도 포함되어 있다. 시기나 장소에 따라 그 이름은 다르지만, 역사적으로 어떤 사회이든 그러한 역할을 수행하는 구성원들이 있었다. 현대 사회에서는 심리학자를 포함한 정신건강 전문가들이 그 역할을 담당하고 있다. 문제는 이러한 구성원들이 열심히 각자의 역할을 담당하고 있음에도 불구하고 다양한 문제들이 나타나고 유지된다는 사실이다. 이러한 현상이 나타나는 이유를 분석하고 개입하는 전문가들 또한 적지 않을 것이다. 정리하면, 사회가 당면한 심리학적인 문제들은 쉽게 해결되지 않는 복잡한 문제일 가능성이 높다. 따라서 연구주제 선정기준으로 실질적 요구를 채택하고자 할 때에는 연구주제의 난이도를 충분히 고려해야 한다.

이상으로 좋은 연구주제를 선택할 때 고려할 수 있는 네 가지 기준을 간략하게 소개했다. 일반적으로는 소개된 네 가지 기준을 모두 만족시키는 주제가 가장 좋겠지만, 어려울 경우에는 상대적으로 더 중요한 기준을 먼저 고려한다. 중요도는 개인의 상황에 따라 달라질 수 있다. 예를 들어, 연구를 처음 배우는 학부과정 학생이나 석사과정 학생의 경우에는 현실적인 제약이 크고 연구에 대한 지식과 기술이 부족한 경우가 많기 때문에 '기존 지식체계의 요구'를 가장 중요하게 고려하는 것이 안전하다. 한편, 박사나 박사 후 과정(post-doctoral program)의 경우에는 학계나 사회에서의 이후 활동도 고려해야 하기 때문에 '연구 분야의 주요 흐름'이나 '실질적 요구'의 중요도가 높아진다.

2. 지식체계의 분석

앞서 네 가지 연구주제의 선정기준을 제시하였지만, 어떤 기준을 이용하여 연구주제를 선정하든 해당 연구주제에 대한 지식체계 분석을 공통적으로 수행해야 한다. 이 작업을 통해 연구주제의 범위를 구체화할 수 있으며, 더 나아가 가치 있는 연구문제를 선정할 수 있게 된다.

1) 문헌검토

(1) 검색엔진의 활용

지식체계 분석의 첫 단계는 관련 주제를 다룬 기존의 연구들을 체계적으로 살펴보는 것이다. 이를 문헌검토(literature review)라 부르기도 한다. 문헌검토의 시작은 특정 주제를 다룬 연구들을 검색하는 것이다. 과거에는 도서관 등의 자료보관 기관에서 일일이 관련 연구들을 직접 찾아야 했지만, 인터넷이 보급되면서 거의 대부분의 연구 자료를 검색엔진 프로그램으로 조사할 수 있게 되었다. 현재 매우 다양한 데이터베이스와 검색 프로그램들이 사용되고 있지만, 국내외에서 가장 많이 활용되고 있는 것들을 선별해서 살펴보도록 하겠다.

- Google scholar(https://scholar.google.co.kr/): 구글(Google)에서 무료로 제공하는 학술논문 검색엔진이다. 인터넷에 업로드되어 있는 거의 모든 자료를 검색해 주는 강력한 도구이며, 자료의 양이나 접근성 측면에서 매우 우수한 장점

을 가지고 있다. 사용방식은 일반적인 인터넷 검색과 유사하다. 키워드를 입력하면 관련 논문들을 검색해 주며, 인용지수나 시간 등을 기준으로 자료들을 정렬할 수도 있다. 이 때문에 특정 주제 관련 연구들을 검색할 수 있을 뿐만 아니라, 특정 주제를 다룬 연구의 시간적 흐름이나 주요 연구 및 연구자(혹은 연구집단)를 파악할 수도 있다. 인터넷에 논문의 원문이 공개되어 있는 경우에는 손쉽게 다운로드할 수 있도록 링크를 제공하기도 한다. 국내외 학술지를 모두 검색할 수 있다는 점도 큰 장점이다.

• KISS(Korean Studies Information Service System; https://kiss.kstudy.com/): 국내 주요 학술지에 실린 논문들을 검색해 주는 통합 검색엔진이다. 사용방식은 구글 스칼라(Google scholar)와 거의 동일하지만, 국내 학술지들 중 KISS와 계약된 학술지의 자료들만 검색해 준다는 한계가 있다. 또한 유료 검색엔진이기 때문에 개인적으로 비용을 지불하거나 소속되어 있는 기관에서 별도로 계약을 체결해야 사용할 수 있다.

• 국회 도서관(https://www.nanet.go.kr/): 국회 도서관에서도 별도의 검색엔진을 운영하고 있는데, 특히 국내에서 발간된 석사 및 박사학위 논문 자료들에 대한 정보를 잘 갖추고 있다. 사용방식은 일반적인 도서관 검색엔진과 동일하다.

• 각 대학의 도서관 홈페이지: 각 대학의 도서관 홈페이지에서는 대부분 해당 대학에서 발간된 학위논문을 검색할 수 있다. 학교마다 다르기는 하지만 많은 경우 학위논문 원문 파일을 제공하기 때문에 손쉽게 원문을 확인할 수 있다.

• Researchgate(https://www.researchgate.net): 연구자 및 연구집단 중심의 학술 정보를 무료로 제공하는 웹사이트이다. 특정 주제를 연구하는 주요 학자들을 알게 되었다면, 이 웹사이트에 방문해 해당 학자가 어떤 연구들을 진행하고 있으며 어떤 학자들과 공동 연구를 진행하고 있는지 등의 정보를 파악해 볼 수 있다. 연구자에게 직접 논문을 요청할 수 있는 시스템도 마련되어 있어 매우 유용하다. 또한 동료 연구자들에게 자신의 연구에 대한 의견을 묻거나, 간단하게 특정 주제에 대한 질문을 하고 답을 얻을 수 있는 시스템도 마련되어 있다.

• Endnote: 다양한 연구자료 데이터베이스들에서 자료를 검색하고 정리하여 제공하는 유료 프로그램이다. 이 프로그램의 장점은 인터넷 공간에서 무료로

제공되는 논문 파일을 자동으로 검색해 준다는 점과, 검색된 논문의 참고문헌을 각 학술지에서 요구하는 형식으로 손쉽게 수정할 수 있다는 점 등이다. 구글 스칼라도 유사한 기능을 제공하고 있지만, Endnote는 좀 더 다양한 참고문헌 형식을 지원한다. 또 다른 장점은 검색된 자료들을 다양한 방식으로 정리하고 보관할 수 있도록 유용한 데이터베이스 도구들을 제공한다는 점이다.

(2) 개관논문 정독

문헌검토를 시작하는 또 다른 좋은 방법은 개관논문을 정독하는 것이다. 개관논문(review paper)이란 특정 주제나 문제를 다룬 연구들의 결과를 전체적으로 검토하고 분석하여 작성한 논문을 의미한다. 따라서 개관논문을 정독하면 해당 주제의 지식체계를 쉽게 파악할 수 있다. 특히 연구를 처음 시작하는 초심자의 경우 개관논문이 있는 연구주제를 선정하는 것이 몇 가지 측면에서 유리하다. 첫째, 개관논문이 출판되었다는 것은 해당 주제가 연구자들의 관심을 받고 있다는 것을 의미하며, 그만큼 이론적으로나 실질적으로 중요한 연구주제일 가능성이 높기 때문이다. 둘째, 개관논문이 작성되기 위해서는 해당 주제에 대한 연구들이 어느 정도 규모를 갖추어야 한다. 따라서 개관논문이 작성된 연구주제는 기초적인 연구들이 어느 정도 진행된 주제라고 예상할 수 있다. 이러한 주제는 중요한 개념이나 이론의 기초적인 틀이 잡혀 있을 가능성이 높기 때문에 초심자에게 유리한 면이 있다. 셋째, 개관논문은 관련 주제의 연구들을 포괄적으로 검토하며, 검토한 모든 연구를 참고문헌으로 제시한다. 따라서 개관논문의 참고문헌을 이용하면 보다 효율적으로 지식체계를 탐색할 수 있다. 그런 면에서 개관논문은 연구를 처음 시작하는 초심자들에게 좋은 지도(map)가 될 수 있다.

개관논문은 다른 논문들과 마찬가지로 학술지를 통해 접할 수 있다. 어떤 학술지들은 개관논문만을 선별하여 출판하기도 한다. 국내외 심리학 분야에서 개관논문을 주로 출판하는 대표적인 학술지는 다음과 같다.

- 『Annual Review of Psychology』:『Annual Review』는 여러 과학 분야(예: 생화학, 의학, 사회학)의 개관논문을 출간하는 대표적인 학술지이다. 『Annual Review

of Psychology』는 심리학 분야의 주요 연구주제에 대한 개관논문을 담아 1년
에 1번 출간한다. 1년에 1번만 출간하는 만큼 심리학 지식체계에서 특별히 중
요한 연구주제들을 다루며, 해당 주제를 집중적으로 연구하는 연구자나 연구
팀이 논문을 작성한다. 따라서 심리학 분야의 주요 연구 흐름과 현황을 파악
하는 데 매우 유용하다.

- 『Annual Review of Clinical Psychology』: 임상심리학 연구만을 다루는 『Annual
  Review』이다. 심리학에서 임상심리학 연구가 차지하는 비중이 커지면서
  2005년부터 별도의 학술지로 출간하기 시작했다. 임상심리학 분야의 연구를
  진행한다면 주요 흐름을 파악하기 위해 반드시 살펴보아야 하는 학술지이다.

- 『Annual Review of Developmental Psychology』: 발달심리학 연구만을 다루는
  『Annual Review』이다. 『Annual Review of Clinical Psychology』와 마찬가지
  로 발달심리학 연구의 비중이 커지면서 2019년부터 별도의 학술지로 출간하
  기 시작했다.

- 『Psychological Bulletin』: 미국심리학회에서 발간하는 개관논문 학술지로 1달
  에 1번 발간한다. 심리학의 다양한 연구 분야에 대한 개관논문을 담고 있다.
  『Annual Review』와 달리 발간 주기가 짧기 때문에 다양한 세부 주제를 다루
  는 개관논문들을 접할 수 있다.

- 『Psychological Review』: 『Psychological Bulletin』과 마찬가지로 미국심리학회
  의 개관논문 학술지이며, 두 달에 1번 발간한다. 심리학의 여러 하위 연구 분
  야와 관련된 개관논문을 담고 있다.

- 『Clinical Psychology Review』: 임상심리학 연구를 하게 되면 가장 많이 찾아보
  게 되는 개관논문 학술지이다. 1년에 8번 발간되며, 임상심리학 분야의 다양
  한 연구주제를 다룬다.

- 『Personality and Social Psychology Review』: 성격심리학과 사회심리학 관련
  개관연구들을 출간하는 대표적인 학술지이다. 1년에 4번, 소수의 개관연구들
  을 발간한다.

- 『Psychonomic Bulletin & Review』: 인지심리학과 실험심리학 관련 개관연구들
  을 출간하는 학술지이다. 1년에 6번 발간된다.

- 『Emotion Review』: 정서심리학과 관련된 개관연구들을 출간하는 대표적인 학

술지이다. 1년에 4번 발간된다.

- 『Neuropsychology Review』: 신경심리학 관련 개관연구들을 출간하는 학술지이다. 1년에 4번 발간된다.
- 『Health Psychology Review』: 건강심리학 관련 개관연구들을 출간하는 학술지이다. 1년에 4번 발간된다.
- 『심리학회지: 일반』: 국내 심리학 관련 학술지들 중에서는 유일하게 개관논문 출간을 주목적으로 운영되는 학술지이다. 한국심리학회에서 운영하고 있으며, 1년에 4번 발간한다. 기본적으로는 개관논문을 우선 발간하지만, 경험적 연구논문들도 발간한다.
- 국내외 심리학 관련 학술지: 국내외에서 발간되는 심리학 관련 학술지들은 경험적 연구논문과 개관논문을 모두 출판하는 경우가 많다. 따라서 각 학술지들에 실린 개관논문을 찾아보는 것도 좋은 방법이다.

글상자 2-1 **경험적 연구와 개관연구**

경험적 연구(empirical study)란 가설을 설정한 뒤 자료를 수집, 분석하여 가설을 검증하는 형식의 연구를 의미한다. 반면, 개관연구(review study)는 특정 연구주제나 연구문제를 다룬 경험적 연구들의 결과를 전체적으로 비교, 검토하는 연구를 의미한다. 개관연구는 분석할 문헌을 선별하는 방식과 통계적 분석 포함 여부에 따라 크게 세 가지 유형으로 구분될 수 있다.

- **전통적/서술적 개관(traditional or narrative review)**: 서술적 개관은 연구자가 정한 기준에 따라 연구결과들을 선별적으로 수집하여 비교 분석하는 방법이다. 이 방법은 연구자가 지닌 고유한 관점과 그에 기반한 해석을 접할 수 있다는 장점을 갖는다. 하지만 연구결과를 선별하는 과정에서 편향이 있을 수 있고, 분석결과 또한 기존 연구들에서 제시하는 통계적 유의성에 의존하기 때문에 불일치하는 결과들이 있을 때 결론을 내리기 어렵다는 한계가 있다.
- **체계적 개관(systematic review)**: 서술적 개관의 단점을 보완하기 위해 개발된 방법이며, 구체적인 연구질문에 대해 체계적이고 포괄적인 방식으로 연구결과를 수집하여 분석하는 것이 특징이다. 이 방법의 핵심은 다른 연구자들도 동일한 결과를 얻을 수 있도록 자료수집 및 분석방법을 구체적으로 제시하는 것이다. 예컨대, 연구검색에 사용한 검색엔진들과 검색 시 사용한 키워드를 모두 제시하고, 분석 과정에서 사용한 배제기준 등을 명확하게 제시한다. 체계적 개관에서는 기존 연구결과에 대한 추가적인 통계적 분석을 포함할 수도 있고 그렇지 않을 수도 있다.
- **메타분석(meta-analysis)**: 여러 연구에서 추출된 계량적 연구결과를 통합적으로 분석하는 통계적 방법을 말한다. 일반적으로는 특정 연구문제를 다룬 연구결과들이 서로 불일치할 때 어느 쪽

이 더 유력한지를 가늠하기 위해 사용하는 방법이다. 이 방법은 기본적으로 기존 연구들을 검색하는 방법에 대해서는 특별히 기준을 정하고 있지 않다. 어떻게 자료를 수집하느냐에 따라 편향이 있을 수도 있고 없을 수도 있다. 따라서 체계적 개관의 방법을 이용하여 수집한 자료들에 대해 메타분석을 실시하는 것이 개관 과정에서의 오류를 최소화하면서 불일치하는 결과를 통합하는 유력한 방법이 될 것이다.

현재 개관연구들을 출판하는 학술지들에는 앞에 제시한 세 가지 유형의 개관연구가 모두 포함되어 있다. 서술적 개관이 다른 두 유형보다 단점이 많은 것은 사실이지만, 특정 연구주제에 대한 큰 그림을 파악하는 데에는 유리한 면이 있기 때문에 현재까지도 많이 사용되고 있다. 예컨대, 대표적인 개관연구 학술지인 『Annual Review of Psychology』에는 현재까지도 서술적 개관이 많이 실리고 있다. 한 가지 유력한 전략은 각 분야의 대가들이 저술한 서술적 개관을 통해 연구주제에 대한 큰 그림을 파악하고, 연구문제를 특정한 뒤에는 해당 연구문제에 대한 체계적 개관이나 메타분석을 살펴보는 것이다. 이러한 접근을 사용하면, 해당 주제에 대한 전체적인 지식체계를 포괄적으로 파악하면서도, 편향이나 오류를 최소화하는 방식으로 연구주제를 탐색할 수 있을 것이다.

(3) 기존 연구 정리

연구하려는 주제를 다룬 개관논문을 찾았다면, 정독하면서 연구의 현황을 분석해야 한다. 연구 현황을 분석한다는 것은, 곧 현재의 지식체계를 분석한다는 말과 같다. 연구 현황을 분석하면서 우선 염두에 두어야 할 점은 해당 주제에 대한 지식체계가 어느 단계에 있는지를 파악하는 것이다. 앞서 살펴본 바와 같이 연구의 목적은 기술과 설명, 예측, 통제이다. 연구의 궁극적인 목적은 현상을 이해하는 데서 그치지 않고 개입과 통제를 할 수 있는 단계까지 이르는 것이다. 따라서 지식체계가 성장할수록 기술 단계에서 설명/예측/통제 단계로 넘어가게 된다.

연구자는 개관논문을 검토하면서 해당 주제와 관련하여 어떤 연구들이 진행되었으며, 어떤 연구들이 아직 진행되지 않았는지를 분석한다. 이때 표나 그림 등을 이용하는 것이 전체적인 현황을 파악하는 데 큰 도움이 될 수 있다. 표나 그림의 구성 방식은 정해진 기준이 없으며, 연구주제의 특성에 따라 달라질 수 있다. 관건은 연구의 현황을 대략적으로 파악하는 동시에 연구가 부족한 부분을 찾아내는 것이다. 예를 들어, 연구를 검토하는 초기 단계라면 간단하게 기술, 설명, 예측/통제를 세로 항목으로 하는 표를 만들어 연구들을 분류해 볼 수 있을 것이다. 설명 단계의 연구들을 좀 더 집중적으로 검토해 보고자 한다면, 원인에 해당하는 세로 항목을 추가하고 연구방법과 관련된 주요 세부사항들 또한 세로 항목으로 구성하여 표를 작성해 볼 수 있을 것이다. 다시 말하지만 표를 작성하는 정해진 기준은 없으며, 연구자가 필요에 따라 다양한 방식으로 구성할 수 있다. 중요한 점은 표나 그림을 이용해 간략하게 정리하는 행위 그 자체이며, 적절한 틀은 시행착오를 통해 발견해 나갈 수 있을 것이다.

연구들을 정리하면서 수행해야 하는 또 다른 작업은 주요 이론이나 모형, 주요 연구자 및 연구집단을 파악하는 것이다. 여기서 모형(model)이란 실제 현상을 단순화하여 명제들의 집합이나 도식 등으로 표현한 것을 의미한다. 의미상 이론과 유사하지만, 일반적으로 이론은 많은 연구의 지지를 얻는 큰 규모의 명제 집합인 반면, 모형은 특정한 이론적 배경을 가지고 있으면서 특정한 현상만을 표현하는 비교적 작은 규모의 명제 집합인 경우가 많다. 예컨대, 강박증상을 설명하는 모형 중에는 인지모형이 있다(예: Rachman, 1997; Salkovskis, 1985). 이 모형은 인지이론이라는 이론적 배경을 가지고 있으면서, 강박증상을 설명하는 간단한 도식으로 표현될 수 있다([그림 2-1]).

[그림 2-1] 강박증상 모형의 예

[그림 2-1]의 도식에는 4개의 개념과 그 개념들 간의 관계가 묘사되어 있다. 먼저 침투사고(intrusive thoughts)란 갑작스럽게 의식에 침투해 들어오는 원치 않는 생각을 의미한다. 공부를 하다가 갑자기 집에 불을 켜 두고 온 것이 스쳐 지나갔다면 침투사고를 경험한 것이라 말할 수 있다. 이러한 침투사고는 매우 일상적인 현상이지만, 경우에 따라서는 침투사고에 대한 이차적인 인지적 처리를 할 수 있다. 예컨대, '이 생각이 의미하는 것은 뭘까?', '이 생각이 그대로 실현될 가능성이 있을까?', '그러면 어떤 일이 일어날까?'와 같은 생각들이 이어질 수 있고, 그에 대한 대답 또한 생각의 형태로 떠오를 수 있다. 이런 과정이 여러 번 반복되면 나중에는 자동적 처리가 이루어지게 되는데, 이렇게 자동화되어 거의 의식되지 않는 생각을 자동적 사고(automatic thought)라고 부른다(Beck, 1979). 자동적 사고는 자

기 자신과 관련된 평가(appraisal)의 내용을 담고 있는 경우가 많다. 즉, 나에게 이익이 되는지 아니면 해가 되는지 등의 내용이 담겨 있으며, 그에 따라 다양한 정서가 유발될 수 있다. 예컨대, '집에 가스레인지 불을 켜 두고 온 것 같은데, 만일 그게 사실이라면 불이 날 것이고, 그 책임은 나에게 있다.'고 자동적으로 처리했다면, 불안과 두려움 같은 부정적 정서를 경험하게 되는 것이다. 이러한 부정적 정서는 불쾌하고 괴로운 것이기 때문에 이를 제거하기 위해 노력하게 되는데, 그 과정에서 특정 행동(예: 확인하기)을 반복할 수도 있다. 이렇게 특정 행동이 반복되는 경우 그러한 행동을 강박행동(compulsive behavior)이라 부른다. 제시된 내용을 간략하게 도식화하면 [그림 2-1]과 같이 정리할 수 있다.

　연구들을 검토하다 보면 강박장애의 인지모형과 같이 자주 언급되는 이론과 모형이 있음을 알게 될 것이며, 그러한 이론과 모형을 제안하고 연구한 주요 연구자와 연구집단 또한 발견하게 될 것이다. 이러한 정보들은 따로 잘 정리해 두는 것이 좋다. 일반적으로 자주 다루어지는 모형들은 많은 연구의 지지를 얻고 있을 가능성이 높으며, 그에 따라 의미 있는 세부 연구주제나 연구문제를 탐색하는 중요한 기반이 될 수 있기 때문이다. 또한 해당 모형을 집중적으로 연구하는 연구자나 연구집단의 연구 내용들을 시간순으로 추적하다 보면, 해당 주제의 연구 흐름을 파악하는 데에도 큰 도움이 된다.

　이와 같은 방식으로 기존 연구들의 현황을 파악하는 것이 문헌검토의 일차적 목표이다. 문헌검토가 성공적으로 진행되었다면, 해당 주제의 주요 이론과 모형을 파악했을 것이며, 앞으로 다루어야 할 세부 연구주제에 대한 아이디어들을 발견했을 것이다. 경우에 따라서는 한 번의 검토로 만족스러운 결과를 얻지 못할 수 있다. 이럴 때에는 몇 번에 걸쳐 재검토를 하고, 관련된 세부 연구들을 직접 검토하는 방법을 고려할 수 있다. 대부분의 개관연구는 관련 경험연구들을 매우 꼼꼼하게 검토하여 작성하기 때문에 중요한 연구들이 누락되는 경우는 적다. 하지만 개관논문 작성 이후 추가적으로 많은 연구가 진행되었다면, 연구자가 해당 연구들을 직접 검토해야 한다. 관심 주제에 대한 개관논문이 없는 경우에는 연구자가 직접 관련 연구들을 모두 검토하여 연구 현황을 분석해야 한다.

글상자 2-2

좋은 모형 혹은 좋은 이론의 조건(Dyer, 2006)

심리학 분야의 연구주제를 탐색하다 보면 매우 다양한 이론과 모형을 접하게 된다. 연구자는 이미 개발되어 있는 이론과 모형들 중 상대적으로 '좋은' 이론과 모형들을 분별할 수 있어야 한다. 일반적으로 고려되는 좋은 모형/이론의 조건은 다음과 같다.

- **반증가능성(refutability)**: 좋은 이론은 반증 가능해야 한다. 즉, 적절한 자료가 있으면 이론이 틀렸다는 것을 입증할 수 있어야 한다. 반증이 불가능한 이론은 옳다는 것 또한 증명할 수 없기 때문에 반증가능성은 과학적 이론의 기본 요건이다.
- **경제성(economy)**: 동일한 설명력을 가지고 있는 이론들이 있다면 상대적으로 단순한 이론이 좋은 이론이다. 단순하다는 것은 이론을 구성하는 개념과 명제의 수가 적다는 것을 의미한다. 개념과 명제의 수가 적다는 것은 그만큼 개념을 정확하고 명확한 방식으로 정의하고, 꼭 필요한 명제들만을 선별하여 구성했다는 것을 의미한다.
- **예측력(predictive power)**: 좋은 이론은 현상을 정확하게 예측한다. 현상을 정확하게 설명하는 이론일수록 미래에 일어날 일들도 정확하게 예측할 수 있기 때문이다.
- **생산성(productivity)**: 좋은 이론은 새로운 이론이나 지식의 생성을 촉진하는 이론이다. 현상에 대한 보다 정확하고 새로운 관점을 제시하여 다양한 가설과 이론을 생성하는 이론은 지식의 성장에 중요한 기여를 하기 때문이다.
- **검증가능성(testability)**: 좋은 이론은 검증 가능해야 한다. 이론을 구성하는 개념들을 측정할 수 있어야 하며, 측정한 자료를 이용해 명제들의 진위 여부를 검증할 수 있어야 한다.

2) 세부 주제의 선정

상위 연구주제에 대한 문헌검토가 어느 정도 마무리되면 세부 연구주제를 선정한다. 예컨대, 사회불안장애(social anxiety disorder)를 상위 주제로 삼아 문헌검토를 했다면, 사회불안장애를 유발하는 신념(belief)이나 생각(thoughts)을 세부 연구주제로 삼을 수 있다. 혹은 '사회불안장애 환자들의 긍정적 생각'을 세부 연구주제로 선정할 수도 있을 것이다. 사실 문헌검토를 적절히 실시했다면 매우 다양한 세부 연구주제를 발견하게 될 가능성이 높다. 관건은 상대적으로 더 좋은 연구주제를 선정하는 것이다. 이때 사용할 수 있는 기준은 앞서 소개한 연구주제 선정기준이다. 연구자는 이 기준들을 활용하여 상대적으로 더 좋은 연구주제를 선별할 수 있다.

　유력한 세부 연구주제를 선택했다면 해당 주제에 대한 문헌검토를 다시 진행한다. 이때의 문헌검토는 연구문제를 선정하기 위한 문헌검토라고 볼 수 있다. 주제 선정을 위한 문헌검토는 개관연구에 많이 의지할 수 있지만, 연구문제 선정을 위한 문헌검토는 개별 연구들을 세부적으로 분석해야 한다. 이와 관련해서는 다음 장에서 자세하게 다루도록 하겠다.

글상자 2-3　논문 읽기

　연구를 처음 진행하는 학생들이 공통적으로 직면하는 문제 중 하나는 어마어마한 양의 논문들을 어떻게 읽어 나갈 것인가 하는 문제이다. 사실 이 질문에 정답은 없지만, 필자가 연구방법론을 공부할 때 배웠던 방법을 공유해 볼까 한다.

- 개관논문은 처음부터 끝까지 꼼꼼하게 읽고 정리한다. 필요하다면 여러 차례 다시 읽으면서 내용을 잘 이해하도록 한다. 개관논문의 중요성 및 유용성은 앞서 언급하였으므로 생략하겠다.
- 해당 분야의 핵심논문들을 찾아 읽는다. 여기서 말하는 핵심논문이란 핵심이론이나 개념 등을 제안한 논문들을 말한다. 보통 핵심논문들은 관련된 다른 논문들과 비교했을 때 상대적으로 인용지수가 높다. 많은 연구가 이 논문들을 참고하여 후속 연구를 진행하기 때문이다. 핵심논문들은 개관논문과 같이 꼼꼼하게 읽어야 한다.
- 해당 분야의 핵심이론들과 개념, 대략적인 연구 흐름 등을 파악했다면, 본격적으로 최신 연구들을 읽어 나간다. 매우 인기 있는 분야여서 관련 연구들이 많은 편이라면 우선 초록(abstract)을 읽어 본다. 초록은 연구의 목적과 방법, 결과, 대략적인 논의 내용이 담겨 있는 논문의 축소판이기 때문에 초록만으로도 전반적인 연구의 내용을 파악할 수 있다. 이렇게 초록을 읽어 가다 보면 흥미로운 논문들을 발견하게 될 것이다. 여기서 '흥미롭다'함은 좋은 연구 아이디어를 다루고 있어 호기심을 자극한다는 것을 의미한다. 이런 논문은 따로 정리해 둔다.
- 앞서 정리해 둔 논문들을 읽는다. 이 단계에서는 논문들을 처음부터 끝까지 모두 읽지 않아도 괜찮다. 만일 세부 주제 탐색을 목적으로 한다면, 서론 부분과 논의 부분을 읽는 것만으로도 목적을 달성할 수 있다.
- 세부 주제를 정하고 연구문제를 탐색하는 단계라면, 연구의 방법과 결과 부분 또한 꼼꼼하게 읽는다. 이 과정에서 좋은 연구문제를 발견할 수 있고, 나아가 연구설계에 대한 힌트도 얻을 수 있다.

　제시한 단계대로 논문을 읽어 보면 걱정했던 것보다는 문헌검토가 어렵지 않다고 느낄 것이다. 또한 단계적으로 지식체계의 구조를 공부해 가기 때문에 새로운 지식을 습득하는 즐거움도 누릴 수 있을 것이다.

요약

- 연구주제를 선택할 때 사용할 수 있는 기준으로는 개인적 관심과 기존 지식체계의 요구, 연구 분야의 주요 흐름, 실질적 요구를 들 수 있다.

- 개인적 관심은 연구에 대한 동기를 유발하는 측면에서 좋은 기준이지만, 이미 많은 사람이 관심을 가지고 있는 주제라면 의미 있는 연구문제를 발견하는 데 어려움을 겪을 수 있다. 또한 현실적인 측면에서 다루기 어려운 연구주제일 가능성도 있으므로 주의해야 한다.

- 기존 지식체계가 요구하는 연구주제는 좋은 연구주제가 될 수 있다. 특히 충분히 다루어지지 않은 주제나 서로 불일치하는 결과를 나타내는 연구주제는 유력한 후보가 될 수 있다.

- 연구 분야의 주요 흐름과 일치하는 연구주제는 지식체계가 요구하는 주제일 가능성이 높아 연구 성과를 공유하는 측면에서 유리하다. 하지만 다른 요인에 의해서도 연구의 흐름이 형성될 수 있으므로 주의해야 한다.

- 실질적 요구를 반영한 연구주제는 사회가 당면한 문제를 해결하는 데 도움을 준다는 측면에서 좋은 연구주제이다. 하지만 난이도가 높은 연구주제일 가능성이 있다는 점을 염두에 두어야 한다.

- 지식체계의 요구를 파악하기 위해서는 기존 연구들을 체계적으로 검토해야 한다. 이때 개관논문을 활용하는 것이 효율적이다.

- 개관논문을 기반으로 다양한 검색엔진을 활용해 연구들을 검토한 결과는 표 등을 이용해 간단히 요약하면 지식체계의 요구를 파악하는 데 도움이 된다.

연습문제

1. 연구주제를 정할 때 고려할 수 있는 기준들을 제시하시오.

2. 특정 주제에 대한 지식체계를 탐색할 때 개관연구를 참고하는 것의 장점에 대해 설명하시오.

3. A는 '우울장애에 대한 심리치료의 효과'를 주제로 개관연구를 실시하고자 한다. 그는 기존의 경험적 연구 결과들이 다소 불일치하는 것을 확인하고 통계적인 방법을 이용해 기존의 계량적 연구 결과들을 통합하여 분석하려고 한다. A가 실시하려는 개관연구의 유형을 제시하시오.

4. 기존 연구들을 탐색할 때 주요 이론이나 모형을 특별히 파악해야 하는 이유를 설명하시오.

5. 좋은 이론이나 모형의 조건을 나열하고 간단히 설명하시오.

제3장 연구문제와 연구가설
CHAPTER

1. 연구문제

연구주제가 충분히 좁혀졌다면, 다음으로 구체적인 연구문제를 발견해야 한다. 연구문제(research question)란 구체적인 답이 제시될 수 있는 형태로 표시한 명제를 의미한다. 예컨대, '인간의 행복은 무엇으로 구성되는가?'와 같은 질문이나 '통증지각에 영향을 미치는 심리적 요인은 무엇인가?'와 같은 질문은 모두 연구문제가 될 수 있다.

연구문제를 발견하는 유력한 방법은 주변의 현상을 주의 깊게 관찰하는 것과 기존 연구들을 비판적으로 검토하는 것이다. 특정 주제를 염두에 두고 관련된 현상을 관찰하다 보면 다양한 연구문제를 발견할 수 있다. 어떤 경우에는 지식체계에 미치는 영향이 매우 큰 좋은 연구문제를 발견할 수도 있을 것이다. 물론 연구자는 본격적인 연구를 진행하기에 앞서 유사한 연구문제를 다룬 기존 연구가 있는지를 반드시 확인해야 한다.

현상에 대한 관찰도 연구문제를 발견하는 좋은 방법이지만, 좀 더 많이 사용되는 방법은 기존 연구들을 비판적으로 검토하는 것이다. 여기서 '비판적으로 검토한다'는 말은, 연구가 제시하는 결론을 있는 그대로 받아들이지 않고 오류나 실수, 간과한 부분 등이 있지 않은지를 따져 본다는 것을 의미한다. 이렇게 기존 연구들을 비판적으로 검토하는 과정에서 다양한 의문이 발생할 수 있으며, 이러한 의문들이 의미 있는 연구문제로 이어질 수 있다.

기존 연구들을 비판적으로 검토하는 방법은 크게 보면 두 가지로 구분할 수 있다. 첫 번째 방법은 개별 연구들을 검토하는 것이고, 두 번째 방법은 여러 연구가 지지하는 특정 이론이나 모형을 검토하는 것이다. 순서를 따지자면 주요 이론을 먼저 검토하고 해당 이론을 지지하는 연구들을 검토하는 것이 자연스럽겠지만, 공부의 흐름은 역으로 진행하는 것이 일반적이다. 이론 검토 작업의 난이도가 여러 측면에서 더 높기 때문이다. 이 책에서도 개별 연구 검토방법을 먼저 다루고, 이론 검토방법을 그다음에 다루기로 하겠다.

개별 연구들을 비판적으로 검토하기 위해서는 특정 연구문제를 다룬 연구들이 범하기 쉬운 오류를 잘 파악하고 있어야 한다. 이를 위해 연구문제의 유형을 세분화해서 살펴보는 것은 좋은 전략이 될 수 있다. 대표적인 연구문제의 유형으로는 개념과 변수의 관계를 다루는 연구문제와 개념과 개념의 관계를 다루는 연구문제를 들 수 있다.

1) 연구문제의 유형

(1) 개념과 변수의 관계

연구문제의 가장 기본적인 형태는 개념과 변수의 관계를 다루는 유형이다. 여기서 개념이란 주위에 산재해 있는 일정한 현상들을 일반화/추상화하여 표현한 것을 말한다. 앞서 언급한 바와 같이 개념에 대한 조작적 정의가 이루어지면 측정을 통해 개념을 수치로 표현하는 것이 가능해지는데, 이렇게 개념을 수치로 표현한 것을 변수(variable)라고 부른다.

결국 개념과 변수 간의 관계에 대한 연구문제는 정의(definition)에 관한 문제라고 볼 수 있다. 예컨대, '지능은 어떤 능력들로 구성되며, 어떻게 측정할 수 있는가?'는 개념과 변수의 관계를 다루는 연구문제라고 볼 수 있다. 심리학 분야에서 이러한 연구문제를 다루는 대표적인 영역은 심리측정이다. 특히 어떤 개념을 측정하는 자기보고형 척도나 행동과제, 기타 심리검사 등을 개발하고 그 특성을 분석하는 연구들이 모두 개념과 변수의 관계에 대한 연구문제를 다루고 있다. 이러한 연구들을 비판적으로 검토할 때 중요한 질문은 다음 두 가지이다.

- 연구하고자 하는 개념은 개념적으로 적절하게 정의되었는가?
- 측정도구는 개념적으로 정의한 바를 정확하게 측정하는가?

　첫 번째 질문은 개념적 정의(conceptual definition)에 대한 질문이다. 개념과 변수의 관계를 따질 때 보통 조작적 정의에만 집중하는 경향이 있지만, 사실 그보다 먼저 따져 보아야 할 것은 개념적 정의이다. 개념적 정의 단계에서 오류는 없는지, 반드시 포함되어야 함에도 불구하고 누락된 것은 없는지, 개념의 구조는 적절하게 제안되었는지 등을 살펴볼 수 있다. 예를 들어, 침투사고(intrusive thoughts)라는 개념을 어떤 연구에서 '의식에 갑작스럽게 침투하는 사고'로 정의했다고 가정해 보자. 이들은 침투사고가 매우 동질적인 현상이며 질적으로 구분되는 하위유형은 없다고 제안했다. 하지만 다른 연구들을 검토해 본 결과 침투사고가 질적으로 다른 두 하위유형으로 구분될 수 있는 이질적인 현상이며, 사고뿐만 아니라 이미지나 충동 또한 임상적으로 유사한 작용을 한다는 보고가 있었다는 사실을 알게 되었다. 이 경우 연구자는 침투사고의 개념을 새롭게 구성해야 한다고 제안할 수 있으며, 이를 연구문제로 선택할 수 있다.

　두 번째 질문은 조작적 정의(operational definition)에 대한 질문이다. 개념적 정의가 적절하다 해서 조작적 정의 또한 적절할 것이라고 확신해서는 안 된다. 사실 많은 연구자가 조작적 정의에서 오류를 범하며, 이로 인해 연구결과들을 통합할 때 많은 혼란을 유발한다. 예컨대, 동일한 개념적 정의로 우울을 정의했다 해도, 조작적 정의가 다르면 측정결과가 달라지며, 결국 분석결과도 달라진다. 따라서 조작적 정의를 달리했을 경우에는 동일한 연구가설을 검증하더라도 서로 불일치하는 결과를 도출할 가능성이 있다. 이러한 불일치는 개념들 간의 관계가 불안정하거나 약해서라기보다, 조작적 정의의 오류 때문에 나타난 현상이라고 보아야 한다. 조작적 정의의 문제는 간단히 말하면 측정도구의 타당도 문제라고 볼 수 있다. 측정도구가 얼마나 적절히 개발되었는지의 여부를 판단하는 방법에 대해서는 연구설계 부분에서 보다 자세하게 소개하겠다.

(2) 개념과 개념의 관계
　연구문제의 두 번째 유형은 개념과 개념 간의 관계를 다루는 문제이다. 여기에는 두 개념 간의 관계를 다루는 문제가 포함되며, 여러 개념 간의 관계를 동시에 다루는 문제들도 포함된다. 후자는 전자의 확장 형태라고 볼 수 있다.

① 두 개념 간의 관계

어떤 두 개념 간의 관계 유형은 세 가지로 요약할 수 있다. 첫 번째 유형은 영관계(null relationship)로 두 개념 간에 아무런 관계가 없는 경우이다. 이러한 관계는 일반적으로 연구 관심 대상에서 제외된다. 두 번째 유형은 공변관계(covariant relationship)로 하나의 개념이 변하면 다른 개념도 변하는 관계를 말한다. 공변관계는 관계의 패턴에 따라 다양한 양상으로 나타날 수 있다. 많이 알려진 상관관계(correlation)는 두 개념 간에 선형적인(linear) 공변관계가 있는 경우를 말한다. 즉, 한 개념이 변하면 다른 개념도 선형적으로 변하는 관계가 상관관계이다. 세 번째 유형은 인과관계(causal relationship)로 공변관계 중에서 원인이 결과보다 시간적으로 선행하고, 두 개념의 관계가 제3의 개념에 의해 설명되지 않는 경우를 말한다. 두 개념 간의 관계를 연구할 때 최종 목표가 바로 인과관계를 검증하는 것이다. 하지만 사회과학 영역에서 인과관계를 입증하는 것은 쉬운 일이 아니다. '제3의 개념에 의해 설명되지 않는다.'는 조건을 만족시키는 것이 매우 어렵기 때문이다. 인과관계 연구에서 연구설계의 목적은 이 조건을 만족시키기 위한 절차이며, 연구자의 가장 중요한 역할은 '제3의 개념'의 영향을 통제하는 것이라고 볼 수 있다.

특정 개념을 다루는 연구들이 발전해 가는 과정을 보면, 관심의 대상이 되는 개념을 중심으로 공변관계에 있는 개념들을 탐색하고, 이 개념들 중 인과관계에 있는 개념들을 추려 낸다. 따라서 문헌검토를 통해 관심 개념과 공변관계에 있는 개념들이 어느 정도 탐색되었는지를 확인하고, 개념적/경험적으로 관련이 있을 가능성이 있음에도 관계가 분석되지 않은 개념이 있는지 찾아볼 수 있다. 공변관계 개념들이 충분히 탐색되었다면, 이 개념들 중 인과관계를 맺고 있을 가능성이 있는 개념을 추려 낸다. 유력한 후보는 모두 인과관계 분석의 대상이 될 수 있다. 인과관계를 확인하는 연구들이 진행되고 있다면, 각 연구 또한 비판적 검토의 대상이 된다. 특히 시간적 선행과 제3의 개념 통제 조건이 적절히 만족되었는지 검토하는 것이 매우 중요하다. 인과관계 검증 과정에서 오류가 있다면 이를 보완하는 연구문제를 제안할 수 있다.

② 개념들 간의 관계

인과관계는 보통 각 개념을 반영하는 변수들을 이용하여 검증한다. 인과관계를 이루고 있는 두 변수에는 특별한 명칭이 부여되고는 하는데, 원인에 해당하는 변수에는 독립변수(independent variable), 결과에 해당하는 변수에는 종속변수(dependent variable)라는 명칭이 부여된다. 각 변수의 명칭은 다른 변수에 의해 영향을 받는지의 여부로 결정된다. 독립변수는 다른 변수의 영향으로부터 독립적이라는 의미에서 부여된 것이고, 종속변수는 다른 변수에 의해 영향을 받는다(종속되어 있다/의존한다)는 의미에서 부여된 것이다. 독립변수와 종속변수는 상대적인 개념이다. 예컨대, 어떤 연구에서 분노와 공격행동이 인과관계를 맺고 있다는 것을 확인했다면, 분노는 독립변수, 공격행동은 종속변수로 간주한다. 하지만 다른 연구에서 분노가 권위적 사고에 의해 촉발되는 경향이 있다는 것을 확인했다면, 분노를 종속변수, 권위적 사고를 독립변수로 간주하기도 한다.

독립변수와 종속변수의 관계는 다른 변수들에 의해 조절되거나 매개될 수 있다. 조절된다는 것은 독립변수와 종속변수의 관계 강도가 다른 변수에 의해 변한다는 것을 의미한다. 이를 조절효과(moderation effect)라 하고, 조절효과를 갖는 변수를 조절변수(moderating variable)라고 한다. 예컨대, 분노가 공격행동과 인과적 관계를 맺고 있는데 그 관계의 강도가 여자 집단보다 남자 집단에서 더 강하게 나타난다면, 성별은 조절변수로 간주될 수 있다. [그림 3-1]에는 독립변수와 종속변수, 조절변수의 관계가 간단하게 제시되어 있다.

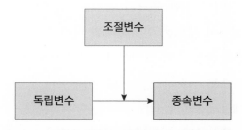

[그림 3-1] 독립변수와 종속변수, 조절변수의 관계

한편, 특정 변수가 독립변수와 종속변수를 매개한다는 것은, 독립변수가 특정 변수에 영향을 미치고, 특정 변수가 다시 종속변수에 영향을 미친다는 것을 의미한다. 이러한 변수를 매개변수(mediating variable)라 한다. 예컨대, 권위적 사고가 공격행동과 인과적 관계를 맺고 있을 때, 이 둘의 관계를 분노가 매개한다면 분노를 매개변수로 볼 수 있다. 매개변수는 특정 변수의 영향을 받는 동시에 다른 변수에 영향을 주는 특징이 있다. [그림 3-2]에는 독립변수와 종속변수, 매개변수의 관계가 간단하게 제시되어 있다.

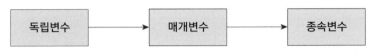

독립변수 → 매개변수 → 종속변수

[그림 3-2] 독립변수와 종속변수, 매개변수의 관계

기존 연구를 비판적으로 검토할 때에는 인과관계가 확인된 두 변수의 관계를 조절하는 변수나 매개하는 변수가 있는지 분석해 볼 수 있다. 이러한 변수들을 다루는 것은 개념들의 관계를 보다 정교하게 이해할 수 있도록 돕기 때문에 좋은 연구문제가 될 수 있다. 하지만 조절변수와 매개변수를 탐색할 때에는 기존 문헌을 철저히 검토해야 하며, 지식체계의 성장에 기여할 수 있는 변수들만을 신중하게 선별해야 한다. 그렇지 않으면 지식체계에 별다른 기여를 하지 못하는, 해도 그만 안 해도 그만인 연구들을 양산하는 문제를 유발할 수 있다.

2) 이론(모형) 검토

앞서 살펴본 바와 같이 특정한 유형의 연구문제를 다루는 개별 연구들을 비판적으로 검토하는 과정에서 새로운 연구문제를 발견할 수 있다. 여기에 더해 고려할 수 있는 다른 방법은 관심 주제 영역에서 중점적으로 연구되고 있는 유력한 이론이나 모형을 비판적으로 검토하는 것이다. 이론이나 모형은 논리적으로 연결된 명제들로 구성되기 때문에 이들을 검토한다는 말은 이들을 구성하는 명제들을 검토한다는 말과 같다. 정리하면, 연구자는 어떤 이론이나 모형을 구성하는 명제들을 다양한 측면에서 통합적으로 검토할 수 있으며, 이 과정에서 의미 있는 연구문제를 발견할 수 있다.

명제들을 분석할 때 특별히 중요한 활동은 전제의 진위를 따져 보는 것과 명제들 사이에 논리적 비약이나 오류, 보완점 등이 있는지를 따져 보는 것이다. 전제 (premise)란 다른 명제들의 토대가 되는 명제를 의미한다. 일반적으로 모형이나 이론에서 기본 가정에 해당하는 것이 전제다. 부적절한 알코올 사용과 관련된 고전적인 가설 하나를 예로 들어 보자. 긴장감소가설(tension reduction hypothesis)이라 불리는 이 가설에서는 사람들이 긴장을 감소시키기 위한 목적으로 술을 마신다고 제안한다(예: Kalodner, Delucia, & Ursprung, 1989). 이 가설 이면에 있는 전제들을 생각해 보면, 우선 '사람들은 긴장을 감소시키길 원한다.'(전제 1)와 '술의 주된 기능은 긴장을 감소시키는 것이다.'(전제 2)가 있을 것이다. 전제 1과 전제 2를 토대로 '사람들은 술을 통해 긴장을 감소시키길 원한다.'라고 제안하는 것이다. 연구모형이나 가설, 이론 등을 분석할 때에는 이러한 전제들을 꼼꼼하게 파악하여 그 진위를 따져 보아야 한다. 과연 사람들은 모두 긴장을 감소시키길 원할까? 긴장을 증가시키는 것을 원하지는 않을까? 과연 술은 긴장을 감소시킬까? 긴장을 오히려 증가시키지는 않을까? 혹은 술이 다른 기능을 갖고 있는 것은 아닐까? 연구자는 이와 유사한 질문들을 제기할 수 있으며, 이렇게 다양한 질문을 던지고 답하는 과정에서 각 전제의 진위 여부를 정밀하게 검토할 수 있다.

사실 전제분석에서 가장 중요한 것은 전제를 밝혀내는 것이다. 많은 경우 전제들은 숨어 있다. 너무나도 당연하게 여겨 굳이 언급하지 않는 경우도 있고, 의도적/비의도적으로 숨기는 경우도 있다. 따라서 명제분석을 정밀하게 진행하려면, 겉으로 드러난 명제 이면의 전제들을 먼저 찾아내야 한다. 전제를 밝혀내는 가장 좋은 방법은 제시된 명제가 어떻게 도출되었는가를 역추론해 보는 것이다. 우울증을 가장 잘 설명하는 것으로 잘 알려진 인지이론(cognitive theory)을 예로 들어 보겠다. 우울증의 인지이론에서는 사건이나 대상 등에 대해 반복적으로 부정적인 해석을 내린 결과, 우울증이 유발된다고 주장한다(Beck, 1979). 이것을 간단히 명제로 표현하면 다음과 같다.

• 사건이나 대상에 대한 반복적인 부정적 해석은 우울증을 유발한다.

여기에 정리된 명제는 Beck(1979)이 직접 제안한 것은 아니며, 예를 들기 위해 간략하게 표현한 것임을 기억하기 바란다. 이 명제 뒤에 숨겨진 명제를 찾기 위해서는 어떤 과정을 거쳐 이런 명제가 도출되었는가를 역으로 추적해야 한다. 이 과정은 몇 단계로 나눌 수 있다. 우선 해당 명제의 주요 개념과 관련된 전제들을 찾아볼 수 있다. 이 명제에서 중요한 개념은 '해석'과 '우울증'이다. 먼저, '해석'과 관련된 전제들은 다음과 같은 것이 있다.

- 인간은 사건이나 대상을 해석한다.
- 사건이나 대상에 대한 해석은 부정적일 수 있다(부정적으로 편향될 수 있다, 왜곡될 수 있다).
- 사건이나 대상에 대한 해석은 반복될 수 있다.

제시된 전제들은 앞서 제시한 명제 중 '사건이나 대상에 대한 반복적인 부정적 해석은' 부분을 도출하기 위해 필요한 명제들이다. 전제분석에서 수행하는 작업은 제시된 전제들이 정말 타당한지를 재검토하는 것이다. 인간이 사건이나 대상을 있는 그대로 받아들이지 않고 주관적으로 해석한 바를 받아들이는 것이 맞는지, 그러한 해석이 부정적으로 왜곡될 수 있는 것인지, 또한 그러한 해석이 반복되는 양상을 띨 수 있는지를 검토하는 것이다. 다음에는 '우울증'과 관련된 전제가 제시되어 있다.

- 부정적 정서를 반복적으로 경험하면 우울증이 유발된다.

우울증의 개념이 생소한 독자라면 이 전제의 내용이 의아할 수 있을 것이다. '부정적 정서를 반복적으로 경험하는 것'이 우울증을 유발할 수 있다는 점은 관련 지식을 갖지 않은 사람이라면 알기 어렵기 때문이다. 여기에서 드러나듯이 면밀한 전제분석을 위해서는 각 명제에 포함된 개념에 대한 학술적 지식이 필요할 때도 있다. 이런 경우에는 각 개념에 대한 연구논문 등의 전문서적을 참고하는 것이 도움이 될 것이다.

다음으로는 두 개념의 관계에 대한 전제를 탐색해야 한다. 즉, '해석'과 '우울증'의 관계를 연결시켜 주는 전제들을 찾아야 한다. 해당 전제들을 간단히 정리하면 다음과 같다.

- 사건이나 대상에 대한 해석은 정서를 유발한다.
- 사건이나 대상에 대한 부정적 해석은 부정적 정서를 유발한다.

제시된 전제들을 보면, '해석'과 '우울증'을 연결하는 과정에서 '정서'라는 개념이 사용되고 있음을 알 수 있다. 부정적 해석은 부정적 정서를 유발하는데, 부정적 정서가 반복될 경우 우울증이 유발되기 때문에 '사건이나 대상에 대한 반복적인 부정적 해석은 우울증을 유발한다.'라고 제안할 수 있는 것이다. 여기에서 연구자는 각 전제에 대해 의문을 품고 비판적 태도로 진위 여부를 따질 수 있다. 해석 과정은 정말 정서를 유발할까? 부정적 해석은 항상 부정적 정서를 유발할까? 부정적 정서를 반복적으로 경험하면 정말 우울증이 유발될까? 이렇게 각 전제에 대해 비판적인 태도로 다양한 질문을 던지다 보면 전제들의 진위 여부를 면밀하게 검토할 수 있을 것이며, 이 과정에서 매우 의미 있는 연구 아이디어를 발견하게 될 수도 있을 것이다.

어떤 경우에는 전제에 대한 진위분석의 결과, 각 전제가 대체로 참인 것으로 확인될 수 있다. 하지만 이런 경우에도 각 전제에 포함된 개념들의 관계 강도가 약하다면 그릇된 연역결과가 도출될 수 있다. 이는 명제들 간의 논리적 연결고리가 약한 경우라고도 볼 수 있다. 예를 들어, '강박사고는 확인행동(checking behavior)을 유발한다.'는 명제가 있다고 가정해 보자. 이 명제는 다음 두 가지 전제로부터 연역된 것일 수 있다.

- 강박사고는 부정적 사건의 위협을 높게 평가하는 사고를 유발한다. (전제 1)
- 부정적 사건의 위협을 높게 평가하면 확인행동을 한다. (전제 2)

여기에서 강박사고와 부정적 사건의 위협을 높게 평가하는 것의 관계 강도가 매우 약하고, 부정적 사건의 위협을 높게 평가하는 것과 확인행동의 관계 강도 또한 매우 약하다면, 결국 강박사고와 확인행동의 관계에 대한 명제는 참이 아닐 가능성이 높아지게 된다. 이처럼 각 전제의 진위뿐만 아니라, 전제가 진실을 반영한 정도, 혹은 타당한 정도 또한 꼼꼼하게 따져 볼 수 있다.

명제들을 분석하는 두 번째 방법은 표면적으로 드러난 명제들에 논리적인 비약이나 오류가 있는지를 검토해 보고, 지식체계를 발전시키는 방향으로 모형을 수정하거나 정교화할 수 있는 방안이 있는지를 탐색하는 것이다. 자살을 설명하는 유력한 이론으로 제안되고 있는 대인관계이론(interpersonal theory of suicide)을 예로 들어 보자(Joiner, 2005). 이 이론에 따르면, 치명적인 자살행동이 나타나기 위해서는 두 가지 조건이 필요하다. 하나는 강한 자살욕구이고, 다른 하나는 실제로 자살을 실행할 수 있는 능력, 즉 자살실행력(capability for suicide)이다. 강한 자살욕구는 다시 두 요인으로 구분되는데, 하나는 좌절된 소속감(thwarted belongingness)이고 다른 하나는 주변 사람들에게 짐이 되는 느낌(perceived burdensomeness)이다. 그리고 자살실행력은 죽음에 대한 두려움 부족(fearlessness about death)과 통증 감내력(pain tolerance)으로 구성된다. 이 모형을 간단하게 명제들로 표현하면 다음과 같다.

① 자살욕구는 좌절된 소속감과 짐이 되는 느낌으로 구성된다.
② 소속감이 크게 좌절될수록 자살욕구는 증가한다.
③ 주변 사람들에게 짐이 된다는 느낌이 강할수록 자살욕구는 증가한다.
④ 자살실행력은 죽음에 대한 두려움 부족과 통증 감내력으로 구성된다.
⑤ 죽음에 대한 두려움이 낮을수록 자살실행력은 높아진다.
⑥ 통증 감내력이 높을수록 자살실행력은 높아진다.
⑦ 자살욕구와 자살실행력이 모두 높을 때에만 치명적인 자살행동이 나타난다.
　　(자살욕구만 높거나, 혹은 자살실행력만 높다면 치명적인 자살행동은 나타나지 않는다.)

명제분석에서는 이렇게 정리된 각 명제를 면밀하게 분석한다. 앞서 제시한 대로 각 명제에 담긴 오류와 명제들 간의 관계에서 나타나는 오류를 검토하고, 이론 개선을 위해 수정하거나 보완할 점에 대해 분석해 보도록 하겠다.

제시된 명제들은 개념의 구조에 대한 명제와 개념들 간의 관계에 대한 명제로 구분할 수 있다. 우선 개념의 구조에 대한 명제는 ①과 ④이다. 개념의 구조에 대한 명제의 오류를 검토할 때에는 우리가 앞서 개념과 변수의 관계에 대한 연구문제에서 공부했던 방법을 이용하면 된다. 즉, 불필요하거나 부적절한 하위개념이 포함되어 있지는 않은지를 검토하고, 반대로 중요하지만 누락된 하위개념이 없는지를 검토하면 된다. ①의 경우 자살욕구가 좌절된 소속감과 짐이 되는 느낌으로 구성된다고 제안하고 있는데, 포함된 두 하위개념은 자살욕구와 밀접한 것으로 잘 알려진 개념들이기 때문에 적절성 측면에서는 오류를 찾기 어렵다. 하지만 포괄성 측면에서는 의문을 제기할 여지가 있다. 즉, 자살욕구를 구성하는 요소들 중에 좌절된 소속감이나 짐이 되는 느낌 이외에 다른 중요한 개념이 있지는 않을지 의심해 볼 수 있다. 자살실행력도 마찬가지이다. 상식적으로 볼 때 죽음에 대한 두려움과 통증 감내력이 중요한 요소라는 점은 크게 의심되지 않더라도, 이외에 다른 요소가 없다는 점을 받아들이기 어려울 수 있다. 이런 경우 여기에 포함되지 않은 중요한 요소가 어떤 것이 있을지 탐색해 보고, 그 결과에 따라 명제를 수정하는 방향으로 연구를 진행해 볼 수 있을 것이다. 실제로 최근 연구에 따르면, 실질적 지식(예: 자살하는 방법에 대한 지식)과 도구 접근성(예: 자살도구에 대한 접근성)이 자살실행력의 중요한 하위요소가 될 수 있다는 점이 확인되었다(Klonsky, May, & Saffer, 2016). 이러한 연구결과가 후속 연구들의 많은 지지를 얻는다면, 앞에 제시된 명제 ④는 틀린 것으로 보고 수정해야 한다. 이렇게 하나의 명제가 수정되면 기존의 다른 명제들을 수정하거나 새로운 명제를 추가하는 작업이 진행되어야 할 수도 있다. 이처럼 어떤 이론이나 모형에서 하나의 명제가 변하면 다른 명제들도 유기적으로 변하게 되며, 이 과정에서 많은 연구문제가 발생할 수 있다.

①과 ④를 제외한 모든 명제는 개념들 간의 관계에 대한 명제들이다. 이러한 명제들을 분석할 때에는 우선 각 개별 명제 안에 오류가 있는지를 검토하고, 다음으로 여러 명제 간에 논리적 오류가 있는지를 검토한다. 앞의 예시에서 ②와 ③, ⑤, ⑥은 사실 ①과 ④를 보완하는 명제들이며, 각 명제 안에서 제시하는 개념들 간의 관계 또한 개념의 구조에서 이미 어느 정도 결정되는 면이 있다. 따라서 해당 명제들 각각에서 논리적 오류를 찾기는 어렵다. 하지만 ⑦과 다른 명제들을 함께 살펴보면 의아한 점을 발견할 수 있다. ⑦을 보면 '자살욕구와 자살실행력이 동시에 높을 때에만 치명적인 자살행동이 나타난다.'라고 제안하고 있다. 이 말은 자살실행력이 높은 상황에서 자살욕구가 낮을 수 있으며, 반대의 경우 또한 가능하다는 것을 시사한다. 즉, 두 개념은 서로 독립적이라는 의미이다. 그런데 정말 두 개념은 서로 독립적일까? 이 질문에 대한 답을 찾아 나갈 때 이론 내의 다른 명제들을 참고할 수 있다. 즉, 좌절된 소속감과 짐이 되는 느낌, 죽음에 대한 두려움 부족,

통증 감내력의 관계를 참고할 수 있다. 현재 이론 내에서는 자살욕구와 관련된 두 개념과 자살실행력과 관련된 두 개념이 서로 독립적이라고 가정되어 있다. 하지만 정말 그런 관계를 맺고 있을지 의심해 볼 수 있다. 예컨대, 짐이 되는 느낌과 죽음에 대한 두려움은 정말 서로 독립적일까? 주변 사람들에게 짐이 되고 있다고 느끼는 것이 죽음을 반복적으로 떠올리게 하고, 그럴수록 죽음에 둔감해져서 죽음에 대한 두려움이 줄어들지는 않을까? 만약 이러한 과정이 실제로 일어난다면 짐이 되는 느낌과 죽음에 대한 두려움은 더 이상 독립적이라고 보기 어려울 것이며, 그에 따라 ㉠ 또한 오류를 담고 있다고 판단해야 할 것이다.

각 명제와 명제들 간의 관계를 비판적으로 검토한 결과를 토대로 우선 각 명제에 담긴 오류를 확인하는 연구문제를 제안할 수 있다. 이차적으로 제안 가능한 연구문제는 오류를 수정하여 이론을 개선하는 내용을 담을 수 있다. 예컨대, 자살욕구와 자살실행력의 개념을 수정해야 한다고 판단했다면, 하위개념들을 적절히 제거하거나 추가하여 이론의 주요 명제들을 재검증하는 연구를 제안할 수 있다. 경우에 따라서는 기존의 명제들을 보완하는 새로운 명제를 추가할 수도 있을 것이다. 앞서 살펴본 바와 같이 자살욕구와 자살실행력의 관계가 예상보다 복잡하다는 것을 알게 되었다면, 단순히 독립적이라고만 가정하는 것이 아니라, 어떤 상황에서 독립적인지를 명시하는 명제를 추가할 수 있다. 반대로 두 개념이 서로 밀접하게 움직이는 상황을 특정하는 명제를 추가할 수도 있다. 이와 같은 방식으로 이론을 보완하는 명제들을 추가할 수 있으며, 각 명제를 검증하는 연구문제를 제안할 수 있다.

지금까지 실제 사례를 이용하여 명제분석을 진행하는 과정을 함께 살펴보았다. 분석 과정이 다소 복잡하게 느껴질 수 있겠지만, 복잡한 만큼 가치 있는 연구문제를 발견할 가능성이 높은 유용한 방법이다. 물론 검토를 통해 확인한 오류나 수정 사항이 모두 의미 있는 중요한 것들이라고 장담할 수는 없지만, 이러한 과정을 여러 차례 반복하다 보면 보석과 같은 아이디어를 발견할 가능성이 점점 더 높아질 것이다. 여기에서 제시한 분석 방법 이외에도 명제들 간의 관계를 분석할 수 있는 방법은 많이 있을 것이다. 관건은 유력한 모형이나 이론들일지라도 개선의 여지가 남아 있음을 늘 기억하고, 끊임없이 여러 방법을 동원하여 재검토해 보는 것이다.

글상자 3-1

모형 분석 사례

연구문제 도출을 위한 개념 및 명제 분석은 실습해 보는 것이 가장 좋다. 앞서 분석 사례들을 일부 살펴보았지만, 복잡한 작업인 만큼 다른 사례를 더 살펴보는 것도 좋은 방법이 될 수 있을 것이다. 여기에서는 간단히 강박장애 인지모형을 분석해 보기로 하겠다. 해당 모형은 다음과 같이 간단하게 도식화될 수 있다.

제시된 모형은 다음과 같이 명제들로 표현될 수 있다.

• 침투사고는 자동적 사고를 유발한다.
• 자동적 사고는 부정적 정서를 유발한다.
• 부정적 정서는 강박행동을 유발한다.

물론 도식을 그대로 명제화하면 3개의 명제가 모두 통합되어야 하지만 분석의 편의를 위해 구분하였다. 표면적으로는 3개의 명제뿐이지만, 사실 숨겨진 명제들이 많다. 예를 들어, '침투사고는 의도치 않게 의식에 침투해 들어오는 불필요한 언어 형태의 생각이다.' 혹은 '자동적 사고란 자극에 대한 자동적 평가 과정의 결과물로 나타나는 언어 형태의 생각이다.'와 같은 각 개념에 대한 정의와 관련된 명제들이 있다. 또한 '자동적 사고는 생각에 의해서 유발될 수 있다.'와 같이 좀 더 상위개념들 간의 관계에 대한 전제 수준의 명제들도 있다. 이러한 명제들은 모두 비판적 분석의 대상이 될 수 있다. 예컨대, 침투사고의 정의를 비판적으로 검토하자면, 침투사고가 언어 형태의 생각만 포함하는지를 따져 볼 수 있고, 정말 불필요한 것인지도 따져 볼 수 있다. 경우에 따라서는 침투사고를 하나의 동질적인 개념으로 볼 것이 아니라, 질적으로 다른 하위유형을 갖는 상위개념으로 보는 것이 타당할 수 있다.

이렇게 숨겨진 명제들을 모두 꼼꼼하게 분석하는 동시에, 표면적인 명제들에 대한 분석 또한 실시한다. 표면화된 명제들을 분석할 때 사용할 수 있는 전략은 앞서 소개한 대로 우선적으로 오류를 찾고, 다음으로 보다 정교한 모형 구성을 위해 수정하거나 추가할 명제가 있는지를 분석하는 것이다. 제시된 강박장애 인지모형은 많은 연구의 지지를 얻고 있는 인지이론의 기본 틀(자극 → 자동적 사고 → 정서/행동)을 그대로 따르고 있어 치명적인 오류는 확인되지 않는다. 하지만 다른 연구자들이 미처 발견하지 못한 오류를 발견했다면, 이를 확인하고 바로잡는 연구문제를 제안할 수 있다.

명제를 수정하거나 추가하는 작업은 일반적으로 개념의 세분화나 수정, 개념들 간의 관계 정교화 등과 관련이 있다. 앞서 제시한 모형을 예로 들면, 침투사고와 자동적 사고를 세분화하는 것이 이론적/실질적으로 타당할 경우 명제를 다음과 같이 수정할 수 있다.

• A 유형 침투사고는 B 유형 자동적 사고를 유발한다.
• C 유형 침투사고는 D 유형 자동적 사고를 유발한다.

개념들 간의 관계를 정교화하는 것은 간단히 말해 매개변수와 조절변수를 찾는 작업이라고 볼 수 있다. 앞에 제시한 사례를 예로 들면, 침투사고와 자동적 사고의 관계에 대해 다음과 같은 명제를 추가할 수 있다.

• 사고의 중요성에 대한 인식은 침투사고와 자동적 사고의 관계를 조절할 것이다.

이 명제가 담고 있는 정보를 풀어쓰면, '의식에 떠오르는 생각에 중요한 의미가 있다고 인식할수록 침투사고에 대한 자동적 평가를 하고, 그 결과 자동적 사고를 경험하게 된다.'는 것을 의미한다.

앞에 제시한 방법들을 최대한 활용해서 모형을 체계적으로 분석하면 의미 있는 연구문제를 찾는 데 큰 도움을 얻게 될 것이다. 관심 연구주제의 대표 모형에 대해서는 반드시 실습해 보기를 권한다.

3) 연구문제 선정기준

기존 연구들을 비판적으로 검토하다 보면 많은 연구문제를 발견할 수 있을 것이다. 이렇게 발견된 연구문제들은 모두 나름대로의 가치가 있지만, 상대적으로 더 좋은 연구문제들을 선별할 수도 있다. 이때 사용할 수 있는 기준을 간단히 살펴보겠다.

(1) 학술적 관점

학술적 관점에서 좋은 연구문제의 첫 번째 기준은 검증가능성이다. 과학적 연구에서 검증가능성은 필수조건이다. 아무리 창의적인 연구문제라도 검증이 불가능하다면 좋은 연구문제가 될 수 없다. 예컨대, 중요한 새로운 개념을 발견했지만 현재의 지식이나 기술로 측정이 불가능하다면, 적어도 현재로서는 좋은 연구문제라고 보기 어렵다. 두 번째 기준은 새로운 문제다. 여기서 새로운 문제란 해당 연구 분야에서 기존 연구들이 다루지 않은 문제를 말한다. 지식체계의 성장에 중요함에도 불구하고 다루어지지 않았던 연구문제가 있다면, 그 연구문제는 좋은 연구문제라고 볼 수 있다. 세 번째 기준은 어려운 문제다. 여기에 해당하는 연구문제는 기존 연구자들이 중요하다고 언급은 했으나 다루기 어려워 보류한 문제들이다. 이러한 연구문제들을 다룰 수 있는 유력한 방안이 있다면 좋은 연구문제로 고려될 수 있다.

(2) 실제적 관점

실제적인 유익이 상대적으로 큰 연구문제는 좋은 연구문제라고 볼 수 있다. 달리 말하면, 현 사회가 직면하고 있는 실질적인 문제의 해결에 도움이 되는 연구문제는 좋은 연구문제로 고려될 수 있다. 예컨대, 현재 사회적으로 스마트폰 등의 소형 컴퓨터들을 과도하게 사용하는 것이 다양한 문제를 초래하고 있다면, 그 원인을 밝히는 것은 좋은 연구문제가 될 수 있다.

(3) 기타 고려 사항

마지막으로 연구자의 현재 상황을 고려했을 때 해결 가능한 연구문제가 좋은 연구문제이다. 연구자의 상황이란 연구자가 가진 연구능력이나 경제적 여건, 시간적 여유 등을 의미한다. 아무리 연구문제가 이론적/실질적 가치를 갖는 문제라 해도 연구자가 해결할 여건을 갖추지 못했다면 적어도 그 연구자에게는 적절한 연구문제라고 보기 어렵다. 따라서 연구자는 항상 자신의 상황을 잘 이해하고 현실적으로 해결 가능한 연구문제를 선정할 필요가 있다. 특히 학부과정 학생이나 석사과정 학생과 같이 연구능력이나 시간, 경제적 여건 등에 제약이 있는 경우에는 주어진 자원을 이용해 해결할 수 있는 연구문제를 신중하게 선정해야 한다.

2. 연구가설

1) 연구문제와 연구가설

연구문제가 정해지면 다음으로 연구가설을 설정한다. 연구문제가 현상에 대한 의문을 담고 있다면, 연구가설은 연구문제에 대한 잠정적인 대답을 담고 있다. 예컨대, 부정적 정서와 자해(self-injury)가 어떤 관계를 맺고 있는지를 연구문제로 삼는다면, '부정적 정서를 많이 경험할수록 자해를 많이 할 것이다.'와 같이 특정한 관계성을 설정한 것이 가설이다.

연구문제에 대한 가설을 설정하기 위해서는 해당 연구문제나 관련 문제를 다룬 문헌들을 검토해야 한다. 검토를 통해 연구문제에 대한 가장 유력한 해답을 찾았다면 그것을 가설로 설정한다. 연구가설 설정을 위한 문헌검토 시 주의해야 할 점은 문헌검토의 범위를 특정 영역에 한정짓지 않는 것이다. 연구문제로 선정된 문제는 보통 충분히 연구되지 않은 문제인 경우가 많기 때문에 해당 문제를 직접적으로 다룬 연구들이 적을 수밖에 없다. 따라서 동일한 연구문제는 아닐지라도 관련된 연구문제들을 다루고 있는 연구라면 검토 대상으로 고려해야 하며, 경우에 따라서는 인접한 다른 분야의 연구들도 검토해야 할 수 있다. 예컨대, 임상심리학 관련 연구를 진행하고 있다면, 사회심리학이나 인지심리학, 발달심리학과 같은 다른 심리학 분야의 연구들을 참고할 수 있다. 그뿐만 아니라 사회복지학이나 정신의학, 교육학, 경제학 등의 다른 학문 분야 연구들도 필요하다면 참고할 수 있을 것이다.

가설을 세울 때 연구자가 특히 주의해야 하는 점은 검증가능성(testability)이다. 어떤 가설이든 자료를 통한 검증이 가능하도록 구성해야 하며, 가능하면 검증이 용이한 것이 좋다. 검증이 용이하다는 것은 측정의 용이성, 자료수집의 용이성, 분석의 용이성 등을 갖추었다는 의미이다. 얻는 정보가 동일하다면, 측정방식이 간단하고 도구 또한 마련되어 있어 자료를 수집하기 수월한 것이 좋다. 또한 수집된 자료가 특별한 사전처리나 복잡한 분석절차를 거칠 필요가 없는 것이 좋다. 검증 과정이 복잡하고 어려워질수록 오류 발생 가능성이 높아지기 때문이다.

좀 더 나은 가설을 세우고자 할 때 고려할 수 있는 또 다른 기준은 수집되는 지식의 양이다. 동일한 조건이라면 수집되는 정보의 양이 많을수록 더 좋은 가설이다. 다음 세 가지 가설을 비교해 보자.

- 생각은 기분과 관련이 있을 것이다.
- 생각이 많아지면 기분이 부정적인 방향으로 변할 것이다.
- 부정적 생각이 많아지면 기분이 부정적인 방향으로 변할 것이다.

첫 번째 가설은 생각과 기분이 어떤 관계를 맺고 있다는 사실만을 제시하고, 두 번째 가설은 생각의 양이 증가할수록 기분의 부정성이 강해질 것이라는 사실을 제시하고 있다. 세 번째 가설은 앞서 제시한 두 가설이 제공하는 정보에 더해, 특히 부정적 생각의 양이 많아질수록 기분의 부정성이 강해질 것이라는 사실을 제시하고 있다. 다른 조건이 동일하다면, 세 번째 가설이 제공하는 정보의 양이 더 많기 때문에 더 좋은 가설이라고 볼 수 있다.

2) 연구가설과 귀무가설

앞서 소개한 대로 현대 과학에서는 연구가설을 그대로 검증하는 방식을 사용하지 않는다. 연구가설의 반대가 되는 귀무가설/영가설(null hypothesis)을 설정한 뒤, 그 가설을 자료를 이용해 기각함으로써 연구가설을 채택하는 방식을 취한다. 예컨대, '우울 수준이 높을수록 부정적 생각이 많을 것이다.'라는 연구가설을 검증하고자 한다면, '우울 수준은 부정적 생각의 양과 관련이 없다.'는 영가설을 설정한다. 이 영가설은 우울과 부정적 생각을 측정한 뒤 두 점수의 관계를 통계적으로 분석하여 검증할 수 있다. 만일 두 변수의 관계가 통계적으로 유의하다면, 영가설을 기각하고 연구가설을 채택한다. 반대로 두 변수가 통계적으로 무관하다면, 영가설을 채택하고 연구가설을 기각한다.

연구자는 문헌검토 등을 통해 연구가설을 구성하여 제시하지만, 실제 자료를 분석할 때 사용하는 가설은 영가설임을 기억해야 한다. 특히 영가설을 기각하는 것이 곧 연구가설의 채택으로 이어질 수 있는지를 확인해야 한다. 앞의 예를 보면, '우울 수준은 부정적 생각의 양과 관련이 없다.'는 영가설을 자료를 통해 기각했을 경우, 확실한 것은 '우울 수준이 부정적 생각의 양과 관련이 없지는 않다.'는 사실이다. 이 두 개념이 맺고 있는 관계의 방향이 어떤지는 추가적인 분석을 실시해야만 알 수 있다.

요약

- 연구문제란 구체적인 답이 제시될 수 있는 형태로 표시한 명제를 의미한다. 연구문제는 개념과 변수의 관계, 개념과 개념의 관계, 명제와 명제의 관계를 분석하는 과정에서 발견할 수 있다.

- 개념과 변수의 관계에 대한 연구문제는 개념의 정의를 다루는 문제들이다.

- 개념과 개념의 관계에 대한 연구문제는 기본적으로 두 개념의 상관관계나 인과관계를 다루는 문제들이다. 두 개념의 인과관계는 조절하는 개념이나 매개하는 개념 등을 이용해 보다 정교화할 수 있다.

- 이론이나 모형에 포함된 명제들의 관계 또한 분석 대상이 될 수 있으며, 분석을 통해 좋은 연구문제들을 발견할 수 있다.

- 좋은 연구문제를 선정하는 기준으로는 검증가능성, 이전에 다루지 않은 새로운 문제인지의 여부, 난이도, 실질적 함의, 현실적 여건 등을 고려할 수 있다.

- 연구가설은 현상에 대한 잠정적 진술이며, 검증 가능한 형태로 구성된다. 현대 과학에서는 영가설 혹은 귀무가설을 설정하여 자료를 이용해 기각하는 방식으로 가설을 검증한다.

연습문제

1. 명제와 명제의 관계를 분석할 때 사용할 수 있는 방법을 제시하시오.

2. A는 충동성을 측정하는 기존의 도구들을 검토한 뒤 새로운 도구를 개발하는 연구를 진행하기로 했다. A가 다루고 있는 연구문제의 유형은 무엇인가?

3. B는 외로움과 자살사고의 관계에 대한 기존 연구들을 검토하였다. 검토결과, 외로움이 자살사고를 유발할 때 성별에 따라 그 관계의 강도가 달라질 수 있다는 것을 알게 되었다. 이러한 검토결과를 토대로 B는 외로움과 자살사고의 관계에서 성별의 ( ) 효과를 검증하기로 했다. 괄호 안에 들어갈 적절한 용어를 쓰시오.

4. 두 개념 간의 인과관계를 확증하기 위한 세 가지 기준을 제시하시오.

연구설계의 기초와 측정

1. 연구설계의 개념과 목적

1) 연구설계의 개념

건축에서 설계(design)란 건물을 짓기 전에 안전성과 편의성, 미적 기준 등을 고려하여 상세한 계획도를 작성하는 것을 말한다. 연구설계(research design) 또한 연구를 성공적으로 수행하기 위해 미리 실시하는 계획이라고 볼 수 있다. 연구자는 연구설계를 통해 연구 참여자를 어떻게 모집하고 배치할 것인지, 어떤 측정도구를 어떤 방식으로 사용할 것인지, 혹은 수집된 자료를 어떻게 분석할 것인지 등의 연구절차를 상세하게 계획한다.

2) 연구설계의 목적

연구설계를 실시하는 목적은 건축에서 설계를 실시하는 목적과 동일하다. 시간과 비용을 절약하면서 완성도 높은 건물을 지어내는 것이 건축설계의 목적이듯, 투입하는 자원을 최소화하면서 완성도 높은 연구를 수행하는 것이 연구설계의 목적이다.

과학적 연구의 완성도를 따질 때 특별히 중요한 기준은 타당도(validity)이다. 연구의 타당도란 연구에서 제시한 결론이 실제를 반영하는 정도라고 볼 수 있다. 앞서 언급했듯이 연구를 진행하는 과정의 수많은 단계에서 다양한 오류를 범할 수 있다. 이러한 오류가 많아질수록 연구의 최종 결론이 진실과 멀어질 가능성은 높아진다. 이렇게 결론이 실제를 반영하지 못하는 연구는 타당한 연구라고 보기 어렵다. 결국 연구설계는 연구를 진행하는 과정에서 범할 수 있는 오류들을 최소화하여 타당한 결론을 끌어내기 위한 작업이라고도 볼 수 있다.

연구의 타당도는 크게 내적 타당도(internal validity)와 외적 타당도(external validity)로 구분하기도 한다(Campbell & Stanley, 1963). 협의의 내적 타당도는 인과적 관계를 검증하는 연구에서 특정 개념들의 인과관계가 보장되는 정도를 의미한다. 내적 타당도를 확보할 때 가장 중요한 것은 다양한 제3변수, 혹은 가외변수(extraneous variable)*의 효과를 통제하는 것이다. 경우에 따라서는 내적 타당도의 개념을 확장하여 인과관계를 다루는 연구뿐만 아니라 다른 문제를 다루는 연구들에 사용하기도 한다. 이때의 내적 타당도는 연구 진행 과정에서 일어날 수 있는 다양한 연구내적 오류들이 통제된 정도로 이해할 수 있다.

한편, 외적 타당도는 연구에서 도출한 결과가 일반화될 수 있는 정도를 의미한다. 연구를 통해 얻은 결과를 일반화할 수 있으려면, 연구에서 설정한 조건들이 '실제(reality)'를 적절히 대표해야 한다. 즉, 연구에서 선발한 참여자들이 전체 연구대상 집단을 잘 대표해야 하며, 연구에서 설정한 상황적 조건들이 실제 연구대상 집단이 처한 상황을 잘 대표해야 한다. 과학적 연구에서는 전자를 참여자 대표성(participant representativeness)이라 하며, 후자를 상황 대표성(setting representativeness)이라 부른다.

전체 연구대상을 잘 대표하는 참여자들을 모집했을 때 참여자 대표성이 높아진다. 예컨대, 우리나라 고등학교 학생들을 대상으로 특정 가설을 검증하고자 할 때 전체 연구대상을 잘 대표하는 500명의 학생들(예: 전국의 고등학교 학생들에게 번호를 부여한 뒤 무작위추출)을 모집하여 연구절차를 진행했다면, 이 연구의 참여자 대표성은 높다고 볼 수 있다. 반면, 연구자의 편의대로 서울 소재 특정 고등학교 학

---

* 이 책에서 가외변수의 의미는 제3변수와 동일하다. 즉, 종속변수와 독립변수에 동시에 영향을 미치는 모든 변수를 가외변수라 부른다. 가외변수는 통제의 대상이며, 통제되지 않을 경우 종속변수와 독립변수의 관계를 잘못 해석하게 만드는 혼입변수(confounding variable)로 작용할 수 있다.

생 500명의 학생들을 모집해서 연구를 진행했다면, 이 연구의 참여자 대표성은 낮을 가능성이 높다.

상황 대표성은 자료를 수집할 때 참여자가 처한 상황이 실제 연구대상들이 처한 상황과 유사한 정도에 달려 있다. 특정 사건을 긍정적으로 해석하는 것이 대인관계 상황에서의 분노 감정을 다스리는 데 도움이 되는지를 확인하는 연구가 있다고 가정해 보자. 이 연구자가 염두에 두고 있는 연구대상의 실제 상황은 다양한 사람과 상호작용을 하는 일상생활 상황일 것이다. 하지만 연구자는 제3변수의 효과를 제거하기 위해 특수하게 구성된 실험실에서 연구를 진행하였으며, 훈련된 연구 보조원들을 이용해 참여자들과 상호작용을 하도록 하면서 분노 감정을 유발했다. 이렇게 실험 상황을 설정하면 제3변수의 효과는 통제할 수 있지만, 참여자의 반응을 측정하는 상황은 실제 상황과 달라진다. 이 경우 상황 대표성은 낮아지게 된다. 반대로 참여자의 일상생활을 그대로 추적하면서 실제적인 반응을 측정하는 방식으로 연구를 진행했다면, 상대적으로 상황 대표성은 높아지지만 제3변수의 효과를 통제하기가 어려워진다.

내적 타당도가 인과관계를 다룬 연구에 국한된 협소한 의미를 갖는다면, 내적 타당도와 외적 타당도는 트레이드오프(trade-off)관계를 이룬다. 제3변수를 통제하기 위해서는 연구 환경에 다양한 제약을 가해야 하는데 그럴수록 외적 타당도는 감소하기 때문이다. 반대로 연구 참여자가 놓인 일반적인 환경 상태에서 연구를 진행할수록 다양한 제3변수가 개입할 수 있기 때문에 내적 타당도가 낮아질 가능성이 높아진다.

2. 연구설계의 유형

연구설계의 유형은 매우 다양하다. 물론 모든 유형의 연구설계에 대한 내용을 상세하게 공부하는 것이 가장 좋겠지만, 그러다 보면 공부의 양이 너무 많아지기 때문에 초심자에게는 매우 부담스러울 수 있다. 사실 대부분의 연구자는 특정 유형의 연구설계를 집중적으로 사용하는 경향이 있으며, 주로 사용하는 연구설계를 선택적으로 공부한다. 연구를 처음 시작하는 초심자들도 관심 연구주제를 다루기에 적절한 연구설계를 우선적으로 공부하고, 점차 범위를 넓혀 가는 전략을 사용할 수 있다. 한 가지 유력한 방법은 기본적인 연구설계법의 개념과 방법을 공부한 뒤 관심 있는 연구문제를 다룬 좋은 논문들을 많이 읽어 보는 것이다. 그러다 보면 어떤 연구설계를 보다 자세하게 공부해야 하는지를 파악할 수 있을 것이다.

연구설계의 유형은 과학적 연구의 목적과 밀접한 관련이 있다. 앞서 과학적 연구의 목적으로 기술과 설명, 예측, 통제를 언급하였는데, 각 목적을 달성하기에 적절한 연구설계들이 다양하게 개발되어 있다. 이 중 가장 기본이 되는 연구설계들은 기술 및 설명과 관련된 연구설계들이다. 여기에는 측정과 관련된 연구설계들과 상관연구 설계, 실험설계가 포함된다. 이 설계법들은 학부과정이나 석사과정을 이수하고 있는 연구 초심자들이 활용하기에 큰 무리가 없기 때문에 대부분의 연구방법론 교재에서 기본으로 다루고 있다. 이 책에서도 이 세 가지 연구설계 방법을 순서대로 다루도록 하겠다.

3. 측정 관련 연구설계

과학적 연구의 기본은 특정 개념을 측정하는 것이다. 이 때문에 측정도구를 개발하는 연구들은 매우 중요한 기술연구(descriptive study)의 하나로 간주된다. 엉성하게 개발된 측정도구를 사용하여 연구를 진행하는 것은 모래 위에 집을 짓는 것과 같다. 오랜 기간 동안 그 도구를 사용한 연구들이 많이 진행되었다 해도, 어느 시점에 도구의 심각한 결함이 발견되면 그 도구를 이용한 연구결과들은 모두 폐기하거나 재검증해야 한다.

이러한 이유 때문에 심리학에서 측정도구 개발 연구는 특별히 엄격한 절차와 기준을 요구하고 있으며, 관련 내용을 다룬 책과 학술지, 교과과정도 매우 다양하다. 예를 들어, 심리학의 전공과목인 '심리측정'에서는 측정도구를 개발하기 위한 절차를 문항 개발(혹은 자극 개발)과 선별, 심리측정적 속성의 확인 및 수정, 심리측정적 속성의 재확인 등으로 세분화하여 1학기에 걸쳐 수업을 진행한다. 그만큼 많은 시간과 노력이 필요한 작업이며, 일반적으로 학부과정이나 석사과정 학생이 수행하기는 어려운 연구라 할 수 있다.

학부과정 및 석사과정 학생 수준에서는 새로운 측정도구를 개발하는 연구보다는 기존에 개발된 측정도구의 심리측정적 속성을 확인하거나 수정하는 연구들을 진행하는 경우가 많다. 심리측정적 속성(psychometric property)이란 어떤 도구가 측정학적 측면에서 보유하고 있는 다양한 특성을 의미한다. 여기에는 기본적인 기술통계적 속성뿐만 아니라, 측정도구가 얼마나 정확하고 일관되게 특정 개념을 측정하는지를 보여 주는 속성도 포함된다. 심리측정에서는 이러한 속성을 신뢰도와 타당도 개념으로 포착하고 있다.

1) 검사도구의 심리측정적 속성

(1) 신뢰도

측정도구의 신뢰도(reliability)란 측정을 반복했을 때 일관된 결과를 얻는 정도를 의미한다(Carmines & Zeller, 1979). 도구를 이용해 관찰된 점수는 보통 진점수와 오차의 합으로 구성된다. 여기서 진점수(true score)란 본래 측정하려고 했던 속성을 반영한 점수를 의미하고, 오차(error)란 측정 과정에서의 오류로 인해 나타난 점수를 의미한다. 신뢰도가 높은 도구는 관찰점수에서 진점수가 차지하는 비율이 큰 도구라고 볼 수 있다. 이렇게 진점수의 비율이 크면 오차의 영향이 적어 여러 번 측정을 해도 일관된 결과가 도출되기 때문이다. 어떤 도구의 신뢰도는 다양한 측면에서 평가할 수 있으며, 오류의 원천이나 특성에 따라 몇 가지 유형으로 구분할 수 있다.

우선 내적 일관성/내적 일치도(internal consistency)는 한 검사의 문항들이 동일한 속성을 측정하는 정도를 말한다(Henson, 2001). 하나의 개념을 여러 문항으로 측정할 때 주로 사용하는 신뢰도 지표이다. 예컨대, 자기보고형 측정도구는 보통 1개 이상의 문항을 이용해 특정 개념을 측정한다. 어떤 경우에는 하나의 개념을 측정하기 위해 수십 개의 문항을 사용하기도 한다. 이런 경우 개발된 각 문항이 특정 개념을 일관되게 측정하는지의 여부를 파악할 필요가 있다. 이때 사용하는 신뢰도가 내적 일치도이다.

내적 일치도를 평가하는 방법으로는 반분신뢰도와 Cronbach의 alpha 지수를 많이 사용한다. 반분신뢰도(split-half reliability)는 검사의 문항들을 두 부분으로 나누어 둘 간의 상관관계를 분석하여 신뢰도를 얻는 방법이다(Callender & Osburn, 1977). 예컨대, 20개의 문항으로 구성된 측정도구가 있다면, 문항들을 10개씩 두 집단으로 나누어 각각 총점을 구한 뒤 두 점수 간 상관관계를 분석하는 것이다. 내적 일치도가 높은 검사라면 둘 간의 상관관계가 강한 것으로 나타나야 한다. 반분신뢰도를 분석할 때 고민이 필요한 부분은 문항들을 나누는 방식이다. 문항을 나누는 방식에 따라 신뢰도 값이 다르게 산출될 수도 있기 때문이다. 이러한 문제를 해결하기 위해 개발된 지수가 Cronbach의 alpha이다. Cronbach의 alpha는 Lee J. Cronbach(1916~2001)가 개발한 지수로, 가능한 모든 반분신뢰도의 평균을 나타낸다(Cronbach, 1951). 현대 심리학 연구에서는 내적 일치도를 분석할 때 Cronbach의 alpha를 가장 많이 사용한다.

시간적 일관성 신뢰도는 검사점수들이 시간에 걸쳐 일관성을 보이는 정도를 의미한다. 어떤 개발자가 새로운 지능검사를 개발했다고 가정해 보자. 개발자는 이 검사의 속성을 파악하기 위해 100명의 참여자를 모아 몇 달 간격을 두고 두 번 측정을 실시했다. 그 결과, 두 시점의 점수 일치율이 매우 낮은 것으로 확인되었다. 즉, 첫 번째 시점의 점수와 두 번째 시점의 점수가 크게 달랐던 것이다. 이런 경우 우리는 해당 검사를 '신뢰롭다'고 말하기 어려울 것이다. 이렇게 시간을 달리하여 측정을 실시했을 때 유사한 결과를 도출하는 정도를 시간적 일관성 신뢰도라 한다. 시간적 일관성 신뢰도를 평가하는 가장 간단한 방법은 동일한 검사를 두 번 실시하여 둘 간의 상관관계를 분석하는 방법이다(Carmines & Zeller, 1979). 이를 검사-재검사 신뢰도(test-retest reliability)라고 부른다.

채점자의 주관이 개입될 여지가 있는 검사의 경우 2명 이상의 채점자들이 채점을 하고 서로 간의 점수를 특정한 방법으로 비교하여 일관된 정도를 확인하기도 한다(Hallgren, 2012). 이를 검사자 간 신뢰도(inter-rater reliability)라고 부른다. 검사자 간 신뢰도를 분석해야 하는 대표적인 도구로는 인터뷰형 검사를 들 수 있다. 인터뷰형 검사는 검사자와 참여자가 면 대 면으로 진행한다. 이렇게 참여자가 검사자의 행동이나 반응을 직접 관찰할 수 있는 경우에는 검사자의 특성이 측정결과에 영향을 미칠 수 있다. 심리측정에서는 이러한 검사자의 영향을 오류로 가정하며, 이 오류를 줄일수록 신뢰로운 도구라고 판단한다.

(2) 타당도

측정도구의 타당도(validity)란 어떤 검사가 측정하려고 했던 개념을 정확하게 측정하는 정도를 의미한다(Carmines & Zeller, 1979). 신뢰도는 타당도의 필요조건이지만 충분조건은 아니다. 즉, 신뢰도가 충분히 확보되지 않았다면 그 검사는 타당한 검사라고 말할 수 없다. 한편, 신뢰도가 확보되었다 해서 그 검사가 타당하다고 확언할 수는 없다. [그림 4-1]은 과녁(target)을 이용해 신뢰도와 타당도의 관계를 보여 주고 있다. 그림에는 3개의 과녁이 제시되어 있다. 첫 번째 과녁의 착탄 양상을 보면, 과녁의 중심이 아닌 주변부에 모여 있다는 것을 알 수 있다. 일관되게 사격을 하기는 했지만 본래 맞추려던 곳은 놓친 셈이다. 심리측정에서는 이런 상황을 '신뢰도는 높지만 타당도는 낮다'고 해석한다. 두 번째 그림을 보면, 착탄이 한곳에 모여 있지 않고, 전체적인 양상 또한 중심에서 크게 벗어나 있다. 신뢰도와 타당도가 모두 낮은 상황이라고 볼 수 있다. 이와 달리 세 번째 그림은 과녁의 중심에 착탄이 모두 몰려 있다. '신뢰도와 타당도가 모두 높다'는 것은 이런 경우를 의미하는 것이다.

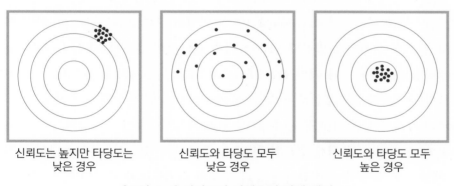

| 신뢰도는 높지만 타당도는 낮은 경우 | 신뢰도와 타당도 모두 낮은 경우 | 신뢰도와 타당도 모두 높은 경우 |

[그림 4-1] 신뢰도와 타당도의 관계 예시

그림에 제시된 바와 같이 신뢰도가 높다고 해서 반드시 타당도가 높은 것은 아니다. 따라서 어떤 측정도구가 타당하다는 것을 확인하기 위해서는 해당 도구의 타당도에 대한 분석을 별도로 실시해야 한다. 심리측정 영역에서 중요하게 다루어지는 타당도 유형에는 내용타당도와 준거타당도, 구성타당도 등이 있다.

내용타당도(content validity)란 도구가 측정하고자 하는 것의 내용 영역을 잘 반영하고 있는 정도를 의미한다(Haynes, Richard, & Kubany, 1995). 내용타당도는 해당 개념을 잘 이해하고 있는 전문가들의 체계적인 판단을 통해 확인할 수 있다. 내용타당도의 하위유형으로 볼 수 있는 안면타당도(face validity)는 응답자가 판단하기에 측정하고자 하는 개념을 정확히 측정하는 것으로 보이는 정도를 의미한다. 안면타당도는 검사의 구매자나 대상자들에게 좋은 검사라는 인상을 주기 때문에 특별히 고려되는 개념이지만 검사도구의 필수조건은 아니다.

준거타당도(criterion validity)는 도구가 측정하려고 하는 개념의 외부준거(external criterion)와 관련을 맺고 있는 정도를 의미한다(Carmines & Zeller, 1979). 준거타당도는 다시 두 유형으로 구분되는데, 첫 번째 유형은 공존타당도(concurrent validity)로 검사점수가 현재 존재하는 준거의 측정치와 얼마나 일치하는지로 평가한다. 예컨대, 새로 개발한 우울증 검사가 기존의 다른 방법에 의한 우울증 진단 결과와 일치하는 정도가 높다면, 공존타당도가 높다고 말할 수 있다. 두 번째 유형은 예언타당도(predictive validity)로 검사점수가 미래에 나타날 행동이나 현상을 예언하는 정도를 의미한다. 어떤 입사 시험 점수가 입사 후 실제 수행점수를 잘 예언한다면 예언타당도가 높다고 말할 수 있다.

구성타당도(construct validity)는 검사도구가 특정 구성개념을 정확히 측정하는 정도를 의미한다(Cronbach & Meehl, 1955). 여기서 구성개념(construct)이란 추상적이고 잠재적인 개념을 말한다. 정의에서 드러나듯이 현대 심리측정 이론가들은 구성타당도를 타당도와 거의 같은 개념으로 보고 있다. 즉, 구성타당도는 내용타당도와 준거타당도를 포함하며, 그 외에 개념의 구조적 특성과 다른 변수 및 검사들과의 관계에 대한 기준 등을 추가적으로 담고 있다. 여기서 개념의 구조적 특성이란 어떤 개념이 둘 이상의 하위개념으로 구분될 수 있는지, 혹은 하나의 동질적인 개념으로 보는 것이 적절한지 등의 개념의 하위구조와 관련된 특징이라고 보아도 무방하다. 개념의 구조적 특성은 요인분석(factor analysis)으로 불리는 통계적 기법을 이용해 분석할 수 있다. 특정 구성개념이 다른 개념이나 검사들과 이론적으로 타당한 관계를 맺고 있는지의 여부도 구성타당도의 중요한 요소로 간주된다. 여기에 포함되는 타당도로는 수렴타당도와 변별타당도를 들 수 있다. 수렴타당도(convergent validity)는 서로 유사하거나 이론적으로 관련이 있는 변수들과 실제로 밀접한 관계를 맺고 있는 정도를 의미한다(Campbell & Fiske, 1959). 이러한 변수들과는 유의하거나 높은 상관관계를 나타내어야 수렴타당도가 양호한 것으로 판단할 수 있다. 변별타당도(discriminant validity)는 이론적으로 관련이 없는 변수들과 실제로 구별되는 정도를 의미한다(Campbell & Fiske, 1959). 이러한 변수들과는 낮은 상관을 보이거나 관계가 유의미하지 않은 것으로 나타나야 변별타당도가 양호하다고 볼 수 있다.

2) 측정도구 타당화 연구의 실제

특정 주제에 대한 연구들을 검색하다 보면 해당 분야에서 많이 사용하는 측정도구들의 타당화 연구(validation study)들을 발견하게 될 것이다. 예컨대, '○○우울척도의 타당화 연구'와 같은 제목을 가진 논문들을 쉽게 찾을 수 있을 것이다. 이러한 연구들은 특정 개념을 측정하는 도구의 신뢰도와 타당도를 분석한 결과를 담고 있다. 모든 연구의 시작은 측정이기 때문에 신뢰롭고 타당한 측정도구를 개발하는 연구는 그 가치가 남다르며, 많은 연구자가 좀 더 나은 측정도구를 개발하기 위해 상당한 시간과 노력을 기울인다. 측정도구 타당화 연구의 과정을 단계별로 간략히 살펴보겠다.

(1) 기존 측정도구 분석 및 선정

관심 개념을 측정하는 기존의 도구들을 철저하게 분석해야 한다. 특히 각 도구들의 장단점을 면밀하게 분석하여 새롭게 개발하고자 하는 도구의 개발논리를 설득력 있게 제시하는 것이 중요하다. 기존의 도구들을 분석할 때 사용할 수 있는 기준으로는 심리측정적 속성, 측정도구를 활용할 수 있는 대상, 현실적 제약 등을 고려할 수 있다.

먼저 기존 측정도구들의 심리측정적 속성이 일반적인 기준을 만족하지 못하고 있다면, 이를 보완하는 도구를 개발하여 신뢰도와 타당도를 검증하는 연구를 진행할 수 있다. 이러한 연구는 직접 문항을 개발하지 않고 기존에 많이 사용되었던 도구의 문항들을 이용해 진행할 수도 있다. 이론적인 분석이나 통계적 분석 등의 방법을 이용해 수집된 문항들을 일부 수정하거나 제거, 혹은 추가할 수 있으며, 이렇게 보완된 측정도구의 신뢰도와 타당도를 다시 분석하는 것이다.

두 번째로 고려할 수 있는 기준은 측정도구를 사용하는 대상이다. 특정 구성개념의 구조나 특성은 집단마다 다를 수 있다. 예컨대, 동양 문화권에 속한 사람들이 지니고 있는 사랑의 구조는 서구 문화권에 속한 사람들이 지니고 있는 사랑의 구조와 다를 수 있다. 따라서 특정 집단을 대상으로 개발된 측정도구를 질적으로 다른 집단에 사용하려면 해당 집단에서의 신뢰도와 타당도를 다시 확인해야 한다. 특히 국외에서 개발된 측정도구들은 우리와는 언어와 문화가 다른 대상들을 이용해 개발된 것이기 때문에 국내에서 그대로 사용할 수 없다. 과거에는 언어적인 번역 과정만 거친 채 그대로 사용하는 경우가 있었지만, 이는 매우 중대한 실수이다. 번역된 측정도구는 반드시 신뢰도와 타당도를 다시 확인해야 한다. 마찬가지로 성인을 대상으로 개발된 측정도구는 아동이나 청소년에게 그대로 사용할 수 없으며, 남성을 대상으로 개발된 측정도구를 여성에게 그대로 사용할 수 없다. 임상심리학 영역에서는 심리장애를 경험하는 사람들을 대상으로 측정을 실시해야 하는 경우가 많은데, 이때 건강한 성인들을 대상으로 개발된 측정도구를 그대로 사용해서는 안 된다. 반드시 임상집단을 대상으로 신뢰도와 타당도가 확인된 도구를 사용해야 한다. 따라서 어떤 측정도구의 심리측정적 속성이 특정 집단을 대상으로만 확인되었다면, 필요한 다른 집단을 대상으로 신뢰도와 타당도를 다시 확인하는 연구를 진행할 수 있다.

세 번째로 고려할 수 있는 기준은 현실적 제약이다. 특히 중요하게 고려되는 것은 응답자가 들이는 시간과 노력이다. 어떤 사람이 연구에 참여하거나 특정 기관에서 심리검사를 받을 때 하나의 측정도구에만 응답하는 경우는 많지 않다. 보통여러 개의 측정도구가 사용되며, 도구가 많아질수록 응답에 소요되는 시간과 노력이 증가한다. 이렇게 응답에 소요되는 시간과 에너지가 증가하면, 피로나 짜증 수준도 함께 높아지기 때문에 응답의 질이 저하될 수 있다. 이러한 문제를 개선하는 한 가지 방법은 기존 측정도구들의 단축형을 개발하는 것이다. 여기서 말하는 단축형 도구란 원측정도구의 신뢰도와 타당도를 유지하면서도 문항 수를 줄인 측정도구를 말한다(Stanton, Sinar, Balzer, & Smith, 2002). 잘 개발된 측정도구가 있으나 문항 수가 너무 많아 사용하기 어렵다면, 해당 측정도구의 단축형을 개발하여 타당화하는 연구를 진행할 수 있다.

(2) 신뢰도와 타당도를 확인하기 위한 연구설계

특정 측정도구의 타당화 작업을 진행하는 것이 기존 지식체계에 도움이 되거나 실질적 함의를 갖는 것이 명확해졌다면, 다음으로 연구설계를 진행한다. 연구설계 시 특히 중요한 것은 신뢰도와 타당도를 어떻게 확인할 것인지를 결정하는 일이다. 심리학 분야에서 사용되는 측정도구는 매우 다양하며, 측정도구마다 중요하게 고려하는 지표들이 다르기 때문에 연구설계를 할 때 유사한 다른 도구를 타당화한 연구를 참고하는 것이 좋다. 여기에서는 심리학 분야에서 가장 많이 사용되는 자기보고형 질문지(self-reports) 타당화 설계법을 살펴보기로 하겠다.

① 도구 선정 및 측정 절차 계획

자기보고형 질문지 타당화 연구에서 기본적으로 살펴보는 신뢰도로는 내적 일치도와 검사-재검사 신뢰도를 들 수 있다. 내적 일치도는 Cronbach의 alpha를 제시하는 것이 일반적이며, 검사-재검사 신뢰도는 측정하려는 개념이 시간에 대한 안정성을 가질 것으로 예상되는 경우에만 제시한다. 검사-재검사 신뢰도는 동일한 참여자들에게 두 번에 걸쳐 측정을 실시한 뒤 두 값의 상관관계를 분석하여 확인한다. 측정 간격은 개념에 따라 다르므로 관련 연구들을 참고해서 정하는 것이 좋다.

타당도 분석에서는 먼저 개념의 구조적 특성을 확인할 수 있는 요인분석을 실시한다. 요인분석은 문항들만 준비되면 진행할 수 있는 분석이기 때문에 별도의 도구들을 계획할 필요는 없다. 수렴/변별 타당도는 측정하려는 개념과 이론적으로 관련이 있는 개념을 측정하는 도구(수렴타당도)와 이론적으로 구별되는 개념을 측정하는 도구(변별타당도)를 이용해서 확인할 수 있다. 이 작업은 사실 많은 고민이 필요한 어려운 작업이다. 심리학 영역에서 어떤 구성개념과 이론적으로 밀접하게 연결되어 있는 구성개념은 매우 많다. 이러한 구성개념들 중 특정 개념을 선별하는 것은 쉽지 않은 과제이다. 마찬가지로 이론적으로 구별되는 개념들도 매우 많을 가능성이 높은데, 그러한 개념들 중 무엇을 선정해야 할까? 이때 연구 초심자들이 취할 수 있는 안전한 전략은 유사한 측정도구를 타당화한 기존 연구를 참고하는 것이다. 물론 기존 연구에서 사용한 방법이 정답이라는 보장은 없지만, 기존 연구의 방법을 참고해서 수정하고 보완한다면 많은 시간과 노력을 절약할 수 있다. 준거타당도는 해당 개념을 측정하는 기존 도구와의 관계를 분석하여 확인할수 있다. 측정개념을 반영하는 구체적인 지표가 있다면, 해당 지표와의 관련성을 분석하여 확인할 수도 있다.

제시된 방법을 이용해서 타당도를 확인할 수 있는 도구들을 계획하고, 해당 도구들을 언제 어떻게 실시할 것인지를 계획하면 측정도구와 관련된 연구설계는 마무리된다. 여기서 주의할 점은 소개된 타당도 유형 전부를 항상 확인해야 하는 것은 아니라는 점이다. 개념의 특성이나 연구대상의 특성, 혹은 기존에 개발되어 있는 도구들의 상황 등을 고려해서 특정 타당도 기준을 선별하여 확인할 수도 있다.

② 분석 계획

측정도구 타당화 연구 분야는 방법론 측면에서 지속적으로 발전하는 분야 중 하나이다. 달리 말하면, 측정도구 타당화와 관련된 새로운 이론과 분석기법이 끊임없이 개발되고 있는 것이다. 따라서 연구자는 최신 이론과 분석기법에 관심을 기울이고, 가능하다면 자신의 연구에 적용하려는 노력을 기울일 필요가 있다.

고전적인 타당화 연구에서는 측정도구의 기본적인 특성을 보여 주는 기술통계(descriptive statistics)와 신뢰도 확인 및 다른 변수들과의 관계 분석을 위한 상관분석(correlation analysis), 개념의 구조를 분석하기 위한 요인분석(factor analysis) 등을 이용하는 것이 일반적이다. 각 통계분석에 대한 구체적인 내용은 제12장을 참고하기 바란다.

글상자 4-1 **측정도구 타당화 연구 예시**

이해를 돕기 위해 실제로 진행된 측정도구 타당화 연구를 소개하려고 한다. 소개할 연구는 서장원과 권석만(2014)이 실시한 연구로 해외에서 개발된 측정도구를 한국어판으로 번안하여 타당화한 것이다. 측정개념은 고통 감내력(distress tolerance), 즉 고통스러운 경험을 견디는 능력이다. 이 개념은 다양한 심리장애와 밀접한 관련이 있는 것으로 확인되어 왔으나 측정도구들이 다양하여 연구결과를 통합하는 데 어려움이 있었다. 이러한 문제를 개선하기 위해 통계적 방법을 이용해 여러 측정도구를 대표할 수 있는 도구를 개발한 것이 Distress Intolerance Index(McHugh & Otto, 2012)이며, 서장원과 권석만(2014)은 이 척도를 한국어로 번안하여 타당화 작업을 실시했다.

한국어판 번안 타당화 작업을 할 때 첫 번째로 중요한 작업은 원저자의 허락을 받는 것이다. 이 과정은 간단하게 이메일 등을 이용해 번안 타당화 작업 의사를 표하고 허락을 요청하는 것으로 마무리

될 수 있다. 대부분의 연구자는 자신이 개발한 척도가 널리 사용되는 것을 원하기 때문에 새로운 언어로의 번안 타당화 요청을 반긴다. 이 작업이 마무리되면 본격적인 번역 작업에 들어간다. 일반적으로는 연구자들과 원저자, 양쪽 언어에 능숙한 전문가 등이 이 작업에 참여한다. 구체적인 번역 과정은 연구방법 부분에 기록한다. 서장원과 권석만(2014)의 연구에서도 타당화하려는 척도를 소개하는 부분에 번역 과정을 구체적으로 제시하고 있다(p. 787).

다음 작업은 연구대상을 선정하고 타당화에 사용할 기타 도구들을 선별하는 것이다. 소개된 연구는 대학생을 대상으로 진행되었다. 이 방법은 가장 흔하게 사용되는 것이지만 결과를 적용할 수 있는 대상이 대학생으로 한정되기 때문에 도구의 활용범위 면에서 제약이 있다. 이 도구를 다른 연령대의 사람들이나 특수집단(예: 심리장애를 가진 임상집단)에 사용하기 위해서는 해당 집단을 대상으로 다시 타당화를 실시해야 한다.

타당화 작업을 실시하기 위해 사용된 기타 도구들은 검토하고자 하는 타당도를 고려하여 선정하는 것이 일반적이다. 소개된 연구에서는 수렴타당도와 변별타당도, 준거타당도를 분석하였다. 우선 수렴타당도를 확인하기 위해 고통 감내력과 관련이 있는 개념인 경험회피(experiential avoidance)와 정서에 대한 비수용성을 측정하는 도구들을 사용하였으며, 변별타당도를 확인하기 위해 고통 감내력과 개념적 관련성이 낮은 정서적 억제(emotional suppression) 측정도구를 자료수집에 사용하였다. 또한 고통 감내력과 관련되어 있을 것으로 제안되는 준거인 정신건강 지표들(예: 우울, 불안, 경계선 성격장애 특성)을 측정하여 준거타당도를 확인하였다.

자료는 온라인 시스템을 이용해 수집하였고, 자료분석에는 기본 기술통계와 상관분석, 요인분석이 사용되었다. 결과를 제시할 때의 순서는 정해진 틀이 없기 때문에 특별한 의미를 부여하지 않는다. 소개된 연구에서는 요인구조를 먼저 확인한 뒤, 신뢰도 분석 결과를 제시하고, 그다음으로 수렴 및 변별타당도, 준거타당도 결과를 제시하고 있다. 여기서 주의할 점은 위에 제시한 심리측정적 특성들을 반드시 모두 제시해야 하는 것은 아니라는 점이다. 경우에 따라서는 요인구조만 중점적으로 분석하는 등 다양한 방식으로 연구를 진행할 수 있다. 따라서 연구자는 타당화하려는 척도와 관련 연구 분야의 상황을 고려하여 어떤 특성을 검토할 것인지를 신중하게 결정해야 한다.

논의 부분에서는 간단한 연구 요약을 제시한 뒤 각 결과들에 대한 논의를 진행하고 있다. 한국판 도구가 원판 도구와 특성이 거의 유사했기 때문에 전체적인 논의 내용은 비교적 적은 편이다. 하지만 문화차나 언어 특성 때문에 원판 도구의 특성과는 다른 결과가 도출되는 경우도 적지 않다. 이러한 경우에는 심리측정적 특성의 불일치가 어떻게 나타나게 된 것인지에 대한 분석을 실시해야 한다. 물론 그 원인을 확정적으로 말할 수는 없지만, 가능한 설명들을 제시하면서 향후 연구방향을 제안하는 것이 좋다.

요약

- 연구설계란 연구를 성공적으로 수행하기 위해 미리 실시하는 계획이다.

- 연구설계에서는 연구대상의 선정 방법이나 자료수집 방법, 자료분석 방법 등을 구체적으로 계획한다.

- 연구설계를 통해 연구의 내적 타당도와 외적 타당도를 확보할 수 있다.

- 연구설계의 유형은 매우 다양하며, 각 연구가설을 검증하기에 적절한 방법을 선별하여 사용할 수 있다.

- 구성개념을 정확히 측정하기 위해서는 신뢰도와 타당도가 확보된 도구를 사용해야 한다.

- 신뢰도란 측정을 반복했을 때 일관된 결과를 얻는 정도를 의미하며, 여기에는 내적 일관성/내적 일치도와 시간적 일관성 신뢰도, 검사자 간 신뢰도 등이 포함된다.

- 타당도란 어떤 검사가 측정하려고 했던 개념을 정확하게 측정하는 정도를 의미하며, 여기에는 내용타당도와 준거타당도, 구성타당도, 수렴 및 변별 타당도 등이 포함된다.

- 측정도구 개발 관련 연구설계에서는 측정도구의 타당도를 확인하는 데 필요한 도구들을 선별하는 것이 중요하다.

연습문제

1. 연구설계의 목적에 대해 기술하시오.

2. 연구에서 내적 타당도와 외적 타당도의 관계에 대해 설명하시오.

3. 측정도구 신뢰도의 의미를 기술하시오.

4. 검사–재검사 신뢰도를 확인하는 방법을 설명하시오.

5. A는 걱정(worry)을 측정하는 새로운 도구를 개발하고 있다. 걱정의 다양한 측면을 측정하는 100개의 문항을 구성하였으며, 걱정에 대한 과학적 연구를 오랫동안 지속해온 4명의 전문가에게 의뢰하여 개발한 문항들이 걱정 개념의 내용을 잘 반영하고 있는지를 평가받았다. A가 확인한 측정도구 타당도의 유형이 무엇인지 쓰시오.

6. 수렴타당도와 변별타당도의 개념을 기술하시오.

7. B는 실시간으로 변하는 불안 수준을 측정하는 10문항 자기보고형 측정도구를 개발하였다. 도구의 신뢰도와 타당도를 확인하기 위해 점검해야 하는 속성들에 포함되지 않는 것을 모두 고르시오.

   ① 내적 일치도
   ② 수렴타당도
   ③ 검사–재검사 신뢰도
   ④ 검사자 간 일치도

상관연구 설계

1. 상관연구의 개념과 유형

상관연구(correlational research)란 개념들 간의 상관관계에 대한 연구를 의미한다. 앞서 두 개념의 관계 유형을 소개할 때 공변관계와 상관관계를 구분한 바 있다. 하지만 상관(correlation)의 개념을 특별히 선형적 관계에 한정하지 않고, 공변과 유사한 개념으로 사용하기도 한다. 상관연구가 그런 경우이다. 즉, 두 개념이 어떤 의미 있는 관계를 맺고 있는지를 분석하는 연구라면, 모두 상관연구의 범주에 포함시키기도 한다. 혹은 관계연구(relational research)라는 용어를 사용하면서, 하위 범주로 두 개념의 선형적 관계를 분석하는 상관연구를 포함시키기도 한다 (예: Elmes, Kantowitz, & Roediger III, 2011). 어떤 방식이든 크게 문제가 되지는 않는다. 중요한 것은 분석하려는 변수들의 특성과 분석에 사용하는 통계적 기법의 특성을 고려하여, 특정 연구설계에서 상관의 의미를 구체화하는 것이다.

상관연구에서는 2개 이상의 변수들을 측정하여 서로 어떤 관계를 맺고 있는지 분석한다. 분석에 포함되는 변수의 수나 통계적 특성, 분석기법의 특성에 따라 여러 유형으로 구분될 수 있지만, 특히 빈번하게 사용되는 설계 유형으로는 집단 간 평균 비교와 두 변수의 상관계수 분석, 하나의 변수와 여러 변수 간의 관계 분석 등을 들 수 있다.

1) 집단 간 평균 비교

집단 간 평균 비교는 둘 이상의 하위집단으로 구분될 수 있는 어떤 변수와 연속적으로 변하는 다른 변수의 관계를 분석하는 유형이다. 예를 들어, Fujita와 Diener, Sandvik(1991)은 성별과 부정적 정동(negative affect)의 관계를 연구한 바 있는데, 이들이 사용한 방법이 집단 간 평균 비교법이다. 이들은 여성이 남성보다 우울한 경향이 있음에도 불구하고 전반적인 행복 수준이나 웰빙(well-being) 수준이 크게 다르지 않은 것에 의문을 품고 있었다. 이러한 불일치 현상을 설명하는 방안으로 이들이 선택한 것은 정서가(affective valence)와 정서 강도(affective intensity)를 구분하는 것이었다. 여기서 정서가란 '쾌(pleasant)'와 '불쾌(unpleasant)', 혹은 '긍정적(positive)'이나 '부정적(negative)'으로 구분될 수 있는 정서적 유형을 의미하고, 정서 강도란 특정 정서가 얼마나 강렬하게 경험되는지를 나타내는 지표이다. 연구결과에 따르면, 여성과 남성의 긍정적 정서경험 빈도는 이전 연구들과 유사하게 큰 차이가 없었다. 하지만 여성의 정서 강도는 남성에 비해 더 강한 것으로 확인되었다. 달리 말하면, 여성은 남성과 비슷한 빈도로 긍정적 정서를 경험하지만, 남성보다 더 강렬하게 경험한다는 것이다. 이렇게 긍정적 정서를 강렬하게 경험하게 되면, 부정적 정서의 효과를 더 많이 상쇄할 가능성이 있다(Fredrickson, Mancuso, Branigan, & Tugade, 2000; Fujita et al., 1991). 연구자들은 이것이 남성보다 여성이 더 우울함에도 불구하고 행복 수준은 유사할 수 있는 이유라고 제안하였다.

제시된 사례와 같이 집단을 구분할 수 있는 어떤 변수와 양적 차이를 비교할 수 있는 다른 변수의 관계를 분석하는 방법이 집단 간 평균 비교이다. 이 방법은 성별이나 인종과 같이 집단을 구분하는 기준이 질적으로 명확하게 구분될 때 사용하는 것이 일반적이다. 하지만 연구들을 검토하다 보면 양적인 차이로 집단을 구분하여 분석을 진행하는 경우도 발견할 수 있을 것이다. 예컨대, 외향성(extroversion) 수준을 측정하여 점수 수준에 따라 고집단(외향성 점수가 높은 집단)과 저집단(외향성 점수가 낮은 집단)을 구분하여 분석을 진행하는 것이 여기에 해당한다. 이와 같은 방법은 두 가지 측면에서 문제가 된다.

첫째, 집단을 구분하는 기준이 인위적이며, 구분하는 기준에 따라 연구결과가 달라질 수 있다. 예를 들어, 상위 25%와 하위 25%를 각각 고집단과 저집단으로 구분할 수도 있고, 상위 10%와 하위 10%를 구분 기준으로 사용할 수도 있다. 다른 기준들 또한 얼마든지 사용할 수 있으며, 사용한 기준에 따라 연구결과는 달라질 수 있다.

둘째, 전체 참여자 중 어떤 집단에도 속하지 않는 참여자의 정보가 손실된다. 예컨대, 상위와 하위 25%를 선정하여 비교하는 경우, 전체 참여자 중 50%의 정보가 손실되는 셈이다. 따라서 집단 간 평균 비교를 이용해 두 변수의 상관관계를 분석하고자 한다면, 비교기준에 해당하는 변수가 질적으로 다른 둘 이상의 수준을 가지고 있는지를 우선 확인하는 것이 좋다.

글상자 5-1

수반성 연구

두 변수의 관계를 분석한 연구들을 살피다 보면, 질적으로 구분될 수 있는 두 변수의 관계를 탐색한 연구들을 발견할 수 있다. 예컨대, 성별과 선호하는 전공 간의 관계를 분석하는 연구가 여기에 해당할 것이다. 이처럼 질적으로 구분되는 두 변수 간의 관계를 분석하는 연구를 간단히 수반성 연구(contingency research)라 부르기도 한다. 수반성 연구에서의 핵심은 두 변수가 서로 독립적인가, 그렇지 않은가를 분석하는 것이다. 자료를 통해 두 변수가 서로 독립적이라는 영가설을 기각하게 되면, 두 변수는 어떤 방식으로든 서로 관련되어 있다고 판단한다.

앞선 사례에서 남학생이든 여학생이든 서로 비슷한 비율로 각 전공을 선호했다면 성별과 선호하는 전공은 서로 독립적이라고 볼 수 있다. 하지만 물리학의 경우 여학생보다 남학생이 더 선호하는 경향이 있고, 심리학의 경우 그 반대의 양상이 두드러진다면, 성별과 선호하는 전공은 서로 독립적이라고 보기 어렵다. 이 경우 성별과 선호하는 전공은 특정한 관계를 맺고 있다고 판단할 수 있다.

2) 두 변수의 상관계수 분석

상관계수 분석이란 두 변수 간의 상관관계를 분석하기 위해 각 변수 쌍의 상관계수를 산출하는 방법을 의미한다. 상관계수(correlation coefficient)란 하나의 변수가 변할 때 다른 변수의 변화 패턴(선형적 변화)을 분석하여 두 변수의 관계 방향과 강도에 대한 정보를 제공하는 수학적 지표를 말한다. 즉, 두 변수의 상관계수를 산출하면, 두 변수가 선형적으로 공변하는지의 여부와 관계 방향, 관계 강도에 대한 정보를 얻을 수 있다.

상관계수는 여러 가지 유형이 있지만, 대부분 −1.0에서 +1.0 사이의 값을 갖는다. 여기에서 '+'와 '−' 부호는 관계의 방향을 보여 준다. 상관계수의 부호가 '+'이면 하나의 변수가 증가할 때 다른 변수도 증가하는 관계를 갖는다. 이러한 관계를 정적 상관관계(positive correlation)라 부른다. 여기에 해당하는 대표적인 예는 신경증성향(neuroticism)과 우울(depression)의 관계이다. 신경증성향이란 강도가 높은 부정적 정서를 빈번하게 경험하는 경향성을 의미한다(Barlow, Ellard, Sauer-Zavala, Bullis, & Carl, 2014). 신경증성향이 높은 사람들은 스트레스에 적절히 대처하지 못하며, 그 결과 조절되지 않은 강렬한 부정적 정서를 빈번하게 경험한다. 연구에 따르면, 신경증성향이 강할수록 우울 수준도 높은 것으로 확인되었다(Saklofske, Kelly, & Janzen, 1995). 이렇게 하나의 변수가 증가할 때 다른 변수도 증가하는 관계를 정적 상관관계라 부른다.

반대로 상관계수의 부호가 '−'이면 하나의 변수가 증가할 때 다른 한 변수는 감소하는 관계를 갖는다. 이러한 관계를 부적 상관관계(negative correlation)라 부른다. 여기에 해당하는 대표적인 예는 신경증성향과 행복의 관계이다. 연구에 따르면, 신경증성향이 강할수록 행복 수준은 낮은 것으로 확인되었다(Furnham & Brewin, 1990). 이렇게 하나의 변수가 증가할 때 다른 변수는 감소하는 관계를 부적 상관관계라 부른다.

상관계수의 절댓값은 관계 강도를 말해 준다. 0은 아무런 관계가 없다는 것을 말하고, 1은 완벽하게 동일한 개념임을 의미한다. 대부분의 상관계수는 0과 1 사이의 값을 가지며, 1에 가까울수록 두 개념의 상관관계가 강하다고 말할 수 있다. 각 수치가 어느 정도의 관계 강도를 의미하는지는 학문 영역마다 기준이 다르다. 사회과학 영역에서는 상관계수가 0.1 이상이면 약한 상관관계, 0.3 이상이면 중등도의 상관관계, 0.5 이상이면 강한 상관관계로 해석한다(Cohen, 1988).

상관계수 분석을 이용하면, 개념이 양적으로 변하는 수로 측정되는 경우에도 정보 손실 없이 상관관계를 분석할 수 있다. 질적으로 다른 여러 수준을 가지고 있는 개념의 경우에도 상관계수를 산출할 수 있어 활용범위가 상대적으로 넓은 편이다.

3) 하나의 변수와 여러 변수 간의 관계 분석

문헌을 검토하다 보면 관심을 가지고 있는 연구개념이 여러 다른 개념과 상관관계를 맺고 있다는 사실을 발견하게 되는 경우가 있다. 또한 연구개념과 관련이 있을 것으로 예상되는 여러 개념 간에도 서로 중첩되는 부분이 있을 수 있다. 예를 들어, 우울은 성별이나 자기존중감, 비관적 태도 등의 여러 개념과 상관관계를 맺고 있는 것으로 확인되어 왔으며(Alloy & Ahrens, 1987; Battle, 1978; Nolen-Hoeksema, Larson, & Grayson, 1999), 자기존중감과 비관적 태도 또한 서로 밀접한 관계를 맺고 있는 것으로 나타났다(Davis, Hanson, Edson, & Ziegler, 1992).

이런 경우 연구자는 과연 어떤 개념이 우울과 가장 밀접한 관계를 맺고 있는지 궁금할 수 있다. 이때 사용할 수 있는 방법이 회귀분석이다. 회귀분석(regression analysis)이란 개념들 간의 선형적 관계에 기초하여, 특정 개념들로 다른 개념의 변화 패턴을 분석하는 통계적 기법이다. 간단히 말하면, 특정 개념의 점수변화 패턴이 다른 개념들의 점수변화 패턴과 얼마나 밀접한지를 분석하는 기법이다. 회귀분석에서는 분석하고자 하는 여러 개념이 서로 중첩되는 정도를 분석하여 다양한 방식으로 그 효과를 처리할 수 있기 때문에 연구하고자 하는 개념과 가장 밀접한 개념을 선별하는 데 유용하다.

회귀분석 자체는 중립적인 통계기법이기 때문에 어떤 방법으로 자료를 측정하여 분석을 실시했는지가 중요하다. 시간차를 두지 않고 동일한 시점에 모든 개념을 측정하여 분석을 실시했다면(횡단적 자료 수집 및 분석), 해당 연구는 상관연구로 보아야 한다. 한편, 시점을 달리하여 개념들을 측정하고 제3변수의 효과를 통제했다면, 인과관계를 분석한 연구로 간주할 수 있다.

글상자 5-2

상관관계의 오해석

몇 차례 언급한 바와 같이, 상관관계는 하나의 변수가 변할 때 다른 변수도 선형적으로 변한다는 사실만 알려 줄 뿐 인과관계에 대한 정보를 제공하지는 못한다. 하지만 연구 영역이나 일상 영역에서 상관관계를 인과관계로 오해석하는 경우를 흔하게 발견할 수 있다. 여기에서는 상관관계를 인과관계로 오해석하여 많은 목숨을 잃게 된 한 부족의 이야기를 소개하려 한다.

남태평양에는 약 80여 개의 섬들로 구성된 바누아투(Vanuatu) 공화국이라는 작은 나라가 있다. 과거에는 영국과 프랑스의 식민지였으며, 그 당시 뉴헤브리디스(New Hebrides)제도라는 이름으로 불리기도 했다. 이 지역에는 본래 니바누아투(Ni-Vanuatu)라는 원주민들이 살고 있었다. 유럽인들이 처음이 지역에 찾아왔을 때에도 이들은 여러 섬에서 평화롭게 지내고 있었다. 그런데 유럽인들이 이들과 교류하면서 발견한 한 가지 특이한 행동이 있었다. 바로 몸에 '이(lice)'를 많이 지니고 다녔던 것이다. 이는 일종의 흡혈 곤충으로 사람이나 가축 등의 몸에 기생하여 피해를 주는 해충이다. 그럼에도 불구하고 이 지역의 원주민들은 이를 잡지 않고 몸에 지니고 다녔으며, 심지어 자신의 몸에 이가 많다는 것을 자랑하기까지 했다고 한다. 이러한 현상을 이상하게 여긴 유럽인들은 관련된 조사를 진행하였고, 그 결과 이 지역의 원주민들이 이에 대한 색다른 견해를 가지고 있다는 것을 알게 되었다. 즉, 이들은 '이가 건강을 가져다준다.'고 생각하고 있었다. 그렇게 생각하는 이유로 제시한 것은 '건강한 사람들에게는 이가 많고 병약한 사람들에게는 이가 없다.'는 것이었다.

니바누아투 원주민들의 논리를 상관관계의 관점에서 정리해 보자. 이들은 이와 건강의 관계를 관찰했다. 그 결과, 이와 건강이 정적 상관관계를 맺고 있다는 사실을 알게 되었다. 그런데 이들은 관찰된 정적 상관관계의 의미를 한 가지 특정한 방식으로만 해석했다. 바로 이가 건강을 증진시켰기 때문에 둘 간에 상관관계가 나타났다고 본 것이다. 상관관계가 나타날 수 있는 가능성들에 대해 잘 알고 있다면, 이들의 논리에 중요한 결함이 있다는 것을 파악했을 것이다. 앞서 언급한 바와 같이, A와 B 개념 간에 상관관계가 나타날 수 있는 가능성은 세 가지가 있다. 첫 번째는 A가 B의 원인인 경우이고, 두 번째는 B가 A의 원인인 경우, 세 번째는 A와 B에 동시에 영향을 미치는 제3의 개념이 있는 경우이다. 니바누아투 원주민들은 다른 두 가지 가능성을 충분히 고려하지 않았던 것이다. 안타깝게도 이와 건강의 상관관계는 니바누아투 원주민이 생각한 것과는 반대방향의 인과관계 때문에 나타난 현상이었다. 즉, 몸이 건강할수록 먹을 것이 많아 이가 꼬였던 것이고, 그러다 이에 의해 전염병이 생겨 몸이 약해지면 더 이상 먹을 것이 없어 이가 떠났던 것이다. 니바누아투 원주민들은 이와 건강의 상관관계를 잘못 해석하여 실제로 많은 목숨을 잃었을 것이다.

이 사례는 상관관계를 잘못 해석한 대표적인 사례로 종종 언급되고는 한다. 하지만 이와 비슷한 오해석이 우리 일상생활 속에 여전히 많다는 것을 확인할 수 있다. 한 가지 예를 들어 보겠다. 가끔 공부시간과 성적의 관계에 대한 기사를 보고는 하는데, 기사의 주요 내용을 추려 보면 '성적이 높은 학생들일수록 공부시간이 길다.'는 내용이다. 이것은 상관관계에 대한 기사이다. 자, 여러분은 이 결과를 어떻게 해석하겠는가? 많은 경우 '공부를 오래 할수록 성적이 높아진다.'고 해석할 것이다. 하지만 과연 그럴까? 성적이 높은 학생들일수록 공부에 흥미를 느껴 더 오랜 시간 동안 공부하는 것은 아닐까? 혹은 부모님의 압력과 같은 외부 요인에 의해 공부시간이 길어지고 성적도 높아지는 것은 아닐까? 어쩌면 지적인 호기심과 같은 성격적 변수 때문에 공부시간이 길어지고 성적도 높아지는 것은 아닐까? 이처럼 상관관계의 의미는 다양한 방향으로 전개될 수 있으며, 다양한 가능성 중 어떤 것이 진실을 반영하는지는 추가적인 연구를 통해서만 밝혀낼 수 있는 것이다.

2. 상관연구 설계의 실제

1) 기본 절차

상관연구 설계의 기본 절차는 다음과 같다. 먼저, 가설을 검증하기 위해 측정해야 할 개념들을 파악한다. 다음으로는 연구가설을 검증하기에 적절한 연구설계 유형을 선택한다. 연구설계 유형을 선택한 뒤에는 개념을 측정하는 방법들을 구체적으로 계획한다. 마지막으로 측정된 자료를 분석하는 방법에 대해 계획하면 전체적인 연구설계는 마무리된다.

2) 측정개념의 파악 및 상관연구 유형 선택

연구가설이 정해지면 측정해야 할 개념은 어렵지 않게 파악할 수 있다. 이때 중요한 점은 측정과 관련된 개념의 특징을 알아 두는 것이다. 예컨대, 개념을 질적으로 구분되는 몇 개의 수준으로 측정할 수 있는지(예: 성별, 인종), 아니면 연속적으로 변하는 수로 측정하는 것이 적절한지 등을 알아 두어야 한다.

다음 단계에서는 앞서 제시한 상관연구 유형 중 적절한 연구 유형을 선정한다. 이때 고려해야 하는 사항은 분석할 개념들의 수와 측정적 특성이다. 경우에 따라서는 하나의 연구에서 한 가지 이상의 연구 유형을 사용하기도 한다. 특히 상관계수 분석과 회귀분석은 함께 사용되는 경우가 많다. 집단 간 단순 평균 비교와 상관계수 분석은 목적이 동일하기 때문에 함께 사용하지 않는 것이 일반적이다.

3) 자료수집 방법 계획

(1) 측정방식 및 측정도구 계획

상관연구를 진행하거나 분석할 때 특히 중요한 활동은 측정이다. 측정이 얼마나 정확하게 이루어졌는지가 연구의 질을 결정하기 때문이다. 측정방법을 계획할 때 고려해야 하는 두 가지는 측정방식을 결정하는 것과 측정도구를 결정하는 것이다.

심리학 연구에서는 다양한 측정방식을 사용하고 있으며, 연구자는 자신의 연구에 가장 적절한 측정방식을 선별해야 한다. 대표적인 측정방식으로는 자기보고형 질문지(self-reports)를 이용한 측정과 직접 관찰(observation), 인터뷰(interview), 생리학적/신경학적 측정(physiological/neurological measurement), 과제(task) 등을 들 수 있다.

첫 번째 방법은 자기보고형 측정이다. 이 방법은 미리 마련된 문항들에 연구 참여자가 직접 응답하는 방식으로 자료를 수집하는 것을 말한다. 상관연구에서 가장 빈번하게 사용되는 측정방식으로 도구의 구성 및 자료수집이 수월하다는 장점이 있지만, 기억의 편향(recall bias)이나 의도적인 조작 등의 한계를 가지고 있다 (Paulhus & Vazire, 2007).

두 번째 방법은 관찰이다. 이 방법은 연구자가 직접 관찰을 통해 자료를 수집하는 것을 말한다(Altmann, 1974). 연구자는 관심의 대상이 되는 행동을 구체적으로 정의한 뒤, 일정한 시간에 걸쳐 해당 행동의 빈도를 직접 관찰하여 측정한다. 이 방법은 스스로 보고하는 것이 어렵거나(예: 아동, 지적 결함을 지닌 환자 등) 의도적인 조작의 문제가 연구결과에 큰 영향을 미칠 때 사용할 수 있다. 하지만 채점기준의 구체성이나 관찰자의 숙련도에 따라 측정결과가 달라질 수 있기 때문에 이에 대한 대비책을 구체적으로 계획해야 한다.

세 번째 방법은 인터뷰이다. 인터뷰는 연구자가 직접 참여자를 만나 면담을 통해 자료를 수집하는 것을 말한다. 일반적으로 과학적 연구에서는 결과를 수량화할 수 있도록 구조화된 인터뷰를 실시한다. 구조화된 인터뷰(structured interview)란 질문의 내용과 응답을 채점하는 방식이 구체적으로 정해진 인터뷰를 말한다. 인터뷰는 자기보고만으로는 정확한 평가가 어려운 경우에 활용할 수 있는 방법이다. 예컨대, 자각하기 어렵거나 의도적으로 숨기길 원하는 증상을 보이는 심리장애를 평가할 때 구조화된 인터뷰를 사용할 수 있다(Rogers, 2001).

네 번째 방법은 생리학적/신경학적 측정이다. 이 방법은 뇌영상(neuroimaging)이나 근전도(electromyography)와 같이 신체적인 특성을 직접적으로 측정하는 것을 말한다. 생리적인 특성을 직접 측정하기 때문에 의도적인 왜곡을 최소화할 수 있으며, 짧은 시간 동안의 변화도 비교적 정확하게 측정하는 것이 가능하다. 하지만 기계적인 한계로 측정하기 어려운 특성들이 있으며, 대부분의 측정도구가 고가이기 때문에 연구 초심자들은 활용하기 어렵다는 단점이 있다. 이러한 기술적인 문제들은 점차 개선될 가능성이 높다.

　마지막 방법은 과제를 이용한 측정이다. 즉, 참여자에게 특정한 과제를 수행하게 한 뒤 그 결과를 수량화하는 것이다. 대표적인 예는 지능검사(intelligence test)이다. 지능검사는 개인의 지적 능력을 측정할 수 있는 다양한 과제로 구성된 검사를 말한다. 과제를 이용한 측정 또한 의도적인 왜곡을 줄일 수 있다는 장점이 있으며, 참여자가 미처 자각하지 못하는 특성을 측정할 수 있다는 장점도 있다. 다만, 경우에 따라서는 측정도구를 마련하고 실시, 채점하는 데 상대적으로 많은 시간과 비용이 소모될 수 있으므로 이를 고려해야 한다. 최근에는 컴퓨터 프로그램으로 개발된 다양한 과제가 무료로 제공되고 있어 측정도구로 많이 사용되고 있다. 예를 들어, 대표적인 프로그래밍 언어인 Python기반으로 개발된 Psychopy(https://www.psychopy.org/)는 온라인으로 실시될 수 있는 다양한 심리학 연구 과제들을 무료로 제공하고 있다.

　연구자는 이렇게 다양한 측정방식 중 하나 이상을 선정해야 하는데, 이때 고려할 수 있는 기준으로는 측정할 개념의 특성이나 연구자의 측정방법 관련 지식 및 기술 수준, 연구자가 투입할 수 있는 비용 등을 들 수 있다.

　고려해야 하는 개념의 특성 중 특히 중요한 것은 조작이나 왜곡 가능성이다. 만일 측정하고자 하는 개념이 의도적으로 조작될 가능성이 높다면, 자기보고형 질문지와 같이 조작에 취약한 측정방식은 이용하지 않는 것이 좋을 것이다. 마땅한 다른 도구가 없는 상황이라면, 의도적인 혹은 비의도적인 조작 가능성을 염두에 두고 그 효과를 통제하기 위한 방법을 마련해야 한다. 자기보고형 측정도구에서 가장 보편적으로 문제가 되는 것은 사회적 바람직성 편향이다. 심리측정에서 사회적 바람직성 편향(social desirability bias)이란 다른 사람들에게 바람직한 모습으로 보이도록 반응하는 경향을 의미한다. 이러한 편향은 개념의 정확한 측정을 방해하기 때문에 그 효과를 통제해 주어야 한다. 이때 많이 사용되는 방법은 사회적 바람직성 편향을 직접 측정하여 그 효과를 통계적으로 제거하는 것이다(Crowne & Marlowe, 1960).

　측정방식을 선정할 때 고려해야 하는 다른 기준은 연구자의 현실적 상황이다. 연구자는 자신의 지식과 기술 수준, 연구에 투입할 수 있는 시간과 비용을 정확히 판단하여 사용 가능한 측정방식을 선정하는 것이 좋다. 예컨대, 뇌영상 측정을 실시하기 위해서는 고가의 측정 장비를 임대해야 할 뿐만 아니라, 참여자가 투입해야 하는 상당한 시간과 노력에 준하는 참여비를 지급해야 하고, 수집된 뇌영상 자료를 분석할 수 있는 지식과 기술 또한 갖추고 있어야 한다. 관련 지식과 기술이 없다면 다른 전문가를 고용해야 하는데 이 또한 큰 비용이 든다. 따라서 연구자는 자료를 수집하고 처리하는 데 필요한 비용 등을 사전에 파악하여 현실적으로 가능한 측정방식을 선정하도록 노력해야 한다.

측정방식을 결정했다면, 다음으로는 구체적인 측정도구를 선정해야 한다. 예컨대, 자기보고형 질문지를 이용해 측정하기로 했다면, 연구하려는 개념을 측정하는 구체적인 자기보고형 측정도구를 선별해야 한다. 사용할 수 있는 측정도구가 많지 않은 경우에는 선택의 여지가 없겠지만, 반대의 경우에는 선별에 각별한 주의를 기울여야 한다.

좋은 측정도구의 기준은 앞서 제시한 신뢰도와 타당도이다. 연구자는 자신이 연구하고자 하는 개념을 정확히 측정하는 신뢰도와 타당도가 충분히 확보된 측정도구를 찾아야 한다. 실제로 연구를 진행하다 보면 동일한 개념을 측정하는 다양한 도구가 개발되어 있음을 확인하게 될 것이다. 이 도구들 중 상대적으로 신뢰도와 타당도가 높은 측정도구를 선별하는 것이 중요하다.

심리학 영역에서 특정 개념을 측정하는 유력한 도구들은 대부분 신뢰도와 타당도에 대한 체계적인 분석을 진행한다. 하나의 분리된 연구를 통해 해당 도구의 심리측정적 속성을 면밀하게 분석하여 보고하는 것이다. 예를 들어, 미국심리학회에서는 『Psychological Assessment』라는 학술지를 간행하는데, 여기에는 측정도구 개발 및 심리측정적 속성 분석과 관련된 논문들만 실린다(https://www.apa.org/pubs/journals/pas/). 이 학술지에 실린 실제 논문을 하나 살펴보기로 하자. 이 논문은 우리가 일상적으로 섭취하는 카페인의 효능에 대한 기대를 측정하는 질문지(Caffeine Expectancy Questionnaire: CaffEQ)의 단축형을 개발하여 타당화한 내용을 담고 있다(Kearns, Blumenthal, Natesan, Zamboanga, Ham, & Cloutier, 2018). 연구자들은 975명의 참여자를 대상으로 기존의 CaffEQ(47문항)를 실시한 뒤, 통계적인 절차를 이용해 21문항으로 축소된 단축형(B-CaffEQ)을 개발하였다. 이후 새롭게 구성된 B-CaffEQ의 내적 일치도와 요인구조, 공존타당도, 수렴타당도, 변별타당도 등을 분석하였으며, 대체로 양호한 결과를 확인하였다(Kearns et al., 2018).

이처럼 척도의 심리측정적 속성을 상세하게 분석하여 하나의 연구로 구성한 논문들이『Psychological Assessment』에 실린다. 물론 이 학술지 이외에도 측정도구의 속성 분석이나 관련된 통계적 기법들을 다루는 학술지들이 많이 있다. 또한 측정연구를 전문적으로 다루는 학술지가 아니더라도 특정 도구의 심리측정적 속성 분석 연구들을 게재하는 경우가 있다. 이러한 연구들을 탐색하여 신뢰도와 타당도가 양호하다고 판단된 측정도구를 사용하면 되는 것이다. 연구하려는 개념을 측정하는 도구들이 많이 있다면, 다른 연구자들이 빈번하게 사용하는 측정도구를 선택하는 것이 유리하다. 이런 측정도구들은 신뢰도와 타당도가 체계적으로 검증된 경우가 많으며, 전반적인 속성 또한 양호할 가능성이 높기 때문이다. 그뿐만 아니라 이 사실을 다른 연구자들도 알기 때문에 해당 도구를 이용하여 실시한 연구의 결과를 상대적으로 거부감 없이 받아들이는 경향이 있다.

글상자 5-3 **자기보고형 질문지를 구하는 방법**

여러 논문을 살피면서 유력한 측정도구의 명칭을 발견했다 하더라도, 실제 문항들이 담긴 질문지가 논문의 부록에 포함되어 있지 않아 질문지 마련에 어려움을 겪을 수 있다. 이때에는 다음과 같은 방법을 사용해 질문지를 구할 수 있다.

- **측정도구 개발자에게 이메일 등을 이용해 요청하기**
  모든 연구논문에는 교신저자(corresponding author)의 연락처가 제시되어 있다. 측정도구 개발 연구도 마찬가지이므로 도구가 필요할 경우 개발자에게 연락하여 요청할 수 있다. 대부분의 개발자는 자신이 개발한 도구를 가능하면 많은 사람이 사용하기를 원하기 때문에 도구 사용 요청을 흔쾌히 수락할 것이다.
- **인터넷에 공개되어 있는 자료 이용하기**
  어떤 연구자들은 다른 연구자들의 편의를 위해 자신이 개발한 측정도구를 개인 홈페이지 등에서 무료로 배포하기도 한다. 따라서 검색엔진을 이용해 해당 측정도구를 검색해 보고, 가능할 경우 직접 다운로드하여 사용할 수 있다. 이때 주의할 점은 공개되어 있는 측정도구의 출처를 반드시 확인해야 한다는 점이다.
- **학위논문의 부록 찾아보기**
  국내외 석사 및 박사 학위논문을 보면 부록 부분에 연구자가 사용한 측정도구들이 구체적으로 제시되어 있으므로 이를 활용할 수 있다. 하지만 연구자들이 연구목적 등에 따라 원척도의 문항을 일부 수정하여 사용하는 경우도 있기 때문에 반드시 원본과 일치하는지의 여부를 확인해야 한다.

• **척도 핸드북 이용하기**
심리학 연구에서 많이 사용되는 자기보고형 척도들을 모아서 출판하는 경우가 있다. 고려대학교 부설 행동과학연구소(1999)에서 출판한 『심리척도 핸드북』 등이 여기에 해당한다. 척도 핸드북은 각 주제별로 많이 사용되는 척도들을 선별하여 제시하기 때문에 수월하게 유력한 도구를 찾을 수 있을 것이다.

(2) 측정결과에 영향을 미칠 수 있는 다른 변수들의 효과 통제

측정도구가 잘 개발되었다 해도 측정 과정에서 다른 변수들의 영향을 받아 측정 값이 왜곡될 수 있다. 연구자는 이러한 변수들을 사전에 확인하고, 그 효과를 제 거하는 방안을 설계에 포함시켜야 한다. 심리검사의 경우 특별히 중요한 제3변수 는 측정 당시 수검자의 심리 상태와 측정 과정에서 일어나는 심리적 변화이다.

심리검사를 수행하는 수검자의 심리 상태는 동질적이지 않다. 예컨대, 어떤 수 검자는 다른 수검자들에 비해 불안 수준이 더 높아진 상태에서 검사에 임할 수 있 으며, 이러한 심리 상태는 측정결과에 영향을 미칠 수 있다. 특히 연구 참여자 수 가 적을 경우 그 영향은 더 커지게 된다. 따라서 표본의 규모가 작은 연구의 경우 측정결과에 영향을 미칠 가능성이 있는 중요한 심리적 상태를 사전에 측정하여 그 효과를 통제해야 한다.

측정 과정에서의 심리적 변화도 중요한 제3변수이다. 질문지를 이용한 연구를 수행할 경우 일반적으로 여러 개의 측정도구를 순차적으로 실시한다. 이때 앞서 수행한 검사의 자극이 수검자의 심리 상태를 변화시킬 수 있고, 그 변화가 이후 검 사결과에 영향을 미칠 수 있다. 예컨대, 우울검사는 일반적으로 우울한 기분을 유 발하는 경향이 있다. 따라서 해당 검사 이후에 실시되는 검사들은 우울한 기분의 영향을 받아 측정값이 왜곡될 가능성이 있다. 이러한 문제를 줄이기 위해서는 검 사 순서를 세심하게 조정하거나, 주의를 환기시키는 문구 등의 장치를 이용할 수 있다.

4) 자료분석 방법 계획

측정도구들을 선별하는 작업이 마무리되면, 도구들을 이용해 수집한 자료를 어

떻게 분석할 것인지를 계획한다. 이때 가장 중요한 작업은 분석에 사용할 통계모형을 정하는 것이다. 그에 따라 중요한 분석지표에 대한 정보나 분석 프로그램 등을 구체화할 수 있다. 상관연구에서는 매우 다양한 통계모형을 사용할 수 있으므로 제12장에 있는 통계분석모형을 공부한 뒤에 목적에 맞는 모형을 선택하기를 권한다.

3. 질문지 구성의 실제

연구 초심자들이 가장 흔하게 사용하는 자료수집 방법은 자기보고형 질문지이다. 이렇게 자기보고형 질문지가 많이 사용되는 첫 번째 이유는 이미 다양한 도구가 개발되어 있어 측정도구를 준비하는 것이 상대적으로 수월하기 때문이다. 자기보고형 질문지는 전통적으로 심리측정 영역에서 가장 많이 사용되는 측정방식이었다. 그렇다 보니 다양한 개념을 정확하게 측정할 수 있는 도구들이 이미 많이 마련되어 있어 초심자들이 선호하는 경향이 있다. 두 번째 이유는 비용이다. 치료용이나 기타 상업용으로 사용되는 질문지들을 제외하면, 심리학 연구에서 사용되는 대부분의 질문지는 무료로 제공된다. 따라서 연구비용의 규모가 작은 초심자들도 쉽게 이용할 수 있다. 세 번째 이유는 채점을 포함한 사전처리와 분석이 용이하기 때문이다. 응답자의 반응을 숫자로 간단히 입력하고 정해진 방식으로 합산하면 통계분석을 위한 기본적인 자료준비가 마무리된다. 이러한 이유 때문에 연구 초심자들은 자기보고형 질문지를 이용해 연구를 진행하는 경우가 많다.

이 책은 심리학 연구를 처음 시작하는 학생들에게 초점을 두고 있기 때문에 질문지를 이용한 연구설계를 좀 더 구체적으로 다루어 보려고 한다. 앞서 자기보고형 측정도구를 탐색하는 방법이나 선별기준, 실제 문항들을 구하는 방법 등은 이미 소개하였으므로 생략하고, 실제로 질문지 세트를 어떻게 구성해야 하며 어떤 점에 주의를 기울여야 하는지를 알아보겠다.

질문지(questionnaire)는 다양한 방식으로 구성할 수 있다. 하지만 대부분의 질문지는 크게 보면 3개의 영역을 포함한다. 첫 번째 영역은 질문지의 시작에 해당하는 표지이고, 두 번째 영역은 다양한 측정도구가 배치되는 본 내용, 마지막 세 번째 영역은 질문지를 마무리하는 영역이다. 각 부분에 포함되어야 할 내용과 주의 사항을 단계적으로 알아보겠다.

1) 표지

질문지의 표지에는 일반적으로 연구의 제목과 연구 및 질문지에 대한 정보, 연구자의 연락처를 제시한다. 질문지 표지에 제시된 연구의 제목은 응답자의 반응 패턴에 영향을 줄 수 있다. 예컨대, 다른 사람들이 원하는 바를 만족시키려는 경향이 강한 응답자의 경우, 연구의 제목에서 연구자가 기대하는 응답 패턴을 추론하여 그에 따라 응답할 수 있다. 이와 같은 반응 편향은 무의식적으로 일어날 수 있기 때문에 연구자는 연구 제목 작성에 주의해야 한다. 그렇다고 해서 전혀 무관한 제목을 제시하게 되면 연구 참여자를 속였다는 윤리적 문제가 발생할 수 있기 때문에 실제 연구의 내용에서 크게 벗어나지 않으면서도 응답자의 반응 편향을 유발하지는 않는 식으로 제목을 작성하는 것이 좋다. 예를 들어, 미래에 대한 부정적 생각이 우울 수준을 높일 것이라는 가설을 검증하기 위해 연구를 진행할 때, 본래 연구 제목은 '미래에 대한 부정적 생각이 우울에 미치는 영향'일 수 있다. 이런 경우 질문지의 제목은 '미래에 대한 생각과 기분의 관계' 정도로 표현할 수 있을 것이다.

다음으로 제시해야 하는 정보는 연구의 목적과 질문지 내용, 소요시간, 중단과 관련된 사항들이다. 이 내용들은 구체적이면서도 간략하게 제시하는 것이 좋다. 응답하는 과정에서 지나친 불편감을 느끼는 등의 문제가 발생할 경우 언제든 중단할 수 있음을 명시하는 것은 윤리적으로 중요한 사항이므로 반드시 포함해야 한다.

마지막으로 응답자가 연락을 취할 수 있도록 연구자의 이름과 소속, 연락처(전화번호, 이메일 주소 등)를 제시한다. [그림 5-1]에는 질문지 표지의 예가 제시되어 있다.

대학생의 침투적 사고에 대한 연구

안녕하십니까?

귀중한 시간을 할애하여 연구에 참여해 주셔서 대단히 감사합니다.

본 연구는 대학생을 대상으로 개인적 상황과 침투적 사고의 관계를 탐색하기 위해 계획되었습니다. 질문지 응답에 소요되는 시간은 대략 20분이며, 연구에서 얻어진 결과는 대학생의 삶에 영향을 미치는 심리적 요인을 파악하는 데 활용될 것입니다.

귀하께서 할애하여 주신 시간이 값지게 사용될 수 있도록 한 문항도 빠짐없이 진지하고 솔직하게 응답해 주시기를 바랍니다. 응답 과정에서의 불편감 등으로 중단하길 원하실 경우에는 언제든 중단하실 수 있으며, 필요하실 경우 연구 담당자와 면담을 진행하실 수 있습니다.

귀하께서 응답하신 내용은 철저하게 관리되어 비밀이 보장될 것이며, 연구 이외의 목적으로 사용되지 않을 것입니다. 연구에 참여해 주신 점 다시 한 번 감사드립니다.

○○대학교 임상심리 연구실

연구 담당자: ○○○

☎ ○○-○○○○-○○○○

E-mail: aaaa@aaa.com

[그림 5-1] 질문지 표지의 예

2) 본 내용

　표지 다음 장부터는 준비된 측정도구들을 배치한다. 각 측정도구는 문항 응답에 필요한 지시문과 일정 수의 문항들로 구성된다. 문항의 형식이나 응답 방식, 문항의 배치, 지시문 등은 원개발자의 형식을 그대로 따르는 것이 원칙이다. 원개발자의 형식을 그대로 따르지 않고 임의로 수정하게 되면, 도구의 심리측정적 속성도 달라질 수 있기 때문이다.

　연구자가 조정할 수 있는 첫 번째 요소는 각 측정도구들을 배치하는 순서이다. 측정도구의 배치 순서는 측정결과에 영향을 미칠 수 있다. 특정 측정도구의 문항들에 응답하는 과정에서 심리적 변화가 일어날 수 있고, 그러한 변화가 다음 측정도구 응답에 영향을 줄 수 있기 때문이다(Schwarz, 1999). 응답자가 동일한 수준의 집중력을 가지고 모든 문항에 응답할 가능성이 낮다는 점도 고려되어야 한다. 일반적으로는 후반으로 갈수록 피로도가 심해지기 때문에 주의가 흐트러질 가능성이 있다. 따라서 연구자는 응답자의 집중도 변화를 고려하여 측정도구들을 배치해야 한다. 측정도구를 배치하는 정해진 기준은 없지만, 앞서 제시한 두 가지 사항을 고려하여 다음과 같은 원칙을 세워 볼 수 있다.

- 초반부에는 응답하기 수월한 도구들을 배치한다. 응답 초기는 응답자들이 낯선 과제를 접하고 적응하는 단계이기 때문에 가급적이면 응답하기 수월한 도구들을 배치하는 것이 좋다.
- 다음으로는 핵심개념을 측정하는 도구들을 배치한다. 워밍업 이후 전반부가 일반적으로 의식이 명료하고 동기 수준이 양호하기 때문에 이 시기에 가장 중요한 개념들을 측정하는 것이다.
- 후반부에는 집중력이 저하되어도 응답하기 수월한 도구들을 배치한다. 예컨대, 특별히 정서를 자극하지 않으면서 인지적인 노력도 크게 요구되지 않는 도구들은 후반부에 배치할 수 있다.
- 정서를 유발할 수 있는 도구들은 중립적인 도구들과 교차로 배치하거나, 주의 환기 문구 등을 이용해 휴지기를 두도록 한다. 응답 과정에서 유발된 정서가 다음 도구에 미치는 영향을 최소화하기 위한 방법이다.

다시 말하지만 앞에 제시된 사항들은 반드시 지켜야 하는 원칙이 아니며, 연구에 따라 얼마든지 다른 방식으로 배치할 수 있다. 관건은 측정도구의 배치 자체가 각 도구의 측정치에 미치는 영향을 최소화하도록 배치하는 것이다. 경우에 따라서는 측정도구의 순서를 달리하는 몇 개의 세트를 개발해서 순서의 효과를 통제할 수도 있다. 예컨대, 3개의 척도가 포함되어야 할 경우 6개의 조합 수대로 세트를 구성하는 것이다. 이렇게 세트를 구성한 뒤 같은 비율로 자료를 수집하면 순서의 효과를 통제할 수 있다. 하지만 질문지에 포함되는 도구의 수가 많을 경우에는 조합의 수가 너무 많아지므로 이 방법을 그대로 적용하기에는 무리가 있다.

글상자 5-4 | 질문지의 전체 문항 수는 몇 개 정도가 적당할까

질문지를 구성하는 전체 문항 수는 응답결과에 영향을 미칠 수 있다(Burchell & Marsh, 1992). 특히 문항 수가 지나치게 많으면 후반부 문항들에서 응답의 질이 나빠지거나 누락될 가능성이 높아진다. 연구윤리 측면에서도 지나치게 많은 문항 수는 문제가 될 수 있다.

질문지의 문항 수를 결정할 때에는 참여자가 일정한 시간 내에 응답할 수 있는 정도를 고려해야 한다. 일반 성인의 경우 집중력의 큰 저하를 겪지 않으면서 질문지에 응답할 수 있는 시간은 대략 20분에서 25분 정도이다. 문항의 특성이나 응답자의 특성에 따라 다르지만, 하나의 문항에 응답하는 데 대략 10초가 소요된다고 본다면, 120개에서 150개 정도가 적정한 문항 수라고 볼 수 있다. 물론 이보다 더 많은 문항으로 질문지를 구성하는 것이 부적절하다고 단정할 수는 없다. 관건은 응답자가 적정한 수준의 집중력을 유지하면서 질문지에 응답하도록 문항 수를 조정하는 것이다.

질문지의 문항 수를 결정할 때에는 일반적으로 질문지에 포함된 문항들의 특성과 참여자의 특성을 고려해야 한다. 질문지 문항의 특성으로는 각 문항의 길이와 해석 난이도 등을 들 수 있으며, 참여자의 특성으로는 연령과 교육수준이 특히 중요하다. 문항의 해석 난이도가 높을수록 응답에 소요되는 시간은 길어진다. 또한 연령이 매우 낮거나(아동) 높을 경우(노인) 마찬가지로 문항 응답에 소요되는 시간이 길어질 수 있다. 연구자는 이러한 특성들을 고려하면서 최종 문항의 수를 결정해야 한다.

이때 사용할 수 있는 대표적인 방법은 간단하게 사전연구(pilot study)를 진행하는 것이다. 사전연구란 본 연구를 진행하기에 앞서 동일한 도구를 이용해 소수의 표본을 대상으로 진행하는 연구를 말한다. 연구자는 사전연구를 통해 연구방법을 검토하고 수정할 기회를 얻게 된다. 질문지 연구의 경우 사전연구를 통해 응답시간을 확인할 수 있으며, 그 결과를 토대로 문항 수를 조정할 수 있다.

여기서 들 수 있는 의문은 측정해야 할 개념들이 정해져 있고 측정도구 또한 선별했는데 어떻게 문항 수를 조정할 수 있는가 하는 점일 것이다. 대표적인 방법은 연구개념을 측정하는 다른 도구를 찾는 것이다. 이때 우선적으로 탐색해야 하는 도구는 단축형 측정도구이다. 단축형 측정도구란 특정 개념을 측정하기 위해 개발된 원척도의 문항을 다시 선별하여 문항 수를 줄인 도구를 말한다(Stanton et al., 2002). 이런 도구를 사용하면 연구개념을 타당하게 측정하면서도 전체 문항의 수를 줄일 수 있다.

단축형 도구가 없는 경우에는 동일한 개념을 측정하는 다른 도구를 찾아야 한다. 만일 이러한 도구가 없을 경우에는 연구개념을 변경하거나 응답의 질 저하를 감수하면서 원래의 문항 수를 유지하는 것 중에 선택을 해야 한다. 후자를 택할 경우에는 측정결과의 타당도에 대한 비판에 대비해야 한다.

연구자가 조정할 수 있는 두 번째 요소는 각 측정도구의 지시문과 문항들의 구조적 특징이다. 간단히 말해 글자의 크기나 진한 정도, 줄 간격 등을 조정할 수 있다. 핵심은 응답자들이 적은 인지적 노력을 들여 문장을 처리하고 응답할 수 있도록 돕는 것이다. 문항의 구조적 특징을 조정하는 것이 얼마나 중요한지를 간단한 예로 확인해 보겠다. 다음에는 동일한 내용을 담고 있지만 구조적 특징이 다른 두 예가 제시되어 있다. 어느 쪽이 더 수월하게 읽히는지를 확인해 보자.

예시 1
① 기차, 지하철 혹은 자동차 앞으로 뛰어드는 생각을 한 적이 있다.
② 낯선 사람을 기차, 지하철 혹은 자동차 앞에 떠미는 것을 생각한 적이 있다.
③ 친한 친구를 기차, 지하철 혹은 자동차 앞에 떠미는 것을 생각한 적이 있다.
④ 가족을 도로 안으로 떠미는 것을 생각한 적이 있다.

예시 2
① 기차, 지하철 혹은 자동차 앞으로 뛰어드는 생각을 한 적이 있다.

② 낯선 사람을 기차, 지하철 혹은 자동차 앞에 떠미는 것을 생각한 적이 있다.

③ 친한 친구를 기차, 지하철 혹은 자동차 앞에 떠미는 것을 생각한 적이 있다.

④ 가족을 도로 안으로 떠미는 것을 생각한 적이 있다.

'예시 1'과 '예시 2'는 모두 동일한 문항들로 구성되어 있다. 차이점은 글자의 크기와 줄 간격이다. 동일한 조건이라면 문자의 크기가 적당히 크고 줄 간격이 적당히 넓을수록 가독성(legibility)이 높아진다. 다음에는 또 다른 예들이 제시되어 있다. 마찬가지로 동일한 내용의 문항이지만 구조적 특성이 다르다.

예시 1
친한 친구나 배우자, 가족 등을 기차나 지하철 혹은 자동차 앞에 떠
미는 것을 생각한 적이 있다.

예시 2

친한 친구나 배우자, 가족 등을

기차나 지하철 혹은 자동차 앞에 떠미는 것을 생각한 적이 있다.

'예시 1'과 '예시 2'의 문항은 내용과 글자 크기, 줄 간격이 동일하다. 하지만 문장이 끊긴 지점과 새롭게 시작된 지점이 다르다. 물론 이 차이만으로 문항의 해석이 크게 달라지지는 않을 것이다. 하지만 문항을 읽고 해석하는 데 들이는 에너지의 양이 달라질 수 있으며, 그 차이는 전체적인 피로도와 집중도 변화에 영향을 줄 수 있다. 따라서 연구자는 허용되는 범위 내에서 문항의 구조적 특성을 조정하여 가독성을 높여야 한다. 특히 신체적인 제약(예: 시력) 때문에 문항 내용을 처리하는 데 어려움이 있는 대상(예: 고령자)을 연구하는 경우에는 글자 크기나 줄 간격 등의 구조적 속성에 각별한 주의를 기울여야 할 것이다. 어떤 형식이 가장 적합할지는 기존 연구들을 참고하거나 사전연구 등을 통해 직접 확인할 수 있을 것이다.

3) 마지막 장

질문지의 마지막 장에는 일반적으로 간단한 인구학적 정보를 묻는 문항들과 감사의 말을 포함시킨다. 인구학적 정보를 가장 나중에 묻는 첫 번째 이유는 별다른 노력 없이 자동적으로 응답할 수 있는 문항이기 때문이고, 두 번째 이유는 불필요한 방어적 태도를 피할 수 있기 때문이다. 어떤 정보를 묻는가에 따라 다르기는 하지만, 교육수준이나 사회경제적 수준 등의 민감한 정보를 질문지 초반에 묻게 되면 응답자의 방어 태세가 강해질 수 있다. 이를 막기 위한 하나의 방편으로 모든 질문이 종료된 후반부에 관련 내용을 묻는 것이다.

인구학적 정보를 수집할 때 주의할 점은 반드시 분석에 사용할 정보만 수집해야 한다는 것이다. 윤리적 측면에서 개인 정보는 가급적 수집하지 않는 것이 좋기 때문이다. 하지만 연구결과에 중요한 영향을 미칠 것으로 예상되어 분석에 포함시킬 정보라면 반드시 물어보아야 한다. 마지막으로 연구 참여에 대한 감사의 말을 간단히 제시하면서 모든 질문지 구성을 마무리할 수 있다. 〈표 5-1〉에는 질문지 구성 시 주요 내용과 주의사항을 간략하게 정리하여 제시하였다.

〈표 5-1〉 질문지의 구성 및 주의사항

질문지 구성	주요 내용	주의사항
표지	• 연구 제목 • 연구 안내(연구의 목적과 질문지 내용, 소요시간, 중단과 관련된 내용) • 연구자의 연락처	• 연구 제목은 응답자의 심리적 반응을 고려하여 작성함 • 꼭 필요한 내용만 간략하게 작성함
본 내용	• 연구개념들을 측정하는 자기보고형 도구들	• 각 도구의 순서를 신중하게 결정해야 함 • 가독성을 고려하여 작성함(줄 간격, 문장의 길이, 페이지당 문항 수 등) • 응답자의 피로도를 고려하여 전체 문항 수를 조정해야 함(일반적으로 최대 20분에서 25분 이내에 응답할 수 있도록 문항 수를 조정하는 것이 적절함) • 순서효과를 고려하여 각 척도의 순서를 결정함
마지막 장	• 간단한 인구학적 정보 • 감사의 말	• 성별이나 나이와 같은 필수정보는 반드시 포함시켜야 함 • 그 외 중요한 제3변수가 될 수 있는 변수들을 추가하되, 불필요한 정보(분석에 사용되지 않는 정보)는 수집해서는 안 됨

요약

- 상관연구는 개념들 간의 상관관계에 대한 연구를 의미한다.

- 상관연구에는 집단 간 단순 평균 비교나 두 변수의 상관계수 분석, 하나의 변수와 여러 변수들 간의 상관관계를 동시에 분석하는 연구들이 포함된다.

- 상관연구에서는 측정하고자 하는 개념을 정확하게 측정할 수 있도록 설계하는 것이 중요하다.

- 상관연구에서 사용할 수 있는 대표적인 측정방식으로는 자기보고형 질문지를 이용한 측정과 직접 관찰, 인터뷰, 생리학적/신경학적 측정, 과제 등을 들 수 있다.

- 자기보고형 도구들로 구성된 질문지를 이용할 때에는 주요 영역별로 반드시 포함되어야 할 내용들을 적절히 배치하는 것이 중요하다.

- 질문지를 구성할 때에는 척도의 배치나 지시문 및 문항의 구조적 특성 등을 조정하여 응답에 영향을 미칠 수 있는 다른 요인들의 효과를 최소화해야 한다.

연습문제

1. A는 남녀 간 외향성 차이를 연구하려고 한다. 적절한 상관연구 설계 유형을 제시하시오.

2. B는 충동성과 알코올 남용의 관계를 연구하고 있다. 충동성이 높을수록 알코올 남용 정도도 높을 것이라는 가정하에, 충동성 점수가 높은 집단(상위 25%)과 낮은 집단(하위 25%)을 구분하여 알코올 남용 점수를 비교하려고 한다. B가 설계한 연구방법의 문제점을 제시하시오.

3. C는 2세 아동의 회피행동과 주양육자의 정서표현 양상의 관계를 연구하려고 한다. 이전 연구들에서는 주로 주양육자의 자기보고를 통해 아동의 행동양상을 측정했지만, 이러한 측정방식은 주양육자의 기억왜곡이나 의도적인 조작 가능성이 높다는 측면에서 비판을 받았다. C는 가능하면 이러한 편향을 줄이는 방향으로 연구를 진행하고 싶다. 이때 고려할 수 있는 대표적인 측정방법이 무엇인지 쓰고 그 이유를 기술하시오.

4. D는 75세 이상 노인을 대상으로 자기보고형 질문지를 이용한 연구를 진행하려고 한다. D가 한 행동 중 문제가 될 여지가 있는 것을 고르시오.

   ① 다양한 개념을 포괄적으로 측정하여 관계를 살펴보기 위해 400문항 설문지를 구성하였다.
   ② 가독성을 높이기 위해 글자 크기를 키우고 줄 간격을 넓게 구성하였다.
   ③ 참여자들의 반응과 측정의 정확성을 미리 확인하기 위해 사전연구를 실시하였다.

제6장 실험설계

CHAPTER

1. 실험의 개념

실험(experiment)이란 두 변수의 인과관계를 확인할 목적으로 원인에 해당하는 변수에 처치를 한 뒤 결과에 해당하는 변수의 변화를 확인하는 연구방법이다. 예컨대, 기분이 좋아질 경우 다른 사람에게 접근하는 행동이 늘어날 것이라는 가설을 실험을 통해 검증하고자 한다면, 기분을 좋아지게 만드는 조작/처치(manipulation/treatment)를 한 뒤 타인에 대한 접근 행동의 변화를 측정하여 분석한다.

기본 원리는 간단하지만, 실험설계는 매우 다양한 유형으로 구분된다. 이렇게 다양한 유형의 설계가 개발된 것은 실험결과의 타당성을 확보하기 위한 노력의 결과라고도 볼 수 있다. 이 장에서는 독자의 이해를 돕기 위해 가장 단순한 형태의 실험설계 모형부터 가장 완벽한 형태의 실험설계 모형까지 단계적으로 살펴보겠다.

2. 실험설계의 유형

1) 모형 1

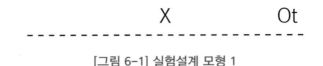

[그림 6-1] 실험설계 모형 1

Ot＝처치집단 관측(observation－treated), X＝처치(treatment)

가장 기본적인 실험의 절차를 간단히 도식화하면 [그림 6-1]과 같다. 이 모형은 가장 간단한 형태의 실험설계로 독립변수 처치를 한 뒤 종속변수를 한 번 측정하는 것이다. 직관적으로 쉽게 이해할 수 있는 설계이지만, 이 방법은 중요한 한계를 가지고 있다. 처치를 실시한 후 종속변수를 한 번만 측정하여 종속변수에 변화가 있는지의 여부를 확인하기 어렵기 때문이다. 예컨대, 10명의 사람들을 모아 기분이 좋아지도록 처치한 후 다른 사람에게 접근하는 행동을 측정했을 때 평균 10점의 값을 얻었다면, 그 값이 처치 전보다 높아진 것인지, 낮아진 것인지, 아니면 별다른 변화가 없었는지를 확인할 수 없다.

2) 모형 2

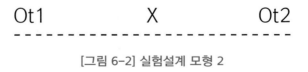

[그림 6-2] 실험설계 모형 2

Ot＝처치집단 관측(observation－treated), X＝처치(treatment)

모형 1의 한계를 보완하는 방법은 처치 전에 종속변수를 한 번 더 측정하는 것이다. 이렇게 처치 전과 후에 측정을 실시하는 모형을 간단히 도식화하면 [그림 6-2]와 같다. 이 모형은 두 번에 걸쳐 측정을 실시하기 때문에 종속변수의 변화 여부를 파악할 수 있다. 하지만 이 모형도 몇 가지 문제를 가지고 있다.

첫째, 측정도구에 따라 반복측정 자체로 인한 측정값 변화가 일어날 수 있다. 예컨대, 과제 수행 형태의 검사도구는 반복적인 수행에 의해 연습효과(practice effect)가 일어날 수 있다. 이 경우 두 번째 측정에서 더 나은 수행을 보인 것이 처치의 효과인지, 아니면 단순히 과제를 두 번 실시하면서 얻게 된 연습의 효과인지 확인하기 어렵다. 이러한 연습효과를 최소화하기 위해서는 동일한 개념을 측정하면서도 검사자극이 다른 동형과제를 이용할 수 있다.

둘째, 처치와 관계없이 시간의 흐름에 따라 자연스럽게 종속변수의 수치가 변할 수도 있다. 예컨대, 우울한 기분은 시간이 흐름에 따라 자연스럽게 감소하는 경향이 있는 것으로 알려져 있다. 따라서 우울감을 감소시키는 처치를 했을 경우, 우울감의 변화가 처치에 의한 것인지, 아니면 시간에 따른 자연스러운 변화인지 확인하기 어렵다. 종속변수의 시간에 따른 자연스러운 변화는 측정방법과는 무관한 것이기 때문에 측정방법을 달리하는 것으로는 이 문제를 해결하기 어렵다.

이 외에도 종속변수에 영향을 미칠 가능성이 있으나 연구자가 미처 파악하지 못한 변수들이 있을 수 있다. 실험설계에서는 이렇게 종속변수에 영향을 미칠 수 있는 독립변수 외의 모든 변수를 가외변수(extraneous variable)라 부른다. 정확한 실험결과 해석을 위해서 가외변수의 효과를 모두 제거해야 한다. 하지만 모형 2의 설계 형태로는 이러한 변수들이 종속변수의 변화에 미치는 영향을 완벽하게 제거하기 어렵다.

3) 모형 3

모형 2의 한계를 극복하는 방법은 통제집단을 설정하는 것이다. 통제집단(control group)이란 실험처치를 받지 않는 집단을 의미한다. 통제집단은 실험집단과 동일하게 두 번에 걸쳐 측정을 실시하지만, 처치를 받지 않기 때문에 종속변수의 변화가 처치에 의해 일어나지 않는다. 일반적으로는 아무런 처치를 하지 않기 때문에 두 측정치 사이에 유의미한 변화는 일어나지 않는다. 하지만 연습효과 등의 가외변수 효과가 강할 때 통제집단에서도 종속변수의 변화가 나타날 수 있다. 따라서 실험집단에서의 종속변수 변화량이 통제집단에서의 변화량보다 유의미하게 크다면, 종속변수에 영향을 미칠 수 있는 다양한 효과를 제거한 뒤에도 처치로 인해 종속변수에 변화가 일어났다고 말할 수 있다. 통제집단을 설정하여 개선한 모형 3은 [그림 6-3]에 제시되어 있다.

$$Ot1 \qquad\qquad X \qquad\qquad Ot2$$

$$Oc1 \qquad\qquad\qquad\qquad Oc2$$

[그림 6-3] 실험설계 모형 3(준실험설계)

Ot＝처치집단 관측(observation-treated), Oc＝통제집단 관측(observation-control),
X＝처치(treatment)

모형 3은 여러 면에서 개선되었지만, 중요한 한 가지 문제가 있다. 바로 실험집단과 통제집단의 동질성 문제다. 실험집단과 통제집단의 종속변수 변화량 차이를 해석하기 위해서는 우선적으로 실험집단과 통제집단이 완벽하게 동질적이어야 한다. 하지만 모형 3은 두 집단의 동질성을 보장할 수 없기 때문에 일종의 불완전한 실험설계라고 볼 수 있다. 이러한 특성을 반영해서 모형 3을 준실험설계(quasi-experimental design)라 부르기도 한다.

4) 모형 4

모형 3의 한계인 실험집단과 통제집단의 동질성을 확보하기 위해 선택할 수 있는 방법은 무작위배치이다. 실험설계에서 무작위배치(randomization)란 수집된 표본을 무작위로 실험집단과 통제집단에 할당하는 것을 말한다. 이렇게 무작위배치를 실시하면, 이론적으로 두 집단은 모든 면에서 동질적이라고 볼 수 있다. 무작위배치는 난수표나 무작위배치 프로그램 등을 이용해 실시한다. 무작위배치를 실시하는 모형은 [그림 6-4]에 묘사되어 있다. 이 모형이 엄밀한 의미에서의 진정한 실험설계, 혹은 진실험설계(true experimental design)라고 볼 수 있다. 심리학 연구에서 일반적으로 실험설계라고 부르는 형태는 바로 진실험설계이다.

```
R   Ot1              X              Ot2
    --------------------------------
R   Oc1                             Oc2
```

[그림 6-4] 실험설계의 모형 4(진실험설계)

R＝무작위배치(randomization), Ot＝처치집단 관측(observation-treated),
Oc＝통제집단 관측(observation-control), X＝처치(treatment)

모형 4는 가장 완벽한 실험설계이지만, 이것은 어디까지나 무작위배치가 실험집단과 통제집단의 동질성을 성공적으로 확보했다는 가정이 만족되었을 경우에 제한된다. 만일 무작위배치가 두 집단의 동질성 확보에 실패했다면, 모형 4의 조건을 만족했다고 말하기 어렵다. 특히 연구 참여자가 소수일 경우에는 무작위배치를 실시해도 집단 간 불균형 현상이 나타날 수 있다. 예컨대, 20명의 참여자를 두 집단에 무작위할당하였는데 우연히도 실험집단의 남녀 비율은 3:7, 통제집단은 7:3이 될 수 있다. 이 경우 실험집단과 통제집단의 점수 차이가 처치에 의한 것인지, 아니면 성별의 효과 때문인지 판단하기 어렵다.

이러한 한계를 극복하기 위해 마련된 방법은 층화이다. 층화(stratification)란 종속변수에 영향을 미칠 수 있는 중요한 변수를 파악하여 인원 할당기준으로 삼는 것을 말하며, 블록화(blocking)라고 부르기도 한다. 예컨대, 성별이 중요한 가외변수라 판단된다면, 의도적으로 실험집단과 통제집단에 동일한 남녀 비율로 인원을 할당해 넣는 것이다. 이렇게 특정 기준을 고정하여 참여자를 할당하는 과정에서 다시 무작위배치를 실시할 수 있다. 이를 블록화 무작위배치(block randomization)라고 부른다.

5) 요인설계

앞서 소개한 실험설계 모형들은 하나의 처치만 실시한다. 달리 말하면 독립변수가 하나인 셈이다. 하지만 경우에 따라서는 2개 이상의 독립변수 효과를 동시에 확인하고 싶을 수 있다. 요인설계(factorial design)는 2개 이상의 독립변수 효과를 확인하기 위한 실험설계법이다. 예컨대, 참여자의 긍정적 기분과 성별이 타인에 대한 접근행동에 미치는 영향을 보고 싶다면, 요인설계를 이용해 두 변수의 효과를 동시에 확인할 수 있다. 먼저 남자 집단과 여자 집단을 구분한 뒤, 각각을 다시 긍정적 기분 처치를 받는 집단과 처치를 받지 않는 집단으로 구분한다. 이렇게 구분하면 총 4개의 집단이 구성된다([그림 6-5]). 각 집단에서의 종속변수 변화량을 비교하면 긍정적 기분과 성별의 효과를 모두 확인할 수 있다.

	긍정적 기분 처치	무처치
남성	집단 1	집단 2
여성	집단 3	집단 4

[그림 6-5] 요인설계의 예

요인설계의 장점은 한정된 표본으로 관심 있는 여러 변수의 효과를 탐색할 수 있다는 점과, 변수들 간의 상호작용효과를 분석할 수 있다는 점이다. 요인설계에서는 2개 이상 변수들의 효과를 동시에 탐색할 때, 각 독립변수의 고유한 효과를 주효과(main effect)라고 부른다. 즉, 2개 요인으로 구성된 요인설계에서는 2개의 주효과를 확인할 수 있다. 한편, 상호작용효과(interaction effect)란 2개 이상의 독립변수가 상호작용을 하여 종속변수에 미치는 효과를 말한다. 예컨대, 어떤 수업방법이 성적에 미치는 영향을 연구하면서 성별에 따른 차별적 효과가 있는지를 분석했다면, 이는 성적에 대한 수업방법과 성별의 상호작용효과를 분석한 것이다. 수업 처치를 실시한 뒤 남자 집단(혹은 여자 집단)의 성적이 여자 집단(혹은 남자 집단)보다 유의하게 더 높아진 것으로 확인될 경우 상호작용효과가 있다고 판단한다.

상호작용의 의미를 좀 더 명확하게 이해하기 위해 몇 가지 상호작용 양상을 살펴보기로 하자. 앞서 제시한 사례를 보면, 특정 수업방법을 실시했는지의 유무에 따라 2수준으로 구분할 수 있으며, 이것이 첫 번째 변수가 된다. 두 번째 변수는 성별이며, 2수준(남학생, 여학생)으로 구분된다. 이러한 요인설계를 이용해 자료를 수집했을 때 도출될 수 있는 몇 가지 결과의 예들이 [그림 6-6]부터 [그림 6-9]에 제시되어 있다.

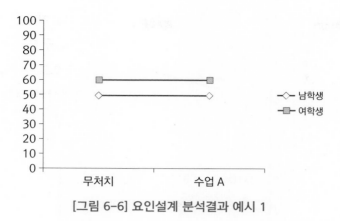

[그림 6-6] 요인설계 분석결과 예시 1

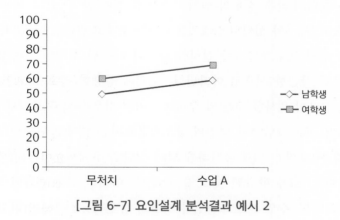

[그림 6-7] 요인설계 분석결과 예시 2

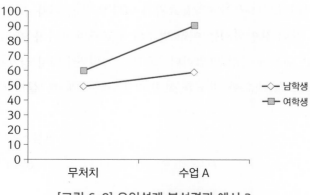

[그림 6-8] 요인설계 분석결과 예시 3

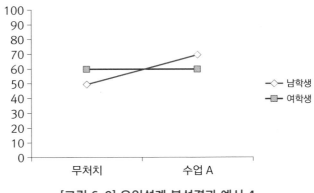

[그림 6-9] 요인설계 분석결과 예시 4

우선 [그림 6-6]을 보면, 남학생 집단과 여학생 집단 모두 수업 프로그램 A를 실시한 경우와 그렇지 않은 경우의 성적이 동일한 것을 알 수 있다. 따라서 이 경우에는 수업 프로그램 A와 성별의 상호작용효과는 없다고 판단할 수 있다. [그림 6-7]의 경우에는 수업 프로그램 A를 실시한 경우가 아무런 처치를 하지 않은 경우보다 성적이 모두 상승한 것으로 나타난다. 그런데 상승한 정도를 보면, 남학생 집단과 여학생 집단이 유사한 것을 알 수 있다. 이런 경우 수업 프로그램 A의 주효과는 있지만 수업 프로그램 A와 성별의 상호작용효과는 없다고 판단한다. 반면, [그림 6-8]의 경우 [그림 6-7]과 유사하게 남녀 집단 모두에서 성적이 향상되었지만, 여학생 집단이 더 크게 향상된 것을 알 수 있다. 이러한 성적 변화의 차이가 통계적으로 유의하다면, 수업 프로그램 A와 성별의 상호작용효과는 있다고 판단할 수 있다. [그림 6-9]의 경우 여학생 집단은 성적의 변화가 없지만, 남학생 집단의 성적은 크게 향상된 것으로 나타난다. 이런 경우에도 성별에 따라 수업 프로그램 A의 효과가 달리 나타났으므로 상호작용효과가 있다고 판단한다.

살펴본 바와 같이 요인설계는 여러 변수의 주효과와 변수들 간 상호작용효과를 확인할 수 있는 매우 유용한 방법이다. 하지만 독립변수의 수가 많아질수록 분석이 복잡해지므로 꼭 필요한 변수를 선정하여 단순하게 설계하려는 노력이 필요하다.

6) 반복측정설계

　경우에 따라서는 연구대상이 매우 희귀해서 표본의 크기가 작고 여러 번의 연구를 진행하기도 어려울 수 있다. 이럴 경우에는 집단을 여러 개로 구분하여 요인설계를 실시하는 것이 불가능하기 때문에 반복측정설계를 실시하기도 한다. 반복측정설계(repeated measures design)란 종속변수를 여러 차례에 걸쳐 반복적으로 측정하는 설계를 말하며, 동일한 참여자에게 처치를 바꿔 가면서 종속변수를 측정한다는 측면에서 피험자내설계(within-subject design)라 부르기도 한다. 이 경우 하나의 독립변수에 대한 처치를 실시한 뒤, 그 효과가 충분히 제거되었다고 판단된 시점에 다른 독립변수에 대한 처치를 실시하는 방식으로 연구를 진행한다. 이러한 설계는 적은 수의 표본으로 여러 독립변수의 효과를 확인할 수 있다는 장점이 있지만, 이전에 실시한 처치의 효과가 완벽하게 제거되지 않은 채 다음 처치에 영향을 주는 이월효과(carryover effect)가 나타날 가능성이 있어 주의가 필요하다. 이월효과를 최소화하는 방법으로는 무선화와 상대균형화를 들 수 있다.

　첫 번째 방법은 무선화이다. 무선화(randomization)는 처치의 순서를 무작위로 결정하는 것이다. 예컨대, 처치 A와 처치 B가 있을 때 처치의 순서를 A → B로 하는 경우와 B → A로 하는 경우를 무작위로 결정하는 것이다. 이러한 방법은 이론적으로 매우 타당하지만, 앞서 언급한 바와 같이 사례의 수가 적을 경우 의도치 않은 편향이 발생할 수 있다.

　두 번째 방법은 상대균형화이다. 상대균형화(counterbalancing)란 모든 처치 순서를 균형화하는 것을 말한다. 앞선 사례에서 A와 B 두 유형의 처치가 있다면, 참여자의 절반은 A → B에 할당하고, 나머지 절반은 B → A에 할당하는 것이다. 이렇게 설계할 경우 이월효과를 균형화함으로써 상쇄시킬 수 있다. 문제는 처치의 개수가 늘어날수록 균형화를 위해 필요한 순서조건의 수도 크게 증가한다는 점이다. 예컨대, 처치가 5개라면 120개의 다른 순서를 구분하여 참여자를 할당해야 한다. 이러한 방법은 현실적으로 불가능하기 때문에 연구자들은 대부분 불완전한 상대균형화를 사용한다. 대표적인 예로는 라틴방격설계(Latin-square design)를 들 수 있다. 라틴방격설계에서는 각 처치가 각 시점에서 동일한 빈도로 나타나도록 배치하는 데 중점을 둔다. 〈표 6-1〉에는 4개의 처치를 실시하는 실험에서 라틴방격설계를 실시한 예가 제시되어 있다. 표에 제시된 것처럼 참여자 A는 처치 1을 먼저 받고, 다음으로 처치 2와 처치 3, 처치 4를 순서대로 받게 된다. 참여자 B는 처치 2, 처치 3, 처치 4, 처치 1을 순서대로 받는다. 이와 같은 방식으로 처치 수와 동일한 수의 참여자에게 서로 겹치지 않는 방식으로 처치 순서를 할당할 수 있다.

〈표 6-1〉 4개의 처치 순서에 대한 라틴방격설계

참여자	처치 순서			
	첫 번째	두 번째	세 번째	네 번째
A	1	2	3	4
B	2	3	4	1
C	3	4	1	2
D	4	1	2	3

이와 같은 방식으로 처치 순서를 배정하려면, 참여자 수가 처치 수의 배수여야 한다는 것을 알 수 있을 것이다. 즉, 이 예시에서는 4명, 8명, 12명과 같은 방식으로 참여자를 할당해야 한다. 일반적으로는 처음 설계된 라틴방격을 그대로 반복하여 이후 참여자들을 할당해 넣는다. 이렇게 설계를 하면 순서의 유형을 변수로 설정하여 종속변수에 미치는 영향이 유의한지를 통계적으로 분석할 수 있다. 앞선 사례에서는 순서 조건이 네 가지이므로 1, 2, 3, 4를 값으로 갖는 명목변수(nominal variable)*가 될 것이다. 이 변수가 종속변수에 미치는 영향이 유의하다면, 순서효과가 존재하는 것이므로 상대균형화는 실패했다고 볼 수 있다. 반대로이 변수의 효과가 통계적으로 유의하지 않다면 라틴방격을 이용한 상대균형화는 성공한 것이며, 완전한 상대균형화를 실시하지 않아도 충분하다고 판단할 수 있다. 다시 말하지만 라틴방격을 이용한 설계는 큰 비용을 지불하지 않기 위한 차선

---

* 명목척도 방식으로 측정되는 변수를 말한다. 여기서 명목척도란 대상을 그 특성에 따라 특정한 카테고리로 분류하여 기호를 부여한 것을 의미한다. 예컨대, 남자와 여자를 0과 1로 표기하는 경우 명목척도 방식을 따른 것이다. 자세한 내용은 제11장에 수록된 통계의 기초를 참고하기 바란다.

책이므로, 가능하다면 완전한 상대균형화를 실시하는 것이 올바른 선택이다.

지금까지 실험설계의 여러 모형을 간단히 살펴보았다. 이 책에서 제시한 실험설계 모형은 가장 기본적인 것들이며, 여기에 제시하지 않은 다양한 변형이 존재한다. 보다 다양한 실험설계 유형을 공부하고자 한다면, 실험심리학자들에 의해 저술된 연구방법론 교재를 참고하기 바란다(예: Elmes et al., 2011).

3. 실험설계의 실제

어떤 설계 유형을 선택하든, 연구자는 각 유형에 포함된 절차들을 세부적으로 계획해야 한다. 특히 모형에 포함된 절차를 밟는 과정에서 발생할 수 있는 다양한 오류를 사전에 제거하는 방식으로 연구설계를 실시해야 한다. 예컨대, 집단 구성과 측정, 처치 단계 등에서 발생할 수 있는 오류를 미리 예상하고, 이러한 오류를 최소화할 수 있는 방안들을 구체적으로 마련하여 실험설계에 포함시켜야 한다. 여기에서는 실험설계를 실제로 진행하고자 할 때 거치는 일반적인 단계들을 추적하면서, 오류를 줄이기 위해 구체적으로 어떤 방법들을 사용할 수 있는지 살펴보기로 하겠다.

1) 종속변수와 독립변수의 설정

실험설계의 첫 단계는 종속변수와 독립변수를 설정하는 것이다. 실험에서 독립변수는 연구자가 처치하는 변수이고, 종속변수는 처치에 의해 변할 것으로 예상되는 변수이다. 따라서 두 변수의 인과관계에 대한 연구가설에서 원인에 해당하는 변수가 독립변수로 설정되고, 결과에 해당하는 변수가 종속변수로 설정된다.

2) 설계 유형 선택

종속변수와 독립변수가 결정되면 실험설계의 유형을 결정한다. 실험설계의 유형은 앞서 살펴본 것처럼 다양하며, 이 책에 제시되지 않은 다른 설계 유형들도 많이 있다. 이렇게 다양한 설계 유형 중 하나를 선택할 때 고려해야 할 기준으로는 독립변수의 수와 표본의 크기를 들 수 있다. 독립변수의 수가 하나라면 하나의 처치만 실시하는 실험설계들 중에서 적절한 설계를 선택하면 되고, 둘 이상이면 요인설계나 반복측정설계를 실시한다. 실험은 일반적으로 참여자의 시간과 노력 등을 많이 소모하기 때문에 참여에 대한 보상도 큰 편이다. 따라서 표본의 크기가 커질수록 연구비용도 증가한다. 실험연구의 표본 크기가 대체로 작은 이유는 여기에 있다. 그런데 표본의 크기가 작아지면 무작위배치를 실시했을 때 편향된 배치를 하게 될 가능성이 높아진다. 이런 경우 단순 무작위배치를 실시하지 않고, 층화를 먼저 실시한 뒤 무작위배치를 하는 등의 방법을 사용해야 한다.

3) 가외변수의 탐색 및 통제방법 계획

실험설계는 인과관계를 검증하는 연구방법이다. 따라서 연구자는 독립변수 이외에 종속변수에 영향을 미칠 수 있는 중요한 변수들이 없는지를 세심하게 점검하고, 구체적인 통제방안을 마련해야 한다.

가외변수를 점검할 때에는 유사한 문제를 다루고 있는 잘 계획된 실험연구들을 살펴보는 것이 좋다. 그 연구들에서 어떤 가외변수들을 중요하게 고려하였으며, 어떤 방법을 이용해 통제했는지를 확인하는 것이다. 방법론 측면에서 엄격한 학술지일수록 가외변수 통제에 많은 노력을 기울이도록 요구하므로 해당 학술지에 실린 연구들을 살펴보는 것이 좋다. 일반적으로 인용지수가 높은 학술지들일수록 방법론 측면에서 엄격하게 심사하는 경향이 있다. 따라서 실험연구들이 많이 실리면서도 인용지수가 높은 학술지들을 참고하는 것이 안전한 방법이 될 수 있다.

가외변수의 효과는 여러 가지 방법으로 제거할 수 있는데, 크게 보면 다음 두 가지로 정리할 수 있다. 첫째, 조작 가능한 변수는 독립변수로 추가한다. 매우 중요한 가외변수이면서 실험적 조작이 가능하다 판단될 경우에는 독립변수로 추가하여 설계를 수정할 수 있다. 이 방법은 실험의 복잡화를 통해 가외변수 효과를 제거하려는 시도라고 볼 수 있다. 둘째, 통제 가능한 변수는 설계를 이용해 통제한다. 예컨대, 집단의 구성이나 참여자 선택기준 및 배제기준의 복잡화 등을 통해 가외변수 효과를 통제하는 것이다. 이러한 방법으로 통제하기 어려운 변수의 경우에는 해당 변수를 측정하여 통계적으로 그 효과를 제거할 수 있다. 실험설계에서는 이렇게 측정을 통해 통제된 가외변수를 통제변수(control variable)라 부르기도 한다. 연구자는 제시된 방법들을 이용하여 가외변수 통제방법을 계획하고 이를 집단 구성방법이나 측정방법 부분에 반영한다.

4) 집단의 구성

실험설계의 유형과 가외변수 통제방법이 결정되면 집단 배치방법을 계획한다. 집단을 배치하는 정해진 방법이 있는 것은 아니지만, 일반적으로 많이 사용되는 방법을 간단히 정리해서 소개하면 다음과 같다.

첫째, 가능하다면 변수를 고정한다. 변수를 고정한다는 것은 집단 선택기준(inclusion criteria)이나 배제기준(exclusion criteria)을 설정한다는 것을 의미한다. 예컨대, 남자만 선별적으로 연구에 참여시키기로 정하는 것은 성별 변수를 고정하는 것이다. 혹은 특정 연령을 선별적으로 모집하여 집단을 구성하는 것은 연령 변수를 고정하는 것이다. 이렇게 변수를 고정하면 일반화에 한계가 있지만, 해당 변수의 혼입효과를 제거할 수 있다.

둘째, 변수를 고정하기 어려울 경우에는 층화 후 무작위배치를 실시한다. 층화를 실시할 때에는 모집단에서 해당 변수의 각 수준이 어느 정도 비율을 차지하고 있는지를 확인해야 한다. 예컨대, 알코올 사용장애 환자들을 대상으로 연구를 진행하고자 할 때 성별을 층화할 예정이라면, 해당 환자들의 전체 성비를 고려해서 그 비율에 맞추어 층화를 실시해야 한다. 이에 대한 정보는 다른 논문들에서 확인할 수 있을 것이다.

셋째, 층화하기 어려운 연속변수들의 경우 각 변수를 미리 측정하여 집단 간 통계적 차이가 없도록 조정 배치한다. 일반적으로 층화를 실시하는 변수들은 질적으로 구분되는 변수들이다. 양적으로 구분되는 연속변수들, 예컨대 연령은 인위적으로 구간을 구분하여 실시하지 않는 한 그대로 층화를 진행하기 어렵다. 이런 경우 각 변수를 미리 측정하여 집단 간 차이가 통계적으로 유의하지 않도록 조정 배치할 수 있다. 예를 들어, 연령이나 지능 수준을 미리 측정하여 일차적으로 배치한 두 집단 간에 차이가 있는지 확인 후, 차이가 있다면 조정 배치하는 것이다.

이 방법은 여러 연구에서 사용되어 왔지만, 사실 사용 과정에서 다양한 오류가 발생할 수 있다. 예컨대, 인위적으로 조정 배치하는 과정에서 연구자의 의도가 개입될 수 있고, 다른 변수의 편향이 일어날 수도 있다. 연구자는 이러한 한계에 주의하면서 배치를 진행해야 한다. 일반적으로는 주요 변수들의 차이가 유의하지 않을 때까지 반복적으로 무작위배치를 실시하는 방법 등을 사용해 볼 수 있다.

5) 측정방법 계획

집단 배치방법과 함께 주요 개념들을 측정하는 방법을 구체적으로 계획한다. 측정방식과 측정도구를 계획하는 과정은 상관연구와 동일하므로 생략하겠다. 실험설계에서 특별히 주의해야 하는 것은 실험에 소요되는 시간과 참여자의 심리적 변화 등을 고려하여 절차를 세밀하게 계획해야 한다는 것이다. 하루 이상의 비교적 긴 시간 동안 진행되는 실험도 있지만, 대부분의 실험은 가외변수 통제를 위해 짧은 시간 동안 특정한 공간에서 진행된다. 따라서 측정에 사용할 수 있는 시간이 제한적이며, 반복측정을 실시할 경우 기억효과 등의 문제가 발생할 가능성도 높다. 연구자는 이러한 한계를 고려하여 측정도구를 선별하고, 피할 수 없는 문제들을 최소화하기 위한 방안들도 마련해 두어야 한다. 예컨대, 기분을 반복적으로 측정해야 하는 실험의 경우, 이전에 응답한 내용을 기억할 수 없도록 눈금이 없는 스케일(숫자 표기 없이 선의 한 지점을 선택하도록 하는 문항형식) 등을 사용할 수 있다. 혹은 정서와 관련된 생리적 변화를 지속적으로 측정하는 도구를 이용할 수도 있다. 이 외에도 각 측정을 실시하는 과정에서 일어날 수 있는 참여자의 심리적 변화와 피로도 또한 고려하여 측정방법을 세밀하게 계획하는 것이 좋다.

6) 조작방법 및 조작확인방법 계획

실험의 고유한 특징이면서 가장 많은 고민과 정성이 요구되는 작업은 조작/처치이다. 연구자는 조작을 어떻게 실시할 것인지를 구체적으로 계획해야 한다. 기존의 다른 연구에서 제시한 방법을 그대로, 혹은 응용하여 사용할 수 있고, 독자적으로 개발할 수도 있다. 사실 조작방법을 정하는 것은 연구자의 창의성이 크게 발휘되는 영역이며, 연구의 질을 결정하는 중요한 요소가 될 수 있다.

그러나 아무리 창의적인 조작방법이라도 타당하지 않으면 의미가 없다. 따라서 조작의 타당성을 확인하는 과정이 필요하다. 즉, 조작이 적절히 실시되었는지를 확인해야 하는데, 이를 조작확인(manipulation check)이라 한다. 예컨대, 긍정적 기분을 유발하는 조작을 실시했다면, 실제로 해당 조작이 긍정적 기분을 유발했는지 점검해야 한다. 이것은 조작 전과 후에 기분 점수를 확인하는 것으로 간단히 처리할 수 있다. 만일 불안을 유발하는 조작을 실시했다면, 불안과 밀접한 생리적 반응 등을 조작 전과 후에 측정하여 비교해 볼 수 있다.

조작확인을 할 때 주의사항은 조작확인 자체가 종속변수의 측정에 영향을 미치지 않도록 해야 한다는 점이다. 예컨대, 종속변수가 기분 상태인데 피로도와 짜증 수준이 쉽게 높아지는 방법(예: 100문항 질문지)으로 조작확인을 실시한다면, 처치의 효과가 흐려질 뿐만 아니라 종속변수에도 부정적인 영향을 미칠 수 있다. 따라서 조작확인은 일반적으로 간단하면서도 타당한 방법을 이용해 실시한다.

7) 전체적인 세부절차 계획 및 정리

실험에 대한 전반적인 사항들이 결정되었다면, 전체적인 세부절차를 시간순으로 정리한다. 참여자를 모집하는 과정과 최종 선발된 참여자들이 실험실에 도착하여 어떤 활동을 하게 되는지를 단계적으로 계획하는 것이다. 이때 가장 많이 사용되는 방법은 그림을 그려 보는 것이다. 각 집단별로 언제 어떤 측정을 실시하고 조작은 어떤 방식으로 이루어지는지 등을 구체적으로 그려 보면, 전체적인 연구 과정을 파악하는 데 도움이 되고, 수정이나 보완이 필요한 부분 또한 쉽게 파악할 수 있다. 이렇게 작성된 그림을 논문에 제시하여 독자들이 연구의 흐름을 쉽게 파악하도록 하는 것도 좋은 전략이 될 수 있다.

[그림 6-10]에는 실험절차를 간단히 도식화한 예가 제시되어 있다. 이 연구는 Freeman과 동료들(2018)이 실시한 것으로, 고소공포증(acrophobia) 환자들을 대상으로 가상현실(virtual reality: VR)을 이용한 심리치료의 효과를 확인한 내용을 담고 있다. [그림 6-10]을 보면 이들이 어떤 과정을 거쳐 참여자를 선발하고 실험을 진행했는지를 파악할 수 있다. 도표에 따르면, 최초로 연구 참여의사를 밝힌 사람은

189명이었다. 이 중 18명은 이후 연락이 되지 않아 제외되었고, 171명이 기본적인 온라인 질문지를 작성했다. 이 연구는 고소공포증 환자들을 대상으로 하고 있기 때문에 고소공포증상을 측정하는 Height Interpretation Questionnaire(HIQ)를 실시하였으며, 임상 수준에 해당하는 29점 이상을 받은 참여자들만 연구에 포함시켰다. 또한 VR 치료를 실시해야 하기 때문에 시각에 문제가 있는 후보자도 제외되었다. 이 외에 연락이 되지 않거나 참여를 원치 않는 후보자들을 제외하고 남은 숫자는 106명이었다. 여기에 해당되는 참여자들은 연구 장소에서 다시 한 번 HIQ를 작성하였고, 기준에 미달하는 사람들과 VR 치료시간에 참여하기 어려운 사람들이 제외되었다. 그래서 최종적으로 100명이 참여하였고, 이들은 VR 치료집단과 통제집단에 무선할당되었다. 치료집단에 포함된 참여자들 중 47명이 적어도 1회기 이상 치료를 받았으며, 2명은 개인 사유로 치료를 전혀 받지 않았다. 44명은 전체 치료회기를 모두 완료했다. 즉, 치료집단에 할당된 참여자들 중 3명이 중간에 치료를 포기했는데, 그 이유는 치료가 너무 어렵다는 것(2명)과 시간을 내기 어려웠다는 것(1명) 때문이었다. 치료 종료 후 추후 측정에는 모든 참여자가 응하여 100명 전체의 자료가 분석에 활용되었다.

[그림 6-10]의 사례는 연구가 종료된 이후의 결과를 자세하게 보여 주고 있지만, 사전에 참여자들을 선정하는 과정과 각 집단에 할당하는 과정이 모두 계획되었을 가능성이 높다. 즉, 참여 후보자를 모집하는 방법과 참여자 선별기준, 각 집단에 할당하는 방법과 측정방법, 처치방법 등이 사전에 계획되었을 것이다. 이러한 절차를 그림을 이용해 전반적으로 계획하고 검토한다면, 중요한 내용을 빠뜨리지 않고 철저한 계획을 세우는 데 도움이 될 것이다.

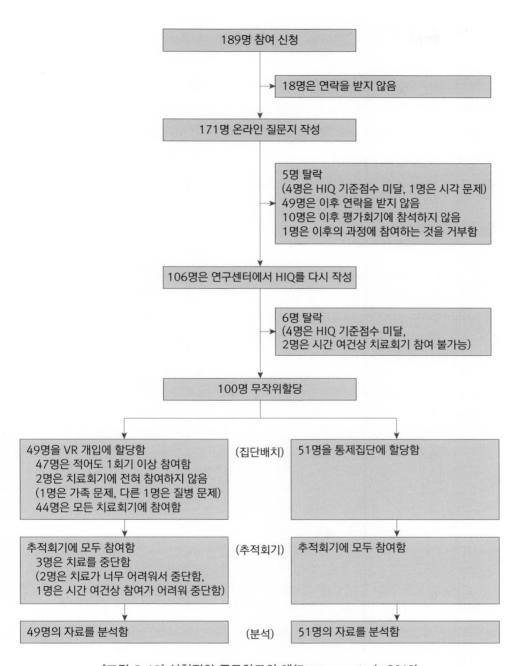

[그림 6-10] 실험절차 플로차트의 예(Freeman et al., 2018)

8) 자료분석 계획

마지막으로 수집된 자료를 어떻게 분석할 것인지를 간단히 계획한다. 실험연구에서는 집단을 구분하여 자료를 수집하는 경우가 많기 때문에 기본적으로는 분산분석(analysis of variance)의 다양한 모형을 사용한다. 하지만 필요에 따라 회귀분석이나 구조방정식(structural equation modeling) 등을 활용할 수도 있으므로 이에 대한 계획을 세워 둔다. 각 분석모형에 대한 설명은 제12장을 참고하기 바란다.

글상자 6-1

실험연구 예시

이해를 돕기 위해 비교적 잘 설계된 실험연구를 하나 소개하겠다. 이 연구는 알코올이 정서경험의 지속성에 미치는 영향을 확인하는 실험으로 구성되어 있다(Fairbairn & Sayette, 2013). 여기서 정서적 지속성(emotional inertia)이란 한 가지 유형의 정서가 다른 정서로 대체되지 않고 유지되는 것을 말한다. 연구자들은 알코올을 섭취할 경우 정서적 지속성, 혹은 정서적 관성이 약화될 것이라고 보고, 알코올 처치에 따른 정서적 변화를 확인하는 실험을 실시하였다.

연구대상은 일주일에 2~3회 정도 술을 마시는 21~28세 성인 720명(여성 360명)이며, 이들은 총 3개의 집단에 무작위로 배치되었다. 첫 번째 집단은 실제로 알코올을 섭취하는 집단이며, 두 번째 집단은 알코올을 섭취한 것으로 안내하지만 실제로는 알코올 향이 첨가된 음료를 마신 집단이다. 마지막 세 번째 집단은 음료를 마신 집단이다. 이 연구에서 두 번째 집단은 '알코올을 섭취했다는 인식' 자체가 정서경험에 영향을 미칠 수도 있기 때문에 이를 통제하기 위해 포함된 것으로 이해하면 된다. 이러한 집단을 플라세보(placebo) 집단이라고 부른다. 약물 효과를 확인하는 연구에서는 거의 대부분 이 집단을 설계에 포함시킨다.

제시된 세 집단은 각각 3명으로 구성된 소그룹 80개로 나뉘며, 각 소그룹은 준비된 알코올이나 음료 등을 마시면서 이야기를 나누었다. 연구자들은 성별의 효과를 제거하기 위해 각 집단의 소그룹을 남성 3명으로 구성된 20개 소그룹과 남성 2명과 여성 1명으로 구성된 20개 소그룹, 남성 1명과 여성 2명으로 구성된 20개 소그룹, 여성 3명으로 구성된 20개 소그룹으로 구성하였다.

알코올은 크랜베리주스와 보드카를 섞어 준비하였으며, 대화를 나누는 36분 동안 일정한 간격으로 일정량을 마시도록 했다. 알코올 처치가 적절히 이루어졌는지는 혈중 알코올 수치를 측정하여 확인하였다.

대화를 나누는 동안의 표정 변화는 모두 녹화되었으며, 표정을 분석하여 정서를 평가하는 검증된 전문가들이 표준화된 채점체계를 이용해 이들의 정서경험을 측정하였다. 여기에 더해 자기보고형 질문지를 이용하여 응답자가 주관적으로 경험한 정서의 변화를 측정했다. 많은 연구에서 이와 같이 2개 이상의 측정도구를 이용해 주요 변수를 측정하고는 하는데, 사용된 서로 다른 도구들에서 일치하는 결과가 도출될 경우 그 결과를 더욱 신뢰할 수 있기 때문이다.

　마지막으로 연구자들은 전반적인 대화에 대한 만족도가 정서 변화에 영향을 미칠 수 있을 것으로 보고, 대화 만족도를 별도로 측정하여 그 효과를 통제하였다. 이와 같이 종속변수에 영향을 미칠 수 있는 요소들은 사전에 미리 파악하여 측정해 두었다가 이후 통계분석을 실시할 때 그 효과를 통제할 수 있다.

요약

- 실험은 두 변수의 인과관계를 확인할 목적으로 원인에 해당하는 변수에 조작/처치를 한 뒤 결과에 해당하는 변수의 변화를 확인하는 연구방법이다.

- 실험설계의 핵심은 독립변수를 제외하고 종속변수에 영향을 미칠 수 있는 다양한 변수의 효과를 통제하는 것이다.

- 완전한 실험설계는 무작위배치를 통해 실험집단과 통제집단을 구성한 뒤 실험집단에만 조작/처치를 실시하고 종속변수의 변화를 측정하는 설계이다.

- 요인설계란 2개 이상의 독립변수 효과를 동시에 확인하는 실험설계법을 말한다.

- 반복측정설계란 종속변수를 여러 차례에 걸쳐 반복적으로 측정하는 설계를 말한다. 동일한 참여자에게 독립변수 처치를 바꿔 가면서 여러 번 종속변수를 측정한다는 측면에서 피험자내설계라 부르기도 한다.

- 독립변수와 종속변수의 인과관계를 정확히 검증하기 위해서는 독립변수에 대한 조작이 적절히 이루어져야 한다. 조작이 적절히 실시되었는지를 확인하는 절차를 간단히 조작확인이라 한다.

연습문제

1. 준실험설계(quasi-experimental design)와 진실험설계(true experimental design)의 차이점을 설명하시오.

2. A는 긍정적 정서가 부정적 자기인식에 미치는 영향에 대해 연구를 하고 있다. 기존 연구들을 검토한 결과 성별에 따라 두 변수의 관계가 달라질 가능성이 있다는 것을 알게 되었다. A는 이 아이디어를 실험을 통해 검증하고자 한다. A가 사용하기에 적절한 실험설계를 제시하시오.

3. B는 영상을 이용해 자폐아동의 사회지능을 개선하는 연구를 진행하고 있다. 많은 노력 끝에 새로운 영상을 개발한 B는 기존에 개발되어 있는 영상 4개와 그 효과를 비교하고 싶다. 하지만 자폐아동의 수가 워낙 적어서 참여자를 20명 정도밖에 모을 수 없는 상황이다. 이때 B가 사용할 수 있는 실험설계법을 제시하고, 이 방법을 사용할 경우 문제가 될 수 있는 가외변수 효과를 제시하시오.

4. 3번의 사례에서 나타날 수 있는 가외변수 효과를 제거하는 구체적인 방안들을 제시하시오.

5. 처치가 5개일 때 사용할 수 있는 라틴방격설계의 예를 제시하시오.

자료수집

1. 자료수집의 기초

연구설계가 마무리되었다면, 준비된 도구들을 이용하여 자료를 수집한다. 자료수집 활동을 단계적으로 보면, 우선 자료를 수집할 대상을 선택하고, 준비된 도구를 이용해 대상으로부터 자료를 수집한다. 자료수집의 첫 단계, 즉 자료수집 대상을 선정하는 것은 매우 복잡한 작업이다. 몇 명의 대상으로부터 자료를 수집할 것이며, 전체 연구대상 중에 어떤 사람들을 자료수집 대상으로 삼을 것인지, 그리고 이들로부터 얻어진 자료로 전체 연구대상의 특성을 어떻게 추론할 것인지에 대한 충분한 지식을 가지고 있어야 이 작업을 진행할 수 있다. 이러한 지식을 다루는 학문 분야는 통계학(statistics)이다. 통계학은 매우 방대한 학문 분야이기 때문에 이 책에서 모두 다루기는 어렵다. 별도의 수업을 듣거나 통계학 서적을 이용해 미리 공부하기를 권한다. 기초적인 통계 지식은 제11장에 제시하였으니 통계학을 아직 공부하지 않은 경우에는 다음 내용을 살펴보기에 앞서 해당 내용을 먼저 공부하기 바란다.

2. 표집

1) 표본의 크기 결정

전체 연구대상인 모집단(population)을 잘 대표하는 좀 더 작은 집단을 표본 (sample)이라 한다. 표집(sampling)이란 모집단에서 표본을 선정하는 작업을 말한 다. 자료수집의 시작은 표집이며, 표집의 시작은 표본의 크기를 정하는 것이다. 일반적으로 표본의 크기를 정할 때에는 매우 다양한 요소를 고려한다. 다음에는 가장 많이 고려되는 요소들을 제시하였다.

첫째, 통계분석모형을 고려해야 한다. 자료분석에 어떤 통계적 기법을 사용할 것 인지에 따라 필요한 표본의 크기가 달라진다. 연구자는 설계 단계에서 이미 분석 에 사용할 기법들을 결정했을 것이다. 표본의 크기를 결정하는 단계에서는 해당 기법을 적용했을 때 어느 정도의 표본이 필요한지를 파악하면 된다.

둘째, 효과크기(effect size)를 고려해야 한다. 효과크기란 간단히 말해 어떤 현상 의 크기 혹은 강도를 수량화한 것을 의미한다. 가설의 종류나 분석기법의 종류에 따라 효과크기의 정의는 달라질 수 있다. 일반적으로 효과크기는 연구가설의 분 포와 영가설의 분포가 떨어져 있는 정도를 반영한다. 효과크기가 클수록 영가설 과 연구가설의 분포가 겹칠 가능성은 낮아지며, 결과적으로 반복 검증 시 동일하 게 영가설을 기각하게 될 가능성이 높아진다. 이런 경우 작은 표본으로도 안정적 으로 가설을 검증할 수 있다. 반대로 효과크기가 작다면 영가설과 연구가설의 분 포가 겹칠 가능성이 높아지며, 안정적으로 가설을 검증하기 위해 보다 많은 수의 표본이 필요해진다. 따라서 표본의 크기를 정할 때에는 반드시 효과크기를 고려 해야 한다. 하지만 검증하고자 하는 가설의 효과크기를 미리 정확하게 알기는 어 렵다. 정확한 수치는 자료를 분석해 보아야 알 수 있기 때문이다. 연구자는 유사 한 다른 연구에서의 효과크기를 고려하거나, 이론적으로 예상되는 효과크기의 정 도를 이용해 표본의 크기를 정해야 한다.

셋째, 검증력(power)을 고려한다. 검증력이란 1에서 2종 오류(영가설이 거짓임에 도 불구하고 영가설을 채택할 확률)를 뺀 값이다. 검증력이 크다는 것은 곧 2종 오류 가 작다는 것을 의미한다. 따라서 검증력이 크면 반복 검증을 실시했을 때 동일한 결과가 도출될 가능성이 높아진다. 특정 개념에 대한 지식체계를 안정적으로 성장시키기 위해서는 연구결과의 반복 검증이 중요하다. 어떤 연구에서 확인된 결과가 동일한 설계를 이용한 다른 연구에서는 확인되지 않는다면, 관련 지식을 받아들일 것인지의 여부를 결정하기 어렵기 때문이다. 이러한 이유로 최근 연구자들은 연구를 계획하는 단계에서 일정 수준 이상의 검증력을 확보하도록 권하고 있다. 일반적으로는 표본의 크기가 클수록 분포의 분산(variance)이 작아지기 때문에 검증력이 높아진다. 이를 역으로 이용해 특정 수준의 검증력을 확보하는 데 필요한 표본의 크기를 계산할 수도 있다.

　넷째, 유의수준(significance level)을 고려한다. 유의수준이란 최대로 부담할 수 있는 1종 오류(영가설이 참임에도 불구하고 영가설을 기각할 확률)의 한계치를 말한다. 검증력과 유의수준은 밀접한 관계를 맺고 있다. 일반적으로 유의수준은 연구분야의 특성에 따라 정해지는 경향이 있고, 그에 따라 2종 오류와 검증력 수준이 결정된다. 사회과학 분야에서는 유의수준을 0.05나 0.01로 정하는 경향이 있으며, 영가설과 연구가설의 분포 특성에 따라 2종 오류와 검증력 수준이 달라질 수 있다. 간단히 말하면, 유의수준은 2종 오류와 검증력 수준에 영향을 미치기 때문에 표본의 크기를 정할 때 고려대상이 되는 셈이다.

　다행스럽게도 제시된 요소들을 종합적으로 고려하여 표본의 크기를 산출해 주는 프로그램들이 있다. 대표적인 예로는 G*power를 들 수 있다(Faul, Erdfelder, Lang, & Buchner, 2007). 이 프로그램을 이용하면 몇 가지 기준을 설정해 주는 것만으로 표본의 크기를 쉽게 산출할 수 있다. '글상자 7-1'에는 G*power를 이용하는 방법을 간단히 제시하였으니 참고하기 바란다.

글상자 7-1

G*power 사용법

G*power는 독일 뒤셀도르프 대학교의 연구팀이 개발하여 무료로 배포하고 있는 프로그램이다 (http://www.gpower.hhu.de/). 다음에는 연구팀이 운영하고 있는 홈페이지의 첫 화면이 제시되어 있다.

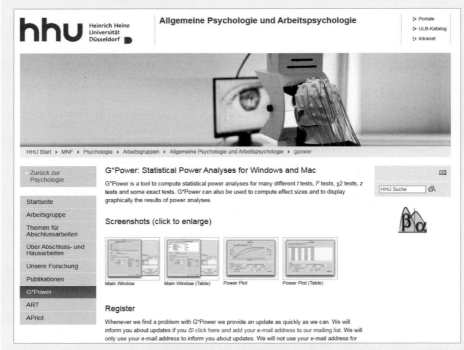

출처: http://www.gpower.hhu.de/

첫 화면에는 G*power에 대한 간단한 설명과 인용 방법 등이 제시되어 있으며, 중간 부분에는 다운 로드하는 방법에 대해서도 소개되어 있다. 설치 파일은 윈도우즈용과 맥용이 구분되어 있으니 본인이 사용하고 있는 운영체제에 맞는 파일을 선택하여 다운받으면 된다. 다운받은 설치파일을 실행시키면 간단하게 프로그램 설치가 마무리된다. 설치된 프로그램을 실행하면 다음과 같은 화면을 확인할 수 있다.

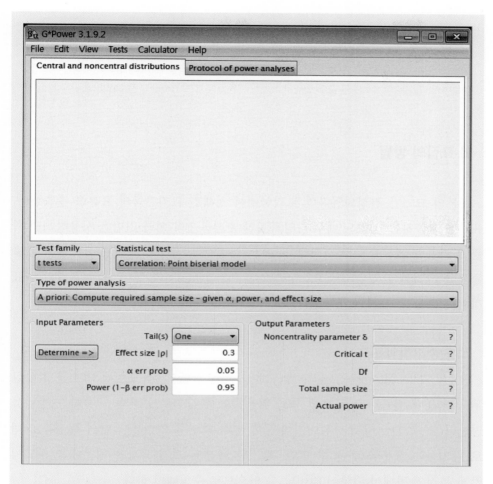

　간단히 구성을 보면, 화면의 상단에는 분석결과와 관련된 그래프가 제시되는 부분이 있다. 그 아래에는 'Test family'와 'Statistical test'라는 선택창이 있는데, 통계분석에 사용되는 모형을 선택하는 부분으로 이해하면 된다. 'Type of power analysis'는 검증력 분석의 유형을 결정하는 선택창이다. 자주 사용하게 될 두 가지 유형은 연구에서 수집된 자료를 이용해 검증력을 계산하는 것(Post hoc)과 연구를 진행하기 전에 적정한 표본의 크기를 계산하는 것(A priori)이다. 표본의 크기를 계산하고자 할 때에는 'A priori'를 선택하면 된다.

　통계분석모형과 검증력 분석 유형을 결정하고 나면, 결과를 산출하는 데 필요한 몇 가지 기준을 정해야 한다. 이 기준들은 창의 왼쪽 아래 부분에서 입력한다. 예컨대, 표본의 크기를 계산하고자 한다면 효과크기(effect size)와 유의수준(α), 검증력(power)을 입력해 주어야 한다. 앞서 언급한 바와 같이 자료분석 전에 정확한 효과크기와 검증력을 미리 알 수는 없으며, 기존 연구들을 토대로 대략적인 수치를 정하는 것만 가능하다. 일반적으로 검증력은 적어도 0.8 이상이 되어야 하는 것으로 제안되고 있으며, 수치가 클수록 더 좋다. 효과크기는 통계모형에 따라 대략적으로 작은(small) 수치와 중간

(medium) 수치, 큰(large) 수치를 제시해 주므로 이를 감안하여 결정하면 된다. 매우 유사한 선행연구가 있다면 해당 연구의 효과크기와 검증력을 참고할 수도 있다. 이 외에 입력해야 하는 값들은 통계모형에 따라 달라지나 대부분 연구계획 단계에서 결정되는 값들(예: 독립변수의 수)이므로 계획한 대로 입력하면 된다. 필요한 수치들을 모두 입력하고 계산 버튼을 누르면 결괏값이 산출된다.

2) 표집의 방법

표본의 크기가 결정되었다면 모집단에서 정해진 크기만큼의 표본을 추출한다. 표본을 추출하는 방법은 매우 다양하지만 추론통계의 여러 기법을 사용하려면 확률에 기반한 표본추출을 시행해야 한다. 이렇게 모집단에 포함된 요소들의 추출확률을 고려한 표집을 확률표집(probability sampling)이라 한다. 확률표집의 대표적인 방법을 몇 가지 소개하겠다.

(1) 단순무작위표집

단순무작위표집(simple random sampling)은 모집단의 각 요소에 번호를 할당한 뒤 난수표나 컴퓨터 프로그램 등을 활용하여 무작위로 표본을 추출하는 방법을 말한다. 추출 과정이 무작위이기 때문에 별다른 편향 없이 모집단의 특성을 그대로 반영하는 표본을 얻을 수 있다. 하지만 표본의 크기가 작을 경우에는 의도치 않게 특정 측면에서 편향이 일어날 수 있으므로 주의해야 한다.

(2) 계통적 표집

계통적 표집(systematic sampling)은 모집단의 각 요소에 번호를 할당한 뒤 일정한 번호 간격으로 표본을 추출하는 방법을 말한다. 예컨대, 10번, 20번, 30번 등을 표본으로 추출하는 것이다. 이 방법은 특별한 프로그램이나 도구 없이 간단히 실시할 수 있다는 장점이 있지만, 모집단의 각 요소가 일정한 패턴에 따라 배열되어 있는 경우 편향된 표본이 추출될 가능성이 있다. 예컨대, 어떤 학교의 학생들에게 반별 키 순서대로 번호를 부여한 뒤 일정한 간격으로 표본을 추출하면, 특정 범위의 키를 가진 편향된 집단이 추출될 수 있다. 각 반의 인원이 20명일 때 추출간격을 20으로 잡으면 키가 가장 작은 학생들만 추출되기 때문이다. 따라서 계통적 표집은 모집단 요소가 일정하게 배열되어 있지 않을 경우에만 사용하는 것이 안전하다.

(3) 층화표집

층화표집(stratified sampling)은 모집단을 여러 동질적인 하위집단으로 구분한 뒤 표본을 추출하는 방법이다. 이 방법은 모집단이 질적으로 구분되는 하위집단들로 구성되어 있으며, 하위집단들 간의 비율이 표본에도 그대로 반영되기를 원할 때 실시한다. 사실 표본의 크기가 충분히 크다면 단순무작위표집만으로도 하위집단들의 특성이 잘 반영될 수 있다. 하지만 표본의 크기가 작아질 경우 단순무작위표집을 실시해도 모집단에서의 하위집단 비율이 표본에 반영되지 못할 가능성이 있다. 이 경우 하위집단을 구분한 뒤 집단별로 표본을 추출하여 표본에서의 하위집단 비율을 맞춰 줄 수 있다. 예컨대, 어떤 집단의 남녀 비율이 독특하여 그 특성을 반영한 표본을 추출하고자 한다면, 모집단을 남자 집단과 여자 집단으로 구분한 뒤 각 집단에서 무작위로 표본을 추출한다. 이러한 표집방식을 층화표집이라 한다.

(4) 군집표집

군집표집(cluster sampling)은 모집단이 여러 개의 군집으로 구분될 수 있을 때, 전체 모집단을 대표하는 군집을 선정하여 표본을 추출하는 방법이다. 예컨대, 지방의 중소도시 시민들을 대상으로 연구를 진행할 때, 각 중소도시를 군집으로 설정한 뒤 무작위로 하나의 군집을 선정하여 표본으로 삼는 것이다. 이 방법은 이미 형성된 군집 중 하나를 선정하여 표집을 실시하기 때문에 시간과 비용을 절약할 수 있으며, 다른 기법들에 비해 손쉽다는 장점이 있다. 하지만 선정된 군집이 모집단의 특성을 잘 대표하지 못하는 독특한 군집일 가능성을 배제하기 어렵다는 단점이 있다.

글상자 7-2

비확률표집

앞서 확률에 기반한 통계기법을 적용할 수 있으려면 확률표집을 실시해야 한다고 제시했다. 그런데 실제 진행된 연구들을 보면 확률에 기반하기보다 현실적인 접근 가능성이나 편의 등에 기반해서 표집을 실시한 경우를 종종 볼 수 있다. 이러한 표집을 비확률표집(non-probabilistic sampling)이라 부른다.

비확률표집을 실시하는 이유는 확률표집보다 전반적으로 수월하기 때문인 경우가 많다. 예컨대, 편의표집(convenience sampling)은 말 그대로 연구자가 접근하기에 편한 대상을 표본으로 선발하는 것을 말한다. 연구자가 자신의 주변 지인들이나 쉽게 만날 수 있는 사람들을 표본으로 선정하는 것이 여기에 해당한다. 이렇게 표본을 수집하게 되면 비용과 시간, 노력 등을 크게 줄일 수 있다. 하지만 이러한 표집방법을 이용할 경우 전체 집단을 대표할 가능성은 낮아질 수밖에 없다. '연구자와 물리적/심리적으로 가까운 사람들'이라는 요인이 표집에 개입되기 때문이다. 만일 연구자가 대한민국 성인을 모집단으로 두고 자신과 물리적/심리적으로 가까운 성인들을 표본으로 추출했다면, 최종적인 연구결과는 이러한 이유 때문에 대한민국 성인들에게 그대로 적용하기 어렵다.

편의표집의 문제는 심리학 연구 분야에서 한때 중요한 문제로 부각되기도 했다. 심리학 연구들이 한창 부흥할 무렵, 상당수의 연구가 미국 상위권 대학의 백인 학생들을 대상으로 진행되었기 때문이다. 캐나다의 주요 대학인 브리티시 컬럼비아 대학교의 연구자들은 이러한 현상을 비판하면서, 현대의 심리학적 발견 중 상당수는 '민주주의를 채택하고 있는 산업화된 서양 국가의 교육을 잘 받은 부유한 사람들'의 심리를 반영한다고 주장하기도 했다(Henrich, Heine, & Norenzayan, 2010).

이런 문제를 중요하게 인식한 심리학 연구자들은 이후 표집에 특별한 주의를 기울이고 있으며, 연구대상의 다양화(예: 이민족이나 성적 소수자 집단 등의 소수집단을 대상으로 연구진행)를 위해 노력하고 있다.

3. 자료수집의 실제

표본을 추출했다면 추출된 표본을 대상으로 자료를 수집한다. 자료를 수집할 때에는 오류를 최소화하는 것이 중요하다. 자료를 수집하는 도구에 따라 나타날 수 있는 오류가 다르므로 주요 수집도구에 따른 주의사항을 알아보기로 하겠다.

1) 질문지를 이용한 자료수집

자료를 수집할 때 가장 빈번하게 사용되는 도구는 자기보고형 측정도구이다. 자기보고형 측정도구는 보통 여러 개의 도구를 하나의 질문지로 묶어 사용한다.

이렇게 구성된 질문지를 이용해 자료를 수집하는 방법은 크게 오프라인(offline) 수집과 온라인(online) 수집으로 구분할 수 있다.

오프라인 수집은 질문지를 프린트하여 참여자에게 직접 제공하고, 참여자가 응답한 질문지를 수거하는 방식을 말한다. 연구자는 수거된 질문지의 응답을 분석 가능한 자료로 변환하는 작업을 직접 실시해야 한다. 이 작업을 간단히 코딩(coding)이라 부르기도 한다. 오프라인 수집을 실시할 경우 질문지 프린트와 장소 대여, 코딩 작업 등으로 인한 비용이 발생할 수 있다.

오프라인 수집은 특정 장소에서 배포하고 그 자리에서 응답하도록 하는 방법과 배포하여 각자 원하는 장소에서 응답한 뒤 연구자에게 전달하도록 하는 방법으로 구분하기도 한다. 첫 번째 방법은 별도의 장소를 마련하여 참여자들을 부른 뒤 질문지를 제공하고 그 자리에서 응답하도록 하는 방법이다. 이 방법은 연구자가 있는 상황에서 응답하기 때문에 의문이 생길 경우 곧바로 질문하여 응답 과정에서의 오류를 줄일 수 있다는 장점이 있으며, 혼자 있을 때보다 좀 더 성실하게 응답할 가능성이 높다. 하지만 참여자가 이용할 수 있는 장소를 마련해야 하는 부담이 있으며, 연구자나 감독자가 해당 장소에 함께 있어야 하는 등의 제약이 있다.

두 번째 방법은 미리 마련된 질문지를 참여자에게 직접, 혹은 우편 등의 방법으로 배포한 뒤, 참여자가 원하는 장소에서 응답하여 연구자에게 전달하는 방법이다. 이 방법은 장소의 제약을 받지 않는다는 장점이 있지만, 상대적으로 불성실하게 응답할 가능성이 높으며, 여러 차례 중단했다가 응답하여 상이한 심리적 상태가 반영될 가능성이 있다. 회수율 또한 한 장소에서 응답하도록 하는 방법보다 낮은 것으로 알려져 있다. 따라서 오프라인 수집을 사용할 때에는 가급적 장소를 마련하여 한 번에 응답하도록 하고, 배포하여 나중에 회수하는 방법을 사용할 때에는 낮은 회수율이나 불성실 응답 등의 문제를 해결할 수 있는 방안을 마련한다.

온라인 수집은 컴퓨터를 이용해 구성한 질문지를 온라인으로 접속할 수 있는 서버에 저장해 두고, 참여자가 개인 컴퓨터로 해당 서버에 접속하여 질문지에 응답하도록 하는 방식을 말한다. 이 방식은 질문지 프린트 비용이나 장소 대여를 위한 비용 등이 발생하지 않으며, 참여자가 입력도구를 이용해 응답하는 즉시 자료가 분석 가능한 형태로 저장되기 때문에 별도의 코딩 작업이 필요하지 않다. 이렇게 질문지 배포 및 수집, 자료처리가 간편하다는 장점이 있지만, 오프라인 수집 방법 중 각자 원하는 장소에서 응답하여 회신하도록 하는 방법과 유사한 단점을 가지고 있다. 즉, 질문지 응답이 여러 차례 중단될 가능성이 있으며, 불성실하게 응답할 가능성도 상대적으로 높다. 여기에 더해 컴퓨터 사용이 익숙하지 않은 참여자는 응답하기 어렵다는 점, 컴퓨터 오류 등으로 응답이 중단될 가능성이 있다는 점또한 단점으로 고려될 수 있다. 이러한 단점을 보완하기 위해서는 다음과 같은 방법들을 고려할 수 있다.

첫째, 질문지 응답시간을 기록하여 지나치게 짧은 반응시간이나 지나치게 긴 반응시간을 보인 참여자는 배제대상으로 고려한다. 온라인 질문지 시스템을 이용할경우 응답자의 로그인 시간과 로그아웃 시간을 측정해서 전체 응답시간을 계산할수 있다. 이 응답시간을 평균 응답시간과 비교하는 것이다. 이때 특정 참여자의응답시간이 지나치게 짧다면 불성실하게 응답했을 가능성이 높다. 반대로 지나치게 긴 시간 동안 응답했다면 응답 과정에서 다른 활동을 하는 등의 문제가 발생했을 가능성이 있다. 따라서 이러한 참여자들은 전체 반응 패턴을 세부적으로 확인한 뒤 필요할 경우 분석에서 배제한다.

둘째, 질문지는 가급적 한 번에 응답하도록 안내한다. 온라인 질문지를 실시하는 경우에도 연구에 대한 안내와 질문지 응답에 대한 안내를 첫 부분에 제시한다.이때 참여자들로 하여금 적당한 시간과 장소를 확보하여 중단 없이 한 번에 질문지에 응답하도록 안내할 수 있다. 필요할 경우에는 팝업 창 등을 이용해서 응답자들이 확실하게 해당 안내를 확인할 수 있도록 하는 것도 좋다.

셋째, 질문지 문항 수를 가급적 적게 구성한다. 온라인으로 질문지에 응답하는상황에서는 보통 주변 자극이 통제되지 않는다. 따라서 질문지에 응답하는 과정에서 예상치 못한 일들이 발생할 수 있으며, 그로 인해 응답을 중단해야 하는 상황도 벌어질 수 있다. 이러한 특수성을 고려해서 가급적이면 질문지 문항 수를 줄여전체 응답시간을 축소하는 것이 좋다. 앞서 제시한 바와 같이, 적절한 심리측정적속성을 확보하고 있으면서도 상대적으로 문항 수가 적은 척도들을 이용하면 질문지의 전체 문항 수를 줄일 수 있다.

2) 인터뷰를 이용한 자료수집

연구자는 인터뷰를 이용해서 참여자들로부터 자료를 수집할 수도 있다. 이렇게 인터뷰 방식을 이용하는 경우에는 면담자와 참여자가 일대일로 만나 대화를 나누며 자료를 수집하기 때문에 다양한 요인이 자료수집에 영향을 미칠 수 있다. 여기에서는 이러한 요인들을 면담자의 특성과 피면담자의 특성, 그리고 둘 간의 상호작용 특성으로 구분하여 살펴보겠다.

(1) 면담자 특성

인터뷰의 자료는 피면담자의 반응이다. 면담자의 다양한 특성은 피면담자의 반응에 영향을 미칠 수 있다. 특히 면담자가 어떤 사람인지를 평가하는 데 사용될 수 있는 정보들, 예컨대 면담자의 옷차림과 행동, 표정, 말투 등은 피면담자의 반응에 영향을 미칠 수 있다. 이러한 특성들은 피면담자가 적극적이고 솔직한 태도를 갖게 하거나 수동적이고 방어적인 태도를 갖게 할 수 있다. 관건은 피면담자가 불필요하게 방어적인 태도를 취하지 않으면서 면담에 협조하려는 동기를 갖게 하는 것이다. 이를 위해서는 다음과 같은 사항을 주의하는 것이 좋다.

첫째, 면담자가 전문성을 갖추고 있음을 적절히 보여 주는 것이 좋다. 이것은 질문을 명료하게 하고 정확한 정보를 제공하는 것이나, 불필요하게 긴장하지 않는 태도, 자연스러운 면담 전개 등을 통해 달성할 수 있다.

둘째, 적당히 긍정적인 분위기를 유지하는 것이 좋다. 과도하게 웃는 것은 역효과를 내지만 필요한 순간에 적절한 정도로 미소를 짓는 것은 긴장된 분위기를 완화하는 데 도움이 된다. 피면담자로 하여금 지금 진행하고 있는 면담이 중요하고 가치 있는 작업임을 알 수 있도록 돕는 것 또한 좋은 방법이 될 수 있다.

셋째, 면담자와 피면담자가 서로 비슷한 사람이라고 느끼게 하는 것이 좋다. 피면담자의 반응 편향에 대한 연구들을 보면, 피면담자는 면담자가 자신과 비슷한 사람이라고 느낄 때 편안하게 개인적인 이야기를 하는 경향이 있다(Dyer, 2006). 반대로 자신과는 매우 다른 사람이라고 인식할수록 중요한 정보를 은폐한다. '서로 비슷한 사람'이라는 인상을 주기 위해 가장 많이 활용되는 도구는 옷차림과 말투 등이다. 예컨대, 기술직 종사자들을 면담할 때에는 자연스러운 평상복 차림을 하고, 사무실에서 근무하는 사무직 종사자들을 면담할 때에는 정장 차림을 하는 것이 불필요한 방어를 제거하는 데 도움이 될 수 있다.

(2) 피면담자 특성

피면담자의 반응은 피면담자의 성격적 특성에 의해서도 영향을 받는다. 인터뷰 상황에서 특히 중요하게 고려되는 것은 사회적 바람직성이다. 사회적 바람직성(social desirability)은 앞서 소개한 바와 같이 다른 사람들에게 바람직한 사람으로 보이고 싶은 욕구와 그로 인한 행동을 의미한다. 대부분의 사람은 자신이 사회적으로 바람직해 보이기를 원한다. 그에 따라 인터뷰 상황에서도 바람직하지 않다고 예상되는 생각이나 감정 등을 있는 그대로 표현하지 않아 편향된 정보가 수집될 수 있다. 면담자는 피면담자의 이런 욕구 수준을 미리 파악하고, 편향된 반응이 예상되는 주제에 대해서는 피면담자의 솔직한 반응이 연구에 더 유익하다는 사실을 적절히 알릴 수 있다.

또 한 가지 중요하게 고려해야 하는 피면담자 특성은 불안이다. 불안(anxiety)이란 자신에게 위협적인 일이 일어날 것을 예상할 때 경험되는 정서를 말한다. 평소 불안을 경험하는 정도는 사람마다 다르며, 불안을 쉽게 경험하는 사람들은 위협적인 일이 일어나지 않도록 방어하거나 회피하는 행동을 나타내는 경향이 있다. 인터뷰 과정에서도 불안 수준이 높은 사람들은 자신의 정보가 잘못 사용될 가능성을 염려하여 솔직한 응답을 피할 수 있다. 따라서 면담자는 피면담자의 불안 수준을 세심하게 파악하여 지나친 불안을 경험하고 있다면 이를 해소하기 위해 노력해야 한다. 예컨대, 연구의 목적이나 면담의 목적, 정보의 활용 범위 등을 구체적으로 알려 주고, 면담자 스스로도 긴장하지 않고 편안한 상태에서 면담을 진행하려는 노력이 필요하다.

(3) 면담자-피면담자 관계 특성

면담자와 피면담자 각각의 특성뿐만 아니라 면담자와 피면담자의 관계 특성도 피면담자의 반응에 중요한 영향을 미칠 수 있다. 인터뷰 연구에서는 이 특성을 라포르(rapport)라는 개념으로 다루고 있다. 면접 상황에서 라포르란 면담자와 피면담자가 서로를 협력적인 관계로 인식하는 상태라고 볼 수 있다. 라포르가 잘 형성되면 피면담자의 반응 편향이 줄어든다.

일반적으로 면접 상황의 라포르는 다음 3단계로 이해할 수 있다. 1단계는 면담 초기에 해당하는 단계로, 피면담자의 면담자에 대한 신뢰 수준이 그리 높지 않다. 따라서 이 단계에서는 민감한 개인 정보가 거의 공개되지 않으며, 대부분의 사람에게 쉽게 알릴 수 있는 공적인 정보들만을 공개한다.

2단계는 면담자와 피면담자의 신뢰관계가 조금씩 형성되면서 개인 정보들이 조금씩 공개되기 시작하는 단계이다. 2단계로 진행하기 위해서는 공개된 피면담자의 정보에 대한 면담자의 반응이 중요하다. 간단히 말하면, 피면담자가 하는 말을 잘 듣고 이해해서 적절히 돌려주는 작업을 실시해야 한다. 첫 번째 작업은 경청이다. 당연하게 들리겠지만 피면담자의 말을 주의 깊게 잘 들어야 한다. 이때 비언어적인 채널을 통해 잘 듣고 있음을 알리는 것도 좋은 방법이다. 예컨대, 적절한 타이밍에 고개를 끄덕이거나 눈을 맞추는 것, 적당한 감탄사나 표정 등을 이용해서 피면담자의 말을 잘 이해하고 있음을 알리는 것이 좋다. 이러한 경청 방식을 적극적 경청(active listening)이라 부르기도 한다(Hill, 2019). 두 번째 작업은 잘 듣고 이해한 바를 돌려주는 것이다. 이때 많이 사용되는 기술은 재진술과 반영이다. 여기서 재진술(restating content)이란 피면담자가 말한 내용의 사실적 정보를 간단히 요약하거나 다른 말로 바꿔 전달하는 것을 말하며, 반영(reflection)이란 피면담자가 느낀 감정을 파악하여 말로 전달해 주는 것을 의미한다. 재진술과 반영을 적절히 실시하면, 피면담자는 면담자가 자신의 말을 잘 이해하고 있다는 것을 분명하게 알게 되며, 이는 상호 신뢰관계의 강화에 큰 도움이 된다. 여기에 더해 적절한 시점에 간단한 추가 질문을 던지는 것도 마찬가지의 효과가 있으므로 잘 활용하면 도움이 될 것이다.

마지막 3단계는 적절한 수준의 라포르가 형성된 단계를 말한다. 이 단계에서는 피면담자가 정보를 검열하지 않고 편안하게 제시한다. 피면담자의 말을 귀 기울여 듣고 적절히 반응하는 작업을 꾸준히 실시하면 자연스럽게 3단계에 이르게 될 것이다. 이 외에도 적절한 수준의 라포르를 형성하기 위해 초반부터 사용할 수 있는 몇 가지 방법이 있다.

첫째, 솔직하고 개방적인 방식으로 소통한다. 면담자가 모호하거나 방어적인 태도를 보일 경우 피면담자도 의구심을 가지고 경계하는 태도를 취할 수 있다. 따라서 면담자는 연구에 해가 되지 않는 선에서 솔직하고 개방적인 방식으로 소통하는 것이 좋다. 예컨대, 연구에 대한 정보를 가능한 선에서 구체적으로 공개하고, 피면담자가 제공하는 정보들이 어떻게 쓰일지에 대해 알려 주는 것은 좋은 방법이 될 수 있다.

둘째, 피면담자를 존중하는 태도를 보인다. 면담자는 항상 피면담자를 존중해야 한다. 특히 피면담자의 연구 참여와 정보 제공의 가치를 인정하고 감사하는 마음을 갖는 것이 중요하다. 보다 구체적으로 말하면, 피면담자가 참여하고 있는 연구는 의미 있는 연구이며, 연구에 참여하는 피면담자도 의미 있는 연구에 동참하고 있는 중요한 사람이라는 느낌을 받도록 하는 것이 좋다. 피면담자가 제공하는 정보는 모두 소중하게 사용될 것임을 알리고, 연구 참여에 대해 감사의 마음을 표시하는 것도 좋은 방법이다.

셋째, 피면담자의 상황을 이해하여 적절히 반응한다. 면담자는 피면담자의 입장에서 면담 상황을 바라보면서 피면담자가 어떤 생각을 하고 어떻게 느낄지를 예상해 볼 수 있을 것이다. 그 내용을 토대로 피면담자의 불편감이나 불필요한 감정 등을 해소하기 위해 노력할 수 있다. 예컨대, 면담 초기에 "인터뷰를 하려니 조금 긴장되시지요?"라는 말 한마디는 피면담자의 감정에 대한 이해를 전달하여 라포르 형성을 도울 수 있다. 물론 그다지 긴장하지 않는 사람들도 있으므로 피면담자의 표정이나 행동 등을 먼저 세심하게 살핀 뒤 어떻게 반응할지를 결정해야 한다.

3) 과제를 이용한 자료수집

실험을 포함한 다양한 연구설계에서 과제(task), 즉 특정한 방식으로 처리해야 하는 자극을 개발하여 제시한 뒤 피검사자의 반응을 기록하는 도구를 사용한다. 과제를 이용해서 자료를 수집하는 경우에는 일반적으로 특정한 공간에서 검사자(과제를 개발하고 실시하는 주체)와 피검사자(과제를 수행하는 주체)가 만나 상호작용을 하게 된다.* 따라서 연구자는 자료를 수집할 때 검사자와 피검사자 특성, 과제

---

* 최근에는 온라인 과제를 이용해 자료를 수집하는 경우도 늘어나고 있다. 이 경우 검사자의 특성은 개입되지 않지만, 피검사자 특성과 과제 특성, 피검사자가 검사를 수행하는 공간의 특성은 동일하게 고려해야 한다.

특성, 과제 수행 환경 특성 등을 고려해야 한다.

(1) 검사자/실험자 특성

인터뷰와 마찬가지로 과제형 도구는 검사자와 피검사자가 대면하는 상황에서 자료를 수집하는 경우가 많다. 따라서 과제를 이용할 경우에도 검사자의 특성이 피검사자의 반응에 영향을 미칠 가능성이 있다. Rosenthal(2002)은 피검사자의 반응에 영향을 미칠 수 있는 네 가지 실험자 효과(experimenter effects)를 제안하였다.

첫째, 생리사회적 효과(bio-social effects)이다. 생리사회적 효과란 검사자의 생리사회적 특성이 피검사자의 반응에 영향을 주는 것을 의미한다. 대표적인 생리사회적 특성으로는 성별과 나이, 인종 등을 들 수 있다. 이러한 특성들은 피검사자의 특성과 상호작용을 하여 검사 반응에 영향을 미칠 수 있다. 예컨대, 검사자와 피검사자의 성별이나 인종이 서로 동일한 경우와 다른 경우에 따라 피검사자의 반응 양상이 달라질 가능성이 있다.

둘째, 심리사회적 효과(psycho-social effects)이다. 심리사회적 효과란 검사자의 심리사회적 특성이 피검사자의 반응에 영향을 주는 것을 의미한다. 검사자의 성격이나 지각된 유능감, 권위, 태도(따뜻한, 차가운) 등은 대표적인 심리사회적 특성으로 볼 수 있다. 검사자가 권위적인 태도를 보이는 것과 부드럽고 포용적인 태도를 보이는 것은 피검사자의 반응에 다른 영향을 미칠 수 있다. 마찬가지로 따뜻하고 친근한 태도를 보이는지 아니면 냉담하고 건조한 태도를 보이는지에 따라서도 피검사자의 반응이 달라질 수 있다.

셋째, 상황 효과(situational effects)이다. 과제가 진행되는 과정에서 상황적으로 나타나는 검사자 변수가 피검사자의 반응에 영향을 주기도 하는데, 이를 상황 효과라고 부른다. 예컨대, 피검사자의 반응에 대한 검사자의 의식적/무의식적 피드백(feedback)은 피검사자의 반응에 영향을 미칠 수 있다. 피검사자가 주저하는 태도를 보일 때마다 "잘하고 계십니다. 편안하게 다시 한번 시도해 보세요."라고 말하며 격려하는 피드백을 주는 경우와 아무런 피드백 없이 그저 지켜보는 경우, 혹은 "서두르세요. 그렇게 주저하시면 안 됩니다."라고 말하며 재촉하는 피드백을 주는 경우는 서로 다른 피검사자 반응을 촉발할 수 있는 것이다.

넷째, 기대 효과(expectancy effects)이다. 기대 효과란 검사자가 갖는 특정한 기대가 피검사자의 반응에 영향을 주는 것을 의미한다. 예컨대, 개인의 지능과 대인 관계 문제해결 능력의 관계를 연구할 때, 지능이 높은 집단에 속한 참여자에 대해 '이 참여자는 지능이 높으니까 대인관계 문제를 더 빨리 해결할 거야.'라는 기대를 품는 것이 실제 참여자의 반응이나 결과 측정치에 영향을 미칠 수 있다.

연구자는 앞에 제시된 효과들이 피검사자의 반응에 편향을 일으키지는 않는지 주의하면서 자료를 수집해야 한다. 예를 들어, 성별의 생리사회적 효과가 중요한 영향을 미칠 것으로 예상된다면, 성별을 일정하게 통제해 주는 방법을 사용할 수 있다. 또한 심리사회적 효과가 중요할 것으로 판단된다면, 검사자들의 기본적인 태도 등에 대한 지침을 명확히 하여 관련 효과를 제거해 주어야 한다. 마찬가지로 검사자의 피드백에 대한 구체적인 지침을 마련하여 지키도록 하고, 기타 검사자의 상황 변수를 일정하게 고정하면, 상황 효과 또한 최소화할 수 있을 것이다. 기대 효과 등을 제거하기 위해 연구자가 직접 과제를 실시하지 않고 검사자들을 따로 두는 경우도 있는데, 이때에는 검사자들의 특성을 파악하여 그 효과를 통제해 주어야 한다. 또한 과제 실시와 관련된 모든 절차를 충분히 훈련시켜 검사자들 간에 차이가 발생하지 않도록 해야 한다.

(2) 피검사자 특성

피검사자의 반응에 영향을 미칠 수 있는 피검사자 특성은 매우 다양하다. 특정한 과제를 수행하는 데 영향을 미칠 수 있는 특성은 모두 포함된다고 보면 된다. 예컨대, 피검사자의 전반적인 지능과 세부 인지기능 수준, 학습 능력, 기분, 동기 수준, 기대, 과제 수행에 필요한 미세운동 기능, 우세손(dominant hand) 등이 모두 고려될 수 있다. 이러한 특성들을 모두 측정하여 고려하는 것이 좋겠지만, 그러다 보면 비용이 많이 소모될 뿐만 아니라 피검사자의 부담도 가중되기 때문에 과제 수행에 중요한 영향을 미칠 수 있는 특성들을 선별해야 한다. 선별기준은 해당 과제를 사용한 기존 연구들을 참고하여 정하는 것이 일반적이다.

피검사자 특성과 관련하여 주의해야 하는 또 다른 요소는 피검사자가 검사자의 기대에 부응하려는 경향성이다. 이것은 타인의 기대에 부응하려는 경향성이 검사 상황에서 드러난 것이라 볼 수 있다. 이러한 경향성이 반응에 미치는 영향을 줄이기 위해서는 검사자가 특별한 의도를 갖지 않도록 연구자와 검사자를 분리하고,

과제의 목적이나 피검사자의 소속 집단 등에 대한 정보를 알려 주지 않는 등의 방법을 사용할 수 있다.

(3) 과제 특성

과제 자체의 특성 또한 피검사자의 수행에 영향을 미칠 수 있다. 예컨대, 과제 자체의 난이도나 과제 수행에 할당된 시간은 피검사자의 수행 수준에 영향을 미친다. 동일한 구성개념을 측정하기 위해 개발된 도구일지라도 과제의 난이도가 상이하다면 수행 수준이 달라질 수 있다. 이러한 차이는 사실 구성개념 수준의 차이보다는 난이도의 차이 때문에 나타난 현상이므로 과제 수행의 결과 해석에 혼동을 초래할 수 있다. 과제 수행에 할당된 시간 또한 그 정도에 따라 수행에 대한 심리적 압박감이 달라지기 때문에 수행결과에 영향을 미칠 수 있다.

이 외에도 과제 수행 방법에 대해 안내하는 지시문의 길이와 명확성, 가독성도 수행에 영향을 미칠 수 있으며, 여러 개의 과제를 실시할 경우에는 각 과제 수행으로 인한 피로도 또한 이후 과제 수행에 영향을 미칠 수 있다. 이처럼 과제 자체로 인한 다양한 특성이 수행에 영향을 미칠 수 있으므로 과제를 사용하는 연구자들은 이러한 특성들에 각별히 주의해야 한다.

(4) 실험실 특성

과제에 대한 피검사자의 반응은 실험실 특성에 의해서도 영향을 받을 수 있다. 예컨대, 실험실의 폭이나 높이 등의 물리적 특성이나 실험실의 조도, 온도, 소음 수준은 중요하게 고려되어야 한다. 특히 섬세한 인지과제를 사용하여 실험을 진행하는 경우 이러한 세부적인 요소들이 수행의 미세한 차이를 초래할 수 있으므로 특별히 주의를 기울여 통제해야 한다. 일반적으로는 외부로부터의 빛과 소음을 차단하고 일정 수준의 온도와 조도를 유지하도록 실험실을 구성하며, 관련 내용을 논문에 구체적으로 보고한다.

요약

- 자료를 수집할 때에는 우선 표본의 크기를 결정하고 적절한 방법을 이용해 표집을 실시한다.

- 표본의 크기를 정할 때에는 통계분석모형의 종류와 효과크기, 검증력, 유의수준 등을 고려한다.

- 표집은 확률표집과 비확률표집으로 구분되며, 대표적인 확률표집으로는 단순무작위표집과 계통적 표집, 층화표집, 군집표집을 들 수 있다.

- 자료를 수집할 때에는 다양한 도구들을 사용할 수 있다. 연구자는 각 도구의 유형에 따라 측정결과에 영향을 미칠 수 있는 요인들을 확인한 뒤 적절한 방법으로 통제해야 한다.

- 질문지를 이용하여 자료를 수집할 경우에는 수집 방식(온라인 혹은 오프라인)에 따른 차이점과 주의사항을 고려해야 한다.

- 인터뷰를 이용하여 자료를 수집할 경우에는 면담자의 특성과 피면담자의 특성, 면담자–피면담자의 관계 특성에 주의해야 한다.

- 과제를 이용한 자료수집의 경우에도 검사자와 피검사자의 특성을 고려해야 하며, 여기에 더해 과제 특성과 실험실 특성 또한 고려해야 한다.

연습문제

1. 다음 중 값이 커질수록 검증력이 높아지는 것을 모두 고르시오.

   ① 유의수준
   ② 효과크기
   ③ 종속변수의 분산

2. 단순무작위표집의 한계를 제시하고, 그 대안으로 사용할 수 있는 확률적 표집방법을 제시하시오.

3. 군집표집의 한계에 대해 설명하시오.

4. 인터뷰를 이용한 자료수집에서 면담자–피면담자 신뢰관계를 높이기 위해 사용할 수 있는 방법을 제시하시오.

5. A는 시공간 구성능력을 측정하는 과제를 이용해 연구를 진행하고 있다. A가 주의해야 하는 실험자 효과를 제시하시오.

제8장 자료분석

CHAPTER

1. 자료의 사전처리

자료들이 수집되었다면 다음으로 분석을 진행한다. 양적 자료를 이용하는 과학적 연구에서 자료분석이란 가설검증을 위해 수집된 자료를 통계기법을 이용해 분석하는 것을 말한다. 하지만 가설검증을 위한 통계분석에 앞서 원자료(original data) 자체에 담긴 오류를 제거하는 작업을 반드시 실시해야 한다. 이렇게 본격적인 통계분석에 앞서 자료를 검토하고 수정하는 작업을 사전처리라 부르기도 한다. 자료의 사전처리에서 가장 중요한 두 가지 작업은 심각한 오류를 담고 있는 자료를 수정하거나 배제하는 작업과 결측치를 처리하는 것이다.

1) 심각한 오류를 담고 있는 자료의 처리

좋은 측정도구를 이용해 엄격하게 수집한 자료일지라도 예상하지 못한 오류가 담겨 있을 수 있다. 따라서 연구자는 측정도구를 이용해 수집한 원자료를 전체적으로 다시 검토하고, 심각한 오류를 담고 있는 자료를 적절히 처리해야 한다. 우선 오류를 담고 있는 자료의 대표적인 유형들을 몇 가지 살펴보겠다.

심각한 오류를 담고 있는 자료의 첫 번째 예는 참여자가 의도적으로 응답을 왜곡한 경우이다. 드물지만 특정한 이유(예: 연구에 대한 반감, 연구자에 대한 반감 등) 때문에 참여자가 의도적으로 응답을 왜곡할 수 있다. 이런 경우 전체적인 응답 패턴이 다른 참여자들과는 현저하게 다른 양상을 나타낼 가능성이 높다.

좀 더 흔한 두 번째 예는 참여자가 무성의하게 응답하는 경우이다. 대부분의 연구 참여자는 성실하게 자료수집에 응한다. 하지만 일부 참여자들은 특별한 의도를 가지고, 혹은 다른 이유 때문에 불성실하게 응답하기도 한다. 예컨대, 현재 수강하고 있는 수업에서 연구 참여를 필수 조건으로 정하고 있는 경우, 연구 자체에는 별다른 흥미와 동기가 없지만 원하는 성적을 얻기 위해 부득이하게 참여하는 학생들이 있을 수 있다. 이러한 학생들은 참여했다는 기록만 남으면 된다는 생각으로 실제 자료수집 과정에서는 불성실하게 응답할 수 있다. 물론 연구 참여를 대체할 수 있는 활동들(예: 연구 참여와 동일한 시간과 노력을 들여야 하는 보고서)을 설정할 수 있겠지만, 그러한 활동조차 하고 싶지 않은 경우, 연구에는 참여하되 불성실하게 응답하는 식으로 반응하기도 하는 것이다. 혹은 성실하게 응답하고자 노력했지만 중간에 특별한 사정이 생겨 참여를 빨리 끝내고자 불성실하게 응답하는 참여자도 있을 수 있다. 이렇게 연구자가 많은 노력을 기울여도 막기 어려운 불성실 응답이 발생할 수 있는데, 이러한 불성실 응답은 보통 무작위 패턴을 보이거나 문항내용과 관련 없는 일정한 패턴을 보이는 경우가 많다.

세 번째 예는 연구자가 참여자의 응답을 처리하는 과정에서 실수를 했거나, 혹은 기계적인 처리 과정에서 오류가 발생한 경우이다. 대부분의 자료수집에는 사람이 관여한다. 오프라인 수집을 이용하는 질문지는 응답자의 반응내용을 사람이 직접 컴퓨터에 입력해야 하며, 인터뷰를 사용한 경우에는 면접자가 결과를 수량화해서 입력해야 한다. 지능검사와 같이 과제를 이용하는 경우에는 검사자가 피검사자의 반응을 특정한 기준에 따라 점수화해서 분석 가능한 형태로 입력해야 한다. 이처럼 연구 참여자의 반응을 수량화하여 입력하는 과정에서 예상치 못한 문제가 발생할 수 있다. 키보드의 버튼을 잘못 누르거나 계산 과정에서 실수를 하는 등의 문제가 일어날 수 있는 것이다. 이런 경우에도 첫 번째 예와 마찬가지로 전체적인 응답 패턴에서 크게 벗어나는 독특한 양상을 나타낼 가능성이 높다.

제시된 세 가지 예와 같이 심각한 오류를 담고 있는 자료들은 사전에 처리하지 않으면 분석결과에 심각한 영향을 미칠 수 있다. 예컨대, 응답 범위가 0에서 4인 어떤 문항의 응답을 99로 잘못 입력했다면, 이 하나의 값이 전체 분석결과를 바꿔놓을 수도 있다. 따라서 연구자는 자료가 수집되면 반드시 분석 전에 자료의 상태를 면밀하게 살펴야 한다. 일반적으로 무성의 응답이나 심각한 왜곡 응답은 분석 자료에서 배제하고, 응답 처리를 실수한 경우에는 수정한다.

오류를 담고 있는 자료는 매우 다양한 방법으로 확인할 수 있다. 가장 많이 사용되는 방법은 응답 패턴을 직접 눈으로 살펴보는 것과 빈도분석표(frequency table)를 살펴보는 것, 그리고 산포도(scatter plot)를 그려 보는 것이다.

전체 자료를 눈으로 살피는 것은 기초적이면서도 매우 중요한 작업이다. 연구를 계획한 주체는 각 측정도구의 점수 범위나 패턴, 다른 측정도구들과의 관계성에 대한 지식을 가지고 있기 때문에 비정상적인 패턴을 다른 누구보다 잘 발견할수 있다. 따라서 연구자는 수집된 자료를 전반적으로 훑어보면서 특이한 패턴이 있는지를 확인하는 것이 좋다. [그림 8-1]에는 불성실 응답의 몇 가지 예들이 제시되어 있다. 그림을 보면, 첫 번째 응답자는 모든 문항에 동일한 응답을 하고 있다. 물론 각 문항의 내용이 유사하다면 동일한 응답을 할 수도 있을 것이다. 하지만 다른 문항들과 반대의 내용을 담고 있는 문항에도 동일한 방식으로 응답했다면, 오류가 담긴 불성실 응답으로 간주할 수 있다. 두 번째와 세 번째 응답자는 일정한 패턴을 그리면서 각 문항에 응답하고 있다. 이러한 응답 패턴도 오류가 담긴 불성실 응답일 가능성이 높으므로 주의해야 한다.

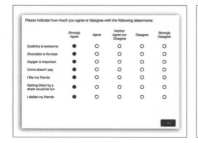

[그림 8-1] 불성실 응답의 예시

각 변수들의 빈도분석표를 출력하여 데이터의 범위나 빈도를 확인하면 수월하게 이상치(outlier)의 유무를 확인할 수 있다. 특히 질문지 연구와 같이 대량의 자료를 수집하여 분석하는 경우에는 모든 자료를 직접 살펴보는 것이 불가능할 수 있는데, 이런 경우에는 반드시 각 변수의 빈도분석표를 출력하여 검토해 보는 것이 좋다. 〈표 8-1〉에는 빈도분석표의 예가 제시되어 있다. 표를 보면 11번 문항에서 수집될 수 있는 값들과 각 값들의 빈도가 표기되어 있음을 알 수 있다. 이 문항이 7점 척도라고 한다면, 마지막에 제시된 −7은 잘못 입력된 값일 가능성이 매우 높다. 이 경우 해당 사례를 찾아내어 응답이 제대로 입력되었는지를 확인해야 한다.

〈표 8-1〉 빈도분석표 예시

문항 11 점수	빈도
7	20
6	26
5	60
4	55
3	30
2	20
1	15
−7	1

산포도는 두 변수 간의 관계를 분석하는 연구에서 활용할 수 있는 방법이다. 특히 변수들 간의 상관관계를 분석하는 경우에는 반드시 산포도를 그려 보아야 한다. 한두 개의 이상치로 인해 결과가 크게 달라질 수 있기 때문이다. [그림 8-2]에는 이상치를 포함한 자료의 산포도 예가 제시되어 있다. 그림을 보면 대부분의 자료에서 X값이 증가함에 따라 Y값도 완만하게 상승한다는 것을 알 수 있다. 그런데 380부근의 X값을 갖는 다른 자료들과 달리 13정도의 매우 높은 Y값을 갖는 하나의 자료가 산포도에서 확인되고 있다. 물론 이러한 자료가 실제를 반영할 가능성도 있지만, 일반적으로 전체 패턴에서 크게 벗어나는 자료는 이상치일 가능성을 고려해야 한다. 이 경우도 마찬가지로 해당 사례를 다시 검토하여 입력 오류나 무작위 반응 등의 문제가 있는 것은 아닌지 확인할 필요가 있다.

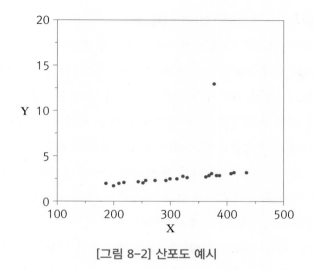

[그림 8-2] 산포도 예시

2) 결측치의 처리

자료를 수집해 보면 결측치(missing data)가 의외로 많다는 것을 확인하게 될 것이다. 결측치란 참여자가 응답을 하지 않아 아무런 자료 없이 비어 있는 경우를 말한다(Little & Rubin, 2019). 결측치는 응답자의 반응 거부나 실수, 탈락 등으로 인해 발생하며, 이러한 사건들은 무작위로 일어나거나 체계적으로 일어날 수 있다(Graham, 2009). 어떤 이유에서든 결측치가 발생하면 연구자는 해당 자료를 적절히 처리해야 한다. 결측치를 처리하는 일반적인 방법은 결측치가 포함된 사례를 분석에서 제외하거나, 결측치에 특정 수치를 입력하는 것이다.

첫 번째 방법은 다시 두 가지 방법으로 구분된다. 하나는 어떤 변수이든 간에 결측치가 있는 사례는 모두 제거하는 방법이다(listwise deletion). 예컨대, 100명을 대상으로 40개의 변수 데이터를 모았는데, 이 중 1명의 20번 변수 자료가 비어 있고, 다른 1명의 10번 변수 자료가 비어 있다면, 해당 참여자들의 데이터를 모두 삭제하는 것이다. 결과적으로 100명 중 98명의 자료만 분석에 사용하게 된다. 다른 하나는 분석에 사용되는 변수에서 결측이 나타난 사례만 제거하는 방법이다(pairwise deletion). 예컨대, 두 변수의 상관분석을 실시하고자 할 때 해당 변수들에서 결측치가 나타난 사례만 제거하고 분석을 진행하는 것이다. 이 경우 다른 변수에서 결측치가 생겼더라도 그 사례를 미리 제거하지는 않는다. 이 때문에 첫 번째 방법보다는 사례를 적게 제거하게 된다.

이렇게 결측치가 발생한 사례를 제거하고 분석을 진행하는 것은 가장 빈번하게 사용되는 방법이지만(Peugh & Enders, 2004), 경우에 따라서는 중요한 정보의 손실을 초래할 수 있다. 특히 결측치가 여러 사례에서 나타나 전체 자료의 상당 부분을 차지한다면, 사례를 제거할 경우 편향된 결과를 가져올 수 있다. 또한 결측치가 특정한 이유(예: 참여자 응답 거부)에 의해 체계적으로 발생한 것이라면, 관련 특성을 공유하는 참여자들이 일관되게 제거되므로 중요한 편향을 초래하게 된다. 따라서 결측치 사례를 제거하는 방법은 결측치가 적고 체계적이지 않아 전체 자료분석에 큰 영향을 미치지 않을 때 사용한다.

두 번째 방법인 특정 수치를 입력하는 것은 결측치가 너무 많거나 사례 수가 적은 편이어서 사례를 제거하는 것이 정보의 큰 손실을 초래할 때 사용한다. 예컨대, 여러 차례에 걸쳐 자료를 반복적으로 수집하는 종단연구(longitudinal study)는 일반적으로 결측치가 많이 발생하기 때문에 사례를 제거하는 방법을 사용할 경우 상당한 양의 데이터가 손실된다. 이때 결측치에 특정 수치를 입력하는 방법을 사용할 수 있다.

이 방법을 사용할 때에는 어떤 수치를 입력하는지가 관건이 된다. 이에 대해서는 많은 연구가 진행되었으며, 매우 다양한 방법이 사용되고 있다(Graham, 2009). 일반적으로 고려되는 방법들로는 변수 범위 내에서의 무작위 수치를 입력하는 것과 해당 변수 평균 등의 중심경향치를 입력하는 것, 회귀식 등의 통계모형을 이용한 예측치를 입력하는 것을 들 수 있다.

첫째, 해당 변숫값의 가능한 범위 내에서 무작위로 수치를 선정하여 입력하는 방식이다. 이 방법은 사용하기 수월한 장점이 있지만 응답자의 실제 상태를 반영할 가능성은 높지 않기 때문에 해당 개념의 측정 정확도에 부정적인 영향을 미칠 수 있다. 예컨대, 우울을 묻는 10개의 문항들(0~5점) 중 대부분의 문항에서 높은 점수를 체크한 어떤 참여자가 한 문항의 의미가 불분명하여 응답을 거부했다면, 연구자는 해당 문항점수에 무작위 점수를 할당하게 된다. 그런데 이때 우연하게도 0점이 입력되었다면 응답자의 우울특성이 실제보다 낮게 측정되는 문제가 발생한다.

둘째, 해당 변수 평균 등의 중심경향치를 입력하는 방법이다. 달리 말하면 해당 변수에 대한 여러 다른 참여자의 응답을 잘 대표하는 값을 입력하는 것이다. 이 방법은 결측치가 발생한 응답자가 전체 응답자의 '중심'에 위치할 때에는 훌륭한 방법이 되지만, 응답자가 중심에서 멀리 떨어져 있는 사람일 경우에는 적절한 방법이 되기 어렵다.

셋째, 누락된 변수를 준거변수로 하는 회귀식(regression equation) 등의 통계모형을 이용해 산출한 값을 입력하는 방법이다. 회귀식에 포함될 예측변수로는 이미 수집된 변수들을 이용한다. 가능하면 준거변수를 잘 설명하는 방향으로 예측변수들을 선별하여 식을 구성하는 것이 일반적이다.

결측치를 처리하는 방법은 자료분석에 영향을 미칠 수 있기 때문에 신중하게 결정해야 하며, 사용한 방법을 논문에 구체적으로 보고해야 한다. 필요할 경우 특정한 방법을 선정한 이유에 대해서도 상세히 기술한다.

2. 주요 통계분석모형의 선택 및 분석

자료의 사전처리를 모두 마쳤다면 자료의 특성과 연구가설을 고려하여 가장 적절한 분석모형을 선정한다. 통계분석모형은 매우 다양하며 현재도 많은 모형이 개발되고 있다. 이렇게 다양한 모형 중 연구자가 수집한 자료를 분석하기에 적합한 모형을 선정하는 것이 분석 단계에서 수행할 중요한 작업 중 하나이다. 통계분석모형을 선정할 때에는 여러 가지 사항을 고려해야 하지만, 특히 중요한 몇 가지 질문을 선별해 보면 다음과 같다.

- 종속변수는 몇 개인가? (1개 혹은 2개 이상)
- 종속변수의 분포는 어떠한가? (정규분포 혹은 비정규분포)
- 변수는 어떤 유형인가? (연속형 혹은 범주형)

통계분석모형은 종속변수가 몇 개인지의 여부에 따라 단변량분석과 다변량분석으로 구분되기도 한다. 단변량분석(univariate analysis)은 단일변수만 분석하거나 독립변수/예측변수가 있더라도 종속변수/준거변수가 하나인 분석모형으로, t 검증이나 분산분석, 회귀분석 등이 여기에 해당한다. 다변량분석(multivariate analysis)은 종속변수가 2개 이상인 분석모형으로 다변량분산분석과 요인분석, 구조방정식 등이 여기에 해당한다. 연구자는 연구가설에 포함된 종속변수의 수가 몇 개인지를 확인하여 단변량분석과 다변량분석 모형들 중에 한 가지 이상을 선택한다. 예를 들어, 연구자가 개발한 수학 관련 학습 프로그램이 실제 수학 성적에 미치는 영향을 분석하고자 한다면, 종속변수는 수학 성적 하나이기 때문에 단변량분석모형들 중에 하나를 선정하여 분석을 진행하면 된다. 반면, 연구자가 개발한 학습 프로그램이 수학뿐만 아니라 국어와 영어 성적도 높일 것으로 예상한다면, 종속변수가 2개 이상이기 때문에 다변량분석모형들 중 하나를 분석에 이용할 수 있을 것이다.

분석모형을 결정할 때에는 종속변수가 어떤 분포를 따르는지도 중요하게 고려해야 한다. 상당히 많은 수의 통계모형이 종속변수의 정규성(normality)을 가정한다. 즉, 종속변수가 정규분포를 따르는 것으로 가정하는 것이다. 이렇게 종속변수의 분포가 정규분포를 따르는 경우에 한해 사용할 수 있는 통계모형을 모수 통계(parametric statistics)모형이라 부른다. 연구 초심자들이 빈번하게 사용하는 t 검증과 분산분석, 회귀분석 등은 모두 모수 통계모형에 속한다.

반면, 종속변수의 분포가 정규분포를 따르지 않는 경우에도 사용할 수 있는 통계모형들이 있는데, 이러한 모형들을 비모수 통계(nonparametric statistics)모형이라 부른다. 여기에 속하는 모형들은 특별히 종속변수의 분포를 가정하지 않기 때문에 분포에 상관없이 사용할 수 있다. 하지만 모수 통계모형에 비해 개발된 모형의 수가 적은 편이며, 모수 통계모형과는 다른 고유한 분석논리와 절차를 따르기 때문에 접근성 측면에서 제약이 있을 수 있다.

종속변수가 정규분포를 따르지 않는 대표적인 예로는 자살사고(suicidal ideation)와 같은 심각한 수준의 심리장애 증상들을 들 수 있다. 정상인을 대상으로 자살사고 경향성을 측정하여 분포를 산출하면 [그림 8-3]과 같이 오른쪽으로 치우친 분포를 갖게 되는 경우가 많다. 정상인들의 경우 자살사고를 거의 경험하지 않기 때문에 낮은 점수대에 응답이 몰리는 것이다. 이렇게 종속변수가 정규분포가 아닌 다른 분포를 띠는 경우 일차적으로는 점수변환을 시도하고, 그래도 정규성 가정을 만족하지 못할 경우에는 비모수 통계모형을 이용해 분석을 진행하는

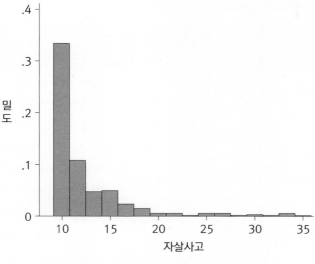

[그림 8-3] 자살사고의 분포 예시

것이 일반적이다.

　통계분석모형을 결정할 때 고려해야 하는 마지막 자료 특성은 변수의 유형이
다. 특히 변수가 연속형(continuous)인지 아니면 범주형(nominal)인지를 구분해야
한다. 독립변수 혹은 종속변수가 연속형인지 아니면 범주형인지에 따라 사용할
수 있는 통계모형이 달라지기 때문이다. 〈표 8-2〉에는 변수의 유형에 따라 사용
할 수 있는 통계모형과 그 예가 제시되어 있다. 각 모형에 대한 자세한 설명은 제
12장을 참고하기 바란다.

　연구자는 제시된 자료의 특성과 연구가설을 고려하여 적절한 통계모형을 하나
이상 선정한 뒤 분석을 진행한다. 자료의 사전처리가 잘 마무리되었다면, 이후 분
석은 정해진 절차에 따라 큰 문제없이 진행될 것이다. 하지만 분석결과가 예상과
많이 다를 경우 그 원인을 탐색하기 위해 여러 차례 사전처리와 본 분석을 반복해
야 할 수도 있다. 경우에 따라서는 연구자 스스로 문제를 해결하기 어려운 상황을
맞게 될 수도 있다. 이럴 때에는 해당 통계분석의 전문가에게 자문을 구하는 것도
좋은 방법이다. 자문을 구하는 방법은 매우 다양하다. 인터넷상에서 운영되고 있
는 통계분석 관련 사이트나 연구자 모임에 질문을 올려서 다른 동료 연구자들에
게 도움을 구할 수도 있고, 소속된 기관 내에서 운영 중인 통계 관련 자문부서의

〈표 8-2〉 다양한 통계분석모형

구분	종속변수/준거변수		독립변수/예측변수		다루는 문제의 예시
	유형	개수	유형	개수(수준)	
t 검증	연속형	1개	범주형	1개 (2개 수준)	지능 수준은 성별(남, 여)에 따라서로 다른가?
단변량 분산분석	연속형	1개	범주형	1개 이상 (3개 수준 이상)	지능 수준은 거주 지역(서울, 부산, 대전, 대구)에 따라 서로 다른가?
회귀분석	연속형	1개	연속형	1개 이상	학습 시간과 지능 수준은 국어 성적의 변화와 관련 있는가?
다변량 분산분석	연속형	2개 이상	범주형	1개 이상	지능 수준과 수학 능력은 거주 지역에 따라 서로 다른가?
상관분석	연속형	2개			지능 수준과 수학 성적은 서로 관련 있는가?
요인분석	연속형	2개 이상	연속형	1개 이상	구성한 10개의 문항(관측변수)은 지능(잠재변수)을 반영하는가?
구조 방정식	연속형	2개 이상	연속형	2개 이상	남자 집단의 지능 수준과 수학 성적의 관계 강도는 여자 집단과 동일한가?

도움을 받을 수도 있으며, 유료로 운영되고 있는 관련 업체에 의뢰할 수도 있다. 주의해야 할 점은 관련 전문가로부터 도움을 받을 경우에도 기본적인 분석은 연구자 스스로 진행하고 그 결과를 해석할 수 있어야 한다는 점이다. 전문가들의 도움을 받는 영역은 연구자가 찾기 어려운 오류나 실수, 분석기법상의 특수성 등으로 보는 것이 적절하다.

요약

- 자료를 수집한 뒤에는 반드시 사전처리를 실시해야 한다.

- 응답자의 의도적인 왜곡이나 불성실한 응답. 응답 처리 과정에서의 오류 등으로 인해 심각한 오류를 담고 있는 자료들은 분석 전에 제거하거나 수정해야 한다.

- 눈으로 직접 검토하거나 빈도분석표. 산포도 등을 이용해서 심각한 오류를 담고 있는 자료들을 확인할 수 있다.

- 결측치가 있는 자료는 그 수가 적고 체계적이지 않을 때 제거할 수 있다.

- 결측치가 과도하게 많은 경우에는 적절한 기법을 이용해 특정 값을 채워 넣을 수 있다.

- 통계분석모형을 선택할 때에는 자료의 특성. 특히 종속변수의 수와 분포, 분석에 포함되는 변수들의 유형을 고려해야 한다.

연습문제

1. 결측치를 처리하는 대표적인 방법 중 하나는 결측치 사례를 제거하는 것이다. 결측치 사례를 제거하는 방법 두 가지를 설명하시오.

2. 종단연구에서는 중도 탈락이 빈번하게 일어나기 때문에 결측치가 많이 발생한다. 이 경우에는 결측치 제거법을 쓰면 자료의 손실이 너무 커지게 된다. 이때 사용할 수 있는 방법들을 제시하시오.

3. 수집된 자료 중 일부는 심각한 오류를 담고 있을 수 있다. 분석결과에 심각한 영향을 미칠 수 있는 오류의 원천들을 제시하시오.

4. A는 다른 사람들에게 짐이 되는 느낌(연속형 척도)과 좌절된 소속감(연속형 척도)이 우울 수준(연속형 척도)을 통제한 뒤에도 자살사고 수준(연속형 척도)을 예측하는지 확인하고 싶다. A가 사용하기에 적절한 통계모형을 제시하시오.

5. B는 주의력을 향상시키는 새로운 프로그램을 개발하였다. 이 프로그램의 효과를 검증하기 위해 기존의 주의력 개선 프로그램을 사용하는 집단과 무처치집단을 통제집단으로 설정하였다. B가 사용하기에 적절한 통계모형을 제시하시오.

제9장 논문작성 및 투고

1. 논문작성의 목적

연구가 모두 종료되면 논문을 작성한다. 논문은 연구자가 진행한 연구를 전체적으로 정리한 글이다. 여기에는 어떤 이유 때문에 연구를 계획하였고 어떻게 진행했는지, 그리고 연구의 결과는 어땠는지 등의 내용이 담긴다. 논문을 작성하는 이유는 다양하겠지만 필자는 다음 두 가지를 중요하게 여긴다.

첫째, 논문을 작성하면 전반적으로 연구를 다시 정리하면서 미처 알아차리지 못한 오류나 한계 등을 파악할 수 있다. 연구자들은 오류를 줄이기 위해 최선을 다하지만, 많은 경우 크고 작은 실수를 하게 된다. 연구를 진행할 당시에는 이러한 실수들이 잘 발견되지 않을 수 있다. 하지만 엄격하게 논문을 작성하다 보면 미처 파악하지 못한 오류들을 발견하게 된다. 연구를 완료한 시점에 오류들을 발견하는 것이 무슨 의미가 있을까 싶겠지만, 사실 이 작업은 매우 중요하다. 연구자의 목적은 진실을 발견하고 이해하는 것이지 다른 사람들의 비판을 받지 않으면서 무사히 연구를 마치는 것이 아니다. 연구에 오류가 남아 있다면 반드시 확인해야 하며, 그 오류가 연구결과의 해석에 어떤 영향을 미치는지 알아야 한다. 논문작성을 통해 오류를 발견하고 적절히 대응하는 과정에서 연구자의 역량이 강화될 수도 있다. 대부분의 연구자는 연구 활동을 시작하면 은퇴할 때까지 다양한 연구를 계획하고 진행한다. 논문을 작성하는 작업은 일종의 복기(復棋)이며, 다음 연구의 중요한 밑거름이 될 수 있다.

둘째, 연구를 통해 발견된 지식을 다른 연구자들이나 일반 독자들과 공유하는 것이다. 과학적 연구는 무수히 많은 연구자의 공동작업이며, 이들 간의 지식공유는 논문을 통해 이루어진다. 따라서 논문을 작성하는 것은 지식체계의 성장을 위해 반드시 필요한 작업이라고 볼 수 있다. 논문을 작성하여 다른 연구자들과 공유하게 되면 추가적으로 얻을 수 있는 유익이 있다. 바로 동료 연구자들의 피드백이다. 학계에서 인정하는 학술지에 논문을 게재하기 위해서는 동료 연구자들의 심사 혹은 검토를 받는데, 이 과정에서 연구에 대한 구체적인 피드백을 받을 수 있다. 연구자는 이들의 피드백을 이용해 연구의 질을 한층 높일 수 있으며, 연구자로서의 역량도 강화할 수 있다. 학술지에 투고된 이후에는 독자들의 공식적/비공식적 피드백을 얻을 수 있으며, 이 또한 연구 공부에 많은 도움이 된다.

2. 기본 주의사항

과학적 논문은 연구와 관련된 정보 교환을 목적으로 하는 글이며, 정보를 효율적으로 전달하기 위해 일정한 구조와 형식을 따른다. 연구자는 이러한 규칙을 잘 파악하여 논문을 작성해야 한다. 논문을 작성할 때 기본적으로 주의해야 하는 사항은 다음과 같다.

첫째, 기본적인 논문작성지침을 따라야 한다. 국외 심리학 연구는 대부분 미국심리학회에서 제시하는 논문작성지침을 따른다. 여기에는 글자의 크기나 각 내용의 배치 방법, 통계자료 제시 방법 등 다양한 규칙이 구체적으로 제시되어 있다 (American Psychological Association, 1983). 미국심리학회 논문작성지침은 심리학뿐만 아니라 다른 학문 분야에서도 채택하는 경우가 많기 때문에 다양한 서적과 인터넷 웹사이트들이 관련 정보들을 사용하기 편하도록 재구성하여 제시하기도 한다. 국내의 경우에는 한국심리학회에서 제안하는 논문작성지침이 있으니 이를 참고하면 된다(한국심리학회, 2012). 특히 다른 연구를 인용하는 방법이나 참고문헌 작성법, 표와 그림 작성법 등은 반드시 확인하기 바란다.

각 국가마다 심리학 연구에 활용하는 기본적인 논문작성지침이 있지만 모든 학술지에서 이 지침을 그대로 따르는 것은 아니다. 각 학술지마다 개별적인 지침을 마련하고 있는 경우가 많으며, 이 지침을 따르지 않으면 해당 학술지에 논문을 투고할 수 없다. 따라서 연구자는 자신이 투고하려는 학술지의 논문작성지침을 확인한 뒤 해당 지침에 따라 논문을 작성해야 한다. 각 학술지의 논문작성지침은 웹사이트 등에 공개되어 있는 경우가 많으므로 어렵지 않게 찾을 수 있을 것이다.

둘째, 필요한 정보만 제시하고 불필요한 정보는 제시하지 않는다. 여기서 필요한 정보란 연구의 목적을 이해하는 데 필요한 정보와 연구방법의 타당도를 점검하고 동일한 연구를 다시 수행하는 데 필요한 정보, 연구결과를 이해하고 다른 연구들과의 연관성을 파악하는 데 필요한 정보 등을 의미한다. 논문의 각 부분에 반드시 포함해야 할 정보와 그렇지 않은 정보에 대해서는 이후에 보다 자세히 다룰 것이다.

셋째, 다른 논문을 통해 알게 된 내용들을 기술할 때에는 반드시 정확한 출처를 제시해야 한다. 학술지에 실린 논문을 한 번이라도 읽어 본 독자라면 적절한 인용이 얼마나 중요한지 잘 알 것이다. 논문에서 참고문헌이 달리지 않은 문장은 연구자 자신이 고유하게 주장하는 내용이거나 부연 설명하는 내용뿐이다. 그 외에 다른 연구에서 인용한 문장들은 모두 참고문헌이 달려 있어야 한다. 다음에는 앞서 측정도구 개발 연구의 예로 소개되었던 서장원과 권석만(2014)의 연구논문 첫 단락이 제시되어 있다.

> 고통 감내력(distress tolerance)은 고통스러운 내적 경험을 견뎌 내는 능력을 말한다(Brown, Lejuez, Kahler, Strong, & Zvolensky, 2005; Simons & Gaher, 2005). 여기서 고통스러운 내적 경험이란 유기체가 불쾌하게 여기는 모든 경험을 의미하며, 대표적인 예로 부정적 감정 경험/정서적 고통(emotional distress)과 신체적 고통(physical distress)을 들 수 있다(Leyro, Zvolensky, & Bernstein, 2010). 이러한 고통스러운 경험이 일어날 때 그 경험에 머물며 견뎌 내는 것이 '감내하다(tolerate)'의 의미이다(Simons & Gaher, 2005). 행동주의적 관점에서 좀 더 명확하게 정의하면, 고통 감내력은 불쾌하고 고통스러운 경험을 할 때 그 경험을 회피하지 않는 능력을 의미한다(Trafton & Gifford, 2011).

제시된 바와 같이 연구자가 고유하게 주장하는 내용이 아닌 경우에는 거의 모든 문장에 참고문헌이 달려 있어야 한다. 이것은 기존 연구에서 이미 밝혀진 내용과 현재 연구에서 새롭게 확인된 내용, 혹은 연구자가 새롭게 주장하는 내용을 구분하기 위한 장치라고도 볼 수 있다. 연구가 기존 지식체계에 기여하는 정도를 명확하게 파악하기 위한 장치인 만큼 매우 엄격하게 지켜야 하는 기준이다.

넷째, 독자가 이해하기 쉬운 방식으로 작성한다. 논문도 정보를 전달하기 위한 수단이며, 정보를 받아들이는 사람은 독자이다. 따라서 연구자는 독자가 논문의 내용을 쉽게 이해할 수 있도록 노력해야 한다. 특히 내용의 논리적인 전개나 생소한 개념에 대한 구체적인 설명, 적절한 예시의 활용, 그림이나 도식, 표의 사용 등을 적극적으로 고려하는 것이 좋다. 이 외에도 문장을 간결하게 구성하거나, 좀 더 명확한 용어를 사용하는 등의 노력을 기울이는 것도 좋은 전략이라고 볼 수 있다.

3. 도입부 작성법

1) 전반적인 구성

논문의 도입부를 구성하는 방법은 매우 다양하다. 사실 정답이 있다고 보기는 어려우며, 학문 분야의 특성이나 연구의 특성, 연구자의 성향에 맞게 구성할 수 있다. 여기에서는 일반적으로 많이 사용되는 구성방법을 제시하고자 한다. 다시 말하지만 다음에 제시된 내용과 순서는 하나의 예이며, 필요에 따라 수정하거나 보완할 수 있다.

① 연구주제를 간단히 소개하고 연구주제의 중요성을 뒷받침하는 정보를 제시한다.
② 연구주제에 대한 문헌검토 결과를 소개한다.
③ 문헌검토 결과를 토대로 연구문제를 제시한다.
④ 연구문제와 관련된 추가적인 문헌검토를 토대로 연구가설을 제시한다.
⑤ 연구가설을 검증하기 위한 연구방법을 소개하면서 연구목적을 구체화한다.

2) 연구주제 소개

연구주제를 제시할 때에는 해당 주제가 얼마나 잘 알려져 있는지를 고려해야 한다. 만일 다루려는 주제가 널리 알려진 주제가 아니라면, 핵심 개념에 대한 구체적인 정의를 제시하는 것이 좋다. 정의를 제시하는 것에 더해, 해당 주제가 현시점에서 얼마나 중요한지를 언급해야 한다. 이때 활용할 수 있는 내용은 좋은 연구주제를 선정할 때 사용했던 기준들이다. 특히 기존 지식체계의 요구나 실질적 요구를 고려하는 것이 일반적이다. 예컨대, 자살(suicide)을 연구주제로 삼고자 한다면, 기존 심리장애 지식체계에서 자살이라는 주제가 얼마나 중요하며 해당 주제에 대한 연구가 충분히 진행되고 있는지를 언급할 수 있다. 또한 최근 국내 자살률에 대한 통계자료에 대해서도 간단히 언급할 수 있겠다.

다음은 국내에서 출간된 한 연구의 첫 단락을 예로 소개하였다. 이 연구는 조용래(2007)가 진행한 것으로, 정서조절곤란(difficulties in emotion regulation)이라는 주제를 다루고 있다.

> 최근 들어, 정신장애나 정신병리의 발생과 유지 및 치료에서 정서조절과 정서조절곤란의 역할이 많은 주목을 받고 있다. 이러한 예로는 공황장애(Levitt, Brown, Orsillo, & Barlow, 2004), 공황증상(Tull, 2006), 일반화된 불안장애(Mennin, Heimberg, Turk, & Fresco, 2005; Salters-Pedneault, Roemer, Tull, Rucker, & Mennin, 2006), 외상 후 스트레스 장애(Cloitre, 1998; Roemer, Litz, Orsillo, & Wagner, 2001), 우울증(Rude & McCarthy, 2003), 불안과 우울장애(Campbell-Sills, Barlow, Brown, & Hofmann, 2006), 물질남용(Hayes, Wilson, Gifford, Follette, & Strosahl, 1996), 자해행동(Gratz, 2003), 경계선 성격장애(Linehan, 1993) 등을 들 수 있다. 이와 관련하여, Barlow, Allen과 Choate(2004)는 불안장애와 우울장애 같은 정서장애를 이해하는 데 있어 특히 중요한 개념으로 정서조절곤란을 강조하였을 뿐 아니라, 이 장애에 대한 미래의 치료는 정서조절곤란에 특히 초점을 맞추어야 한다고 역설하였다.

제시된 내용을 보면, 연구에서 다루고자 하는 핵심 주제인 정서조절곤란이 현시점에서 얼마나 중요한 주제인지를 효과적으로 설득하고 있음을 알 수 있다. 특히 기존에 실시된 많은 양의 경험적 연구를 구체적으로 언급하면서 해당 주제를 연구하는 것의 중요성을 강조하고 있다. 연구자는 이와 같은 방식으로 본인이 선택한 연구주제의 중요성을 효과적으로 제시할 수 있어야 한다.

3) 문헌검토 결과: 연구주제와 관련된 기존 연구결과

연구주제의 중요성에 대해 충분히 소개했다면, 관련 연구들에 대한 구체적인 검토결과를 제시한다. 이때 중요한 것은 연구 아이디어를 전개하는 데 반드시 필요한 결과들을 선별해서 제시하는 것이다. 특히 해당 주제에 대한 연구의 양이 방대할 경우 모든 내용을 담으려고 하다 보면 자칫 초점이 흐려질 수 있다. 따라서 핵심적인 연구결과들을 보고하되 연구문제가 자연스럽게 도출될 수 있도록 선별하여 제시한다. 예컨대, 자살에 대한 연구 중 자살사고와 관련된 연구문제를 다루고자 한다면, 자살 연구에서 자살사고 연구가 갖는 중요성을 제시한 뒤 곧바로 자살사고와 관련된 연구결과들을 보고한다. 다시 말하지만 문헌검토 내용을 제시하는 것의 핵심은 자연스럽게 연구문제를 도출하는 것이다. 독자로 하여금 연구자가 왜 특정 연구문제를 선정하게 되었는지를 이해할 수 있도록 도와야 한다. 문헌검토 결과가 잘 정리되어 제시되었다면, 독자는 그 내용을 읽는 것만으로도 연구자가 어떤 연구문제를 다루려고 하는지 예상할 수 있을 것이다.

4) 연구문제 제안

연구문제를 구체화하여 제시하는 방법은 앞서 우리가 함께 공부했던 연구문제 발견 방법과 동일하다. 연구자가 연구문제를 채택하게 된 이유를 그대로 정리하여 제시하면 되는 셈이다. 일반적으로 많이 사용되는 방법을 몇 가지 소개하려한다.

첫째, 이론적 · 실질적으로 중요하지만 기존 지식체계에서는 다루고 있지 않은 연구문제를 제안하는 것이다. 이는 문헌검토 결과가 중요함에도 불구하고 충분히 연구되지 않은 문제를 제안하는 방법이다. 주의할 점은 실제로 해당 연구문제를 다룬 연구가 거의 없어야 한다는 점이다. 문헌검토를 충분히 하지 않아 이미 다루어진 연구문제임에도 불구하고 이를 파악하지 못했다면, 그 책임은 연구자에게 돌아가게 된다.

둘째, 연구결과가 서로 불일치하고 있으므로 추가적인 연구가 필요한 연구문제를 제안하는 것이다. 기존 연구들이 이미 다룬 연구문제이기는 하지만 결과가 불일치하는 양상을 나타내는 연구문제가 있을 수 있다. 이러한 연구문제는 추가 연구를 통해 어느 쪽이 보다 타당한지를 확인하는 과정이 필요하기 때문에 연구문제로 제안할 수 있다.

셋째, 특정 연구문제를 다룬 기존의 연구들이 유사한 오류를 범하고 있는 경우 이를 지적하는 것이다. 어떤 연구도 아무런 흠 없이 완벽하기는 어렵다. 아무리 공을 들여 계획하고 진행해도 당시의 지식이나 기술의 한계로 특정한 오류를 범하는 일이 발생할 수 있다. 만일 문헌검토를 한 결과에서 특정 연구문제를 다룬 연구들이 이러한 공통적인 오류를 범하고 있는 것을 확인했다면, 이를 해결하는 연구문제를 제안할 수 있다.

앞에 제시된 방법 이외에도 다양한 방법을 사용할 수 있다. 관건은 연구자가 다루고자 하는 연구문제가 기존 지식체계의 오류를 줄이고 보다 성장하게 하는 데 필요한 연구문제라는 점을 논리적으로 설득하는 것이다. 연구문제를 도출하는 과정은 비판적 분석의 대상이 될 수 있으며, 경우에 따라서는 불필요한 연구문제라는 평가를 받을 수도 있다. 이 경우 연구방법이 타당했다 할지라도 학술지 출판을 거부당할 수 있다. 따라서 연구자는 문헌검토에 많은 노력을 기울여야 하며, 지식체계의 성장에 꼭 필요한 연구문제를 발견하는 데 힘써야 한다.

5) 연구가설 설정

연구문제를 논리적으로 제시했다면, 다음으로는 가설도출 과정을 설득력 있게 제시해야 한다. 연구 중에는 연구가설을 도출하지 않는 연구들도 있다. 해당 연구문제를 다룬 연구들이 거의 없어 특정 가설을 설정하기 어려운 경우가 여기에 해당한다. 이러한 연구들을 일반적으로 탐색적 연구(exploratory study)라 한다. 탐색적 연구의 경우 특정 가설을 설정하지 않고, 연구목적만 제시한 상태에서 논문작성을 진행한다. 탐색적 연구를 제외한, 가설을 설정한 뒤 검증하는 연구들은 모두 가설도출 과정을 제시해야 한다.

해당 연구문제를 다룬 기존 연구들의 결과는 가설을 세울 때 일차적으로 고려하는 정보다. 하지만 반드시 해당 연구문제를 다룬 연구들만 사용해야 하는 것은 아니다. 비슷한 문제를 다룬 연구들이나 인접 분야의 다른 연구결과들도 고려할 수 있다. 특히 임상심리학이나 상담심리학과 같은 응용 심리학 분야의 연구들은 인지심리학이나 발달심리학, 사회심리학 등의 기초 심리학 분야 연구결과들을 가설도출에 활용할 수 있다. 이뿐만 아니라 의학이나 경영학, 경제학, 교육학, 사회복지학, 생물학과 같은 다른 분야의 연구들도 필요하다면 얼마든지 이용할 수 있다.

6) 연구의 목적 및 방법 정리

연구가설이 도출되었다면 가설을 검증할 방법에 대해서도 언급한다. 구체적인 방법은 연구방법 부분에서 다시 다루기 때문에 도입부에서는 간단하게 언급하는 것이 일반적이다. 하지만 연구방법이 생소하거나 방법 자체가 연구의 가치를 결정하는 중요한 요소라면 좀 더 구체적으로 기술하는 것이 좋다. 특히 연구방법을 개발한 연구진에 대한 정보와 구체적인 절차, 측정도구의 신뢰도 및 타당도에 대한 정보를 제시하고, 해당 방법을 사용했던 연구들을 간단히 소개해 주는 것이 좋다. 이러한 정보들을 제시할 때에는 해당 방법이 연구의 가설을 검증하는 측면에서 어떤 장점을 가지고 있는지를 부각시키는 것도 좋은 전략이 될 수 있다.

도입부의 마지막에는 연구의 목적과 방법을 간단하게 정리하여 제시한다. 이것은 긴 시간 동안 도입부의 많은 내용을 읽은 독자들이 간단하게 핵심을 정리할 수 있도록 돕는 장치라고 볼 수 있다. 혹은 시간이 부족한 독자들이 빠르게 논문을 검토할 때 연구의 대략적인 목적과 방법을 파악하도록 돕는 장치라고도 볼 수 있다. 연구자의 입장에서도 연구의 핵심을 압축적으로 정리해 보는 기회가 될 수 있다.

요약을 작성할 때 중요한 점은 도입부의 전반적인 내용과 정확하게 일치하도록 작성해야 한다는 점이다. 앞부분에서 소개되지 않은 연구문제나 가설을 사족으로

추가하는 것은 적절하지 않다. 요약부의 모든 내용은 반드시 앞부분에서 충분히
다루어진 것이어야 한다.

4. 연구방법 작성법

1) 참여자

연구방법에서 일반적으로 가장 먼저 제시하는 정보는 참여자에 대한 정보이다.
참여자에 대한 정보는 표본의 특성을 파악하는 데 꼭 필요하기 때문에 포괄적이
면서도 구체적으로 제시해야 한다. 이 내용을 간단하게 구분하여 정리하면 다음
과 같다.

- 참여자 모집방법과 기준: 연구에 참여하기 위한 선발기준과 배제기준에 대한
  정보를 제시하고, 참여자를 모집한 방법에 대해서도 구체적으로 기술한다.
  온라인 시스템을 이용했는지, 아니면 오프라인 광고를 이용해 수집했는지 등
  의 모집방법을 상세하게 제시하는 것이다.
- 참여자 수: 전체 참여자 수와 실제 분석에 포함된 자료의 수를 구체적으로 기
  술하고, 분석에서 배제된 자료는 그 이유를 제시한다. 예컨대, 참여자의 변심
  으로 자료수집이 중단되었는지, 혹은 측정 과정에서 심각한 오류가 발견되어
  배제하였는지 등의 이유를 구체적으로 기술하면 된다. 비교적 긴 기간 동안
  몇 차례에 걸쳐 측정을 실시하는 경우에는 시기별로 이탈하는 참여자들이 달
  라질 수 있는데, 이 내용 또한 상세하게 기술한다. 필요할 경우에는 표나 그림
  등을 이용해서 시기별로 이탈한 사람들의 수를 쉽게 파악할 수 있도록 돕는
  것도 좋은 방법이다.
- 전체 참여자의 특성을 파악할 수 있는 정보: 연구에 최종적으로 참여한 사람들
  의 인구통계학적 특징을 간단하게 기술한다. 일반적으로 성비와 평균연령,
  인종 구성비율 등에 대한 정보를 제공한다. 이러한 정보는 표본이 모집단의
  특성을 얼마나 잘 대표하는지를 간단하게 확인하는 데 사용된다. 특히 미국

과 같이 인종 구성이 다양한 나라에서는 표본의 인종 구성비가 모집단과 유사한지를 꼼꼼하게 고려한다.

- 참여자에게 지급한 보상의 내용: 해당되는 경우에는 연구 참여의 대가로 참여자들에게 지급한 보상을 제시한다.
- 기타 학술지에서 요구하는 정보: 연구윤리심의위원회 승인번호를 요구하는 학술지의 경우 해당 정보를 제시해야 한다.

2) 측정도구 및 절차

(1) 사용된 측정도구의 정보

다음으로는 연구에서 사용한 모든 측정도구에 대한 구체적인 정보를 제시한다. 이 정보는 다른 연구자들이 해당 연구의 타당성을 검토할 때 사용되며, 향후 재검증 연구를 실시할 때 사용되기도 한다. 앞서 언급한 바와 같이 측정이 타당하게 이루어지지 않았다면, 자료를 분석한 결과의 학술적 가치는 크게 손상된다. 따라서 연구자는 자신의 연구가 적절한 측정도구를 이용해 진행되었음을 구체적으로 입증해야 한다. 측정도구에 대한 정보를 소개할 때 반드시 포함해야 하는 정보는 다음과 같다.

- 측정 내용: 도구가 측정하는 구성개념을 구체적으로 소개한다. 이 내용은 측정도구의 원개발자가 제시한 것을 이용해 작성하면 된다. 필요할 경우에는 하위척도의 개념에 대한 정보도 소개한다. 예컨대, 어떤 연구자는 우울을 측정하는 도구 중 신체생리적 우울증상을 측정하는 하위척도만을 사용하고 싶을 수 있다. 이러한 경우에는 원척도의 개념에 더해 해당 측정도구 하위척도들의 개념을 간단히 소개하고, 소개된 하위척도들 중 신체생리적 우울증상을 측정하는 하위척도를 사용하겠다고 기술하면 된다.
- 개발자 정보: 검사를 개발하여 타당화한 개발자 정보를 제시한다. 외국어로 개발된 검사를 한국어로 번역하여 타당화한 도구를 사용한다면, 원개발자의 정보와 한국판 검사 개발자의 정보를 모두 제시한다.
- 이전 연구에서 확인된 심리측정적 속성(신뢰도, 타당도)에 대한 정보: 다른 연구에

서 실시된 심리측정적 속성 분석결과를 보고한다. 원개발자의 분석결과는 반드시 제시해야 하며, 그 외에 다른 연구에서 실시한 분석결과가 있다면 함께 제시한다. 정해진 것은 아니지만 내적 일치도 정보는 독자의 편의를 위해 정확한 수치를 제시하기도 한다. 그 외에 수렴타당도나 변별타당도, 준거타당도 등의 정보는 "수렴타당도와 변별타당도, 준거타당도가 양호한 것으로 나타났다."와 같은 식으로 기술하고 참고문헌을 표기해 주어도 무방하다. 타당도 연구마다 검증하는 타당도 유형이 다르기 때문에 각 연구가 어떤 타당도를 검증했는지를 구체적으로 확인한 뒤 관련 정보를 정확하게 제시해야 한다.

• 본 연구에서의 신뢰도와 타당도: 자기보고형 측정도구의 경우 본 연구에서의 내적 일치도 정보를 보고한다. 측정도구의 신뢰도를 독자들이 쉽게 파악할 수 있도록 측정도구 부분에서 미리 제시하는 것이다. 여기에서 내적 일치도가 적절한 수준에 미치지 못한 것으로 확인되면, 이후 분석결과에 대해서도 비판을 받을 수 있다. 필요할 경우 타당도에 대한 정보를 제시하기도 한다. 특히 이전 연구에서 타당도가 확인되지 않은 측정도구를 부득이하게 사용할 경우, 타당도를 간단히 확인할 수 있는 도구들을 추가하여 해당 도구들과의 관계 양상을 보고해 주어야 한다.

(2) 사용된 과제의 정보

측정 및 처리 과정에 과제가 사용될 수 있는데, 이에 대한 구체적인 정보 또한 제시해야 한다. 앞서 소개한 측정도구 정보 대부분을 기본적으로 제시해야 하며, 여기에 더해 자극(stimulus)의 특성과 자극제시 방법, 참여자의 반응기록 방법 등을 보다 구체적으로 기술해야 한다. 예컨대, 컴퓨터 프로그램을 이용하여 특정 자극을 제시하고 참여자의 반응을 기록하는 과제의 경우, 자극의 특성과 제시 방법(시간, 위치 등), 반응을 기록하는 방식 등에 대해 구체적으로 기술해야 한다. 일반적으로 연구 초심자들은 다른 연구자들이 개발하여 타당화한 과제를 사용하기 때문에 과제 개발 논문에 실린 정보를 활용하면 큰 무리 없이 작성할 수 있을 것이다.

경우에 따라서는 자극의 예를 직접 그림으로 제시할 수도 있다. [그림 9-1]에는 실험과제에 사용된 자극을 그림으로 제시한 예가 소개되어 있다. 이처럼 필요할 경우 독자들의 이해를 돕기 위해 과제와 관련된 정보를 직접 그림으로 제시할 수도 있다.

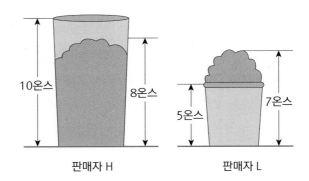

[그림 9-1] 실험 자극을 그림으로 제시한 예(Hsee, 1998)

(3) 자료수집 절차에 대한 정보

측정도구에 대한 정보를 모두 제시했다면, 참여자가 연구에 참여하는 절차를 상세하게 기술한다. 예컨대, 실험연구의 경우 참여자가 실험실에 도착한 순간부터 단계적으로 어떤 활동을 수행하는지 구체적으로 제시한다. 참여자가 실험실에 도착하면, 일반적으로 연구에 대한 안내를 먼저 실시한 뒤 연구 참여 동의서를 작성하도록 한다. 이후 준비된 도구들을 이용한 실험을 진행하고, 모든 과정이 마무리되면 디브리핑(debriefing), 즉 연구자와 참여자의 간단한 면담을 진행한다. 연구자는 각 단계를 구체적으로 기술해야 하는데, 특히 각 측정도구를 언제 어떤 방식으로 실시했는지 구체적으로 제시해야 한다.

3) 분석방법

분석방법에서는 수집된 자료를 처리한 방법에 대해 기술한다. 자료의 제거나 변환, 결측치(누락된 측정값)를 처리하는 방법 등에 대해 기술하고, 자료분석에 사용된 통계모형과 통계 프로그램의 정보 또한 제시한다. 필요할 경우 분석에 활용된 구체적인 통계 지표들에 대한 정보를 기술하기도 한다. 예컨대, 구조방정식의 경우 모형의 적합도를 살펴보는 다양한 지표가 있는데, 이러한 지표들 중 어떤 것을 사용했으며, 해석기준은 무엇인지 구체적으로 기술할 필요가 있다.

5. 연구결과 작성법

1) 기술통계

연구결과 부분에서는 기본적으로 기술통계(descriptive statistics) 자료를 제시해야 한다. 연구에 따라 반드시 제시해야 하는 정보들이 다르지만, 주요 변수들의 중심경향치(예: 평균)와 변산도(예: 표준편차), 상관관계에 대한 정보(예: 상관계수) 등은 기본적으로 제시한다. 경우에 따라서는 각 변수의 분포 특성에 대한 정보를 제시하기도 한다(예: 왜도, 첨도).

어떤 정보들을 포함시켜야 하는지는 유사한 연구설계를 실시한 다른 논문을 참고하거나 관련 서적을 참고하는 것이 좋다. 예컨대, Hancock, Mueller와 Stapleton (2010)은 학술지 심사위원들이 논문을 심사할 때 사용하기 편하도록 주요 통계모형별로 검토해야 하는 사항들을 구체적으로 제시하고 있다. 이 책을 보면 특정 통계모형을 사용할 때 어떤 정보들이 반드시 제시되어야 하는지 상세하게 파악할 수 있을 것이다.

2) 주요 분석결과

기본적인 기술통계 자료들을 모두 제시했다면, 다음으로 가설검증에 필요한 통계분석의 결과들을 정리하여 기술한다. 정해진 결과 제시 방식이 있는 것은 아니지만, 독자들이 결과를 파악하기 쉽도록 조직화해서 간결하게 제시하는 것이 일반적이다. 이때 주의해야 할 점은 서론부에 제시한 가설을 검증하기 위해 필요한 분석결과를 빠짐없이 제시하는 것이다. 간혹 가설검증에 필요한 분석결과를 충분히 제시하지 않는 경우가 있는데, 이는 논문 게재 요청 기각사유가 될 만한 큰 실수이다. 또한 가설검증과 무관한 분석결과를 장황하게 제시하는 것도 논지를 흐린다는 측면에서 문제가 될 수 있다. 분석결과를 제시할 때에는 간략하게 '분석결과만' 기술해야 한다. 결과에 대해 간단한 해석을 덧붙일 수는 있지만, 상세한 설명이나 의미 해석, 예상과 다른 결과가 나온 이유 등의 부연 설명은 논의 부분에서 다루어야 한다.

독자들이 분석결과를 이해하는 데 도움이 된다면 표와 그림을 활용해 결과를 제시하는 것도 좋은 방법이다. 특히 표는 분석결과를 일목요연하게 파악할 수 있는 유용한 도구이므로 적극 활용하는 것이 좋다. [그림 9-2]에는 실제 논문에 실린 표의 예가 제시되어 있다.

표 1. DII 1요인 모형의 적합도 지수

적합도 지수	원판 DII	한국판 DII
CFI	.97	.98
TLI	.95 ~ .96	.98
RMSEA	.06 ~ .07	.06
SRMR	.05 ~ .06	.05

주. DII=고통 감내력 부족 척도; CFI=Comparative Fit Index; TLI=Tucker-Lewis index; RMSEA=Root Mean Square Error of Approximation; SRMR=Standardized Root Mean square Residual

[그림 9-2] 표의 예(서장원, 권석만, 2014)

표를 사용할 때 주의할 점은 표에 제시한 결과를 본문에 다시 제시하지 않고, 본문에 제시한 결과를 표로 다시 제시하지 않는 것이다. 이는 미국심리학회 논문작성지침이며, 표와 본문의 수치 불일치 등의 오류를 줄이기 위한 규칙이라고 이해해도 무방하다.

표와 그림을 작성할 때 주의해야 할 또 다른 사항은 표와 그림 자체에 있는 정보만으로 그 내용을 모두 해석할 수 있어야 한다는 점이다. 예컨대, 표에 약자를 사용한 경우에는 약자가 의미하는 바를 주석에 추가하여 본문을 읽지 않고도 표의 내용을 해석할 수 있도록 해야 한다. 앞서 제시한 표에서는 '원판 DII의 CFI가 0.97'이라고 제시되어 있는데, 이것을 '원판 고통 감내력 부족 척도의 Comparative Fit Index 점수가 0.97'이라는 의미로 해석할 수 있도록 필요한 주석을 모두 제시해야 한다.

6. 논의 작성법

논의 부분에서는 전반적인 연구결과에 대한 해석과 부연 설명, 연구에 대한 전반적인 평가와 제한점, 향후 연구방향 등에 대한 정보를 제시한다. 논의 역시 정해진 구조는 없지만, 기본적으로 포함되어야 하는 내용을 간단히 정리하면 다음과 같다.

- 연구의 개요
- 연구의 주요 결과
- 연구의 주요 결과에 대한 논의
- 연구결과의 함의
- 연구의 한계 및 향후 연구방향
- 결론

1) 연구의 개요

논의 초반부에는 연구의 목적과 방법에 대한 간단한 개요를 제시한다. 이것은 독자들이 전체적으로 연구를 다시 정리할 수 있도록 돕는 장치라고 보면 된다. 따라서 상세하게 작성하기보다 핵심적인 부분만 요약해서 제시하는 것이 일반적이다. 논문의 전체적인 길이가 짧은 편이어서 추가적인 요약이 불필요한 경우에는 개요를 생략하기도 한다.

2) 연구의 주요 결과

연구의 개요를 제시한 뒤에는 연구의 핵심결과를 간략하게 기술한다. 이때에는 구체적인 통계 수치를 제시하지 않고, 언어적으로 결과를 기술하는 것이 일반적이다. 핵심결과란 가설을 검증하기 위해 필요한 결과로 이해해도 무방하다.

3) 연구의 주요 결과에 대한 논의

(1) 가설검증 결과에 대한 논의

가설검증 결과는 핵심적인 논의대상이다. 연구가설이 채택되었는지 아니면 기각되었는지, 기각되었다면 그 이유는 무엇인지 상세하게 분석해야 한다. 연구가설이 채택되었다면 간단하게 기술하는 것으로 정리되겠지만, 기각된 경우에는 그 이유를 면밀하게 분석해야 한다. 가설을 도출하는 과정에서 오류가 있었는지, 혹은 연구설계에 한계가 있었는지, 아니면 자료수집 및 분석 과정에서 오류가 있었는지 등을 상세하게 분석하여 기술한다.

이렇게 제시하는 이유나 설명들은 모두 잠정적인 것이기 때문에 기술할 때 표현에 주의할 필요가 있다. 단정적인 표현보다는 '~했을 가능성이 있다', 혹은 '~일수 있으므로 추후 연구를 통해 확인할 필요가 있다' 등의 가설적인 표현으로 각 대안을 기술하는 것이 좋다.

(2) 기존 연구와의 관계

만일 유사한 연구가설을 검증한 기존 연구들이 있다면, 그 연구들의 결과와 본 연구의 결과를 비교하는 것도 중요한 작업이다. 일치하는 부분은 무엇이고 불일치하는 부분은 무엇인지, 불일치한다면 그 이유는 무엇인지 등을 분석한다. 이 과정을 통해 상대적으로 강한 지지를 얻는 지식과 논란의 여지가 있어 좀 더 많은 연구를 필요로 하는 지식을 변별할 수 있게 된다.

4) 연구결과의 주요 함의

연구결과에 대한 해석이 어느 정도 마무리되면, 연구결과가 갖는 함의(implication) 혹은 의의를 보다 명확하게 기술한다. 간단히 말해, 연구결과가 이론적 · 실질적으로 어떤 가치를 가지고 있는지 기술하는 것이다.

이론적 함의 부분에서는 본 연구가 기존 지식체계의 성장에 어떻게 기여하는지를 구체적으로 기술한다. 기존에 다루지 않은 중요한 주제를 다루어 지식체계를 성장시켰는지, 혹은 연구결과가 불일치하는 주제를 다루어 특정한 방향성을 제시했는지 등을 명확하게 정리하여 제시하는 것이다.

실질적 함의 부분에서는 본 연구가 현실 세계에서 어떻게 활용될 수 있는지를 구체적으로 기술한다. 예컨대, 임상심리학 연구의 경우 연구결과가 임상현장에서 어떻게 활용될 수 있는지를 설명하면 된다. 실질적 함의를 기술할 때 주의할 점은 확인된 연구결과 범위 내에서만 실질적 활용가치를 기술해야 한다는 점이다. 연구결과의 범위를 벗어난 제안은 검증되지 않은 사실을 토대로 새로운 주장을 하는 것과 다르지 않다. 이런 내용들은 독자들에게 혼란만 줄 뿐 아무런 가치가 없으므로 포함시키지 않는 것이 좋다.

5) 연구의 한계 및 향후 연구방향

논의 부분에서 특별히 엄격하게 작성해야 하는 내용은 연구의 한계이다. 어떤 연구도 완벽할 수는 없다. 미처 예상하지 못한 문제들을 갖고 있는 것이 일반적이며, 이러한 문제들은 연구결과를 왜곡시킬 수 있다. 연구자는 자신의 연구가 가지고 있는 한계를 명확히 파악해야 하며, 논문에서 그 내용을 솔직하게 기술해야 한다. 그렇지만 연구의 가치를 지나치게 훼손하는 방식으로 기술하는 것은 적절하지 않다. 연구의 한계를 구체적으로 솔직하게 기술하되, 최선을 다했으나 그러한 한계를 가질 수밖에 없었던 이유를 제시하는 것이 좋다. 물론 '최선을 다했다'는 사실도 구체적인 증거를 통해 입증해야 한다. 예컨대, 사용한 측정도구의 결함이 전체적인 연구결과에 부정적인 영향을 미쳤다면, 해당 측정도구를 사용할 수밖에 없었던 이유를 구체적으로 제시해야 한다. 해당 연구개념을 측정하는 도구에는 어떤 것들이 있으며, 그러한 도구들 중 본 연구에서 사용한 도구가 최선의 선택인 이유를 제시해야 하는 것이다. 여기에 더해 한계를 보완할 수 있는 구체적인 향후 연구 방안까지 제안한다면 더욱 긍정적인 인상을 줄 수 있다. 앞서 제시한 예를 이용하자면, 향후 연구에서 사용해 볼 수 있는 측정방법이나 측정도구를 구체적으로 제시하는 것이다.

연구의 한계는 각 연구마다 다양하겠지만, 기본적으로 반드시 고려하여 기술해 주어야 하는 한계로 표본의 한계와 측정의 한계, 전반적인 연구설계의 한계를 들 수 있다.

(1) 표본의 한계

표본의 한계는 연구결과를 어디까지 일반화할 수 있느냐와 관련이 있다. 예컨대, 건강한 대학생 표본을 이용해 연구를 진행했다면, 원칙적으로 연구결과는 '건강한 대학생'에게만 적용할 수 있다. 연구자는 독자들이 과도한 일반화의 오류를 범하지 않도록 연구결과 적용의 한계를 반드시 명시해 주어야 한다. 향후 연구로는 다른 표본을 이용해 가설을 재검증하는 연구를 제안할 수 있다. 예컨대, 강박장애와 관련된 연구를 건강한 대학생을 대상으로 진행했다면, 실제 강박장애 환자들을 대상으로 결과를 재검증하는 연구를 제안할 수 있다.

(2) 측정의 한계

연구개념의 측정과 관련된 한계가 있다면 반드시 기술해야 한다. 측정과 관련된 한계로는 측정방법의 한계와 측정도구의 한계를 들 수 있다. 측정방법의 한계는 구성개념의 측정방식에 내재되어 있는 한계를 의미한다. 예컨대, 자기보고형 질문지는 의도적인 왜곡이나 기억 편향 등의 영향을 받아 측정값이 왜곡될 수 있다. 이러한 한계가 연구결과에 미치는 영향이 매우 크다고 판단될 경우, 연구자는 설계 단계에서 해당 측정방법을 배제해야 한다. 그렇지 않을 경우 심사위원의 비판을 피하기 어렵다. 연구자는 가능한 한 잠재적 오류가 적은 측정방식을 사용해야 하며, 그러지 못했다면 납득할 수 있는 이유를 제시해야 한다. 향후 연구로는 다른 측정방식을 이용해 가설을 재검증하는 연구를 제안할 수 있다. 예컨대, 자기보고형 질문지를 이용해 연구를 진행한 경우, 인터뷰나 생리적 측정, 과제를 이용한 측정, 일상 행동 관찰 등의 측정방식을 가능한 선에서 제안해 볼 수 있을 것이다.

측정도구의 한계란 특정 도구 자체에 내재된 한계를 의미한다. 예컨대, 우울을 측정하기 위해 A라는 측정도구를 사용했다면, 이 도구가 자체적으로 가지고 있는 한계가 측정도구의 한계이다. 측정도구의 한계는 신뢰도 및 타당도와 관련이 있다. 동일한 측정방식으로 동일한 개념을 측정하더라도 도구에 따라 신뢰도와 타당도가 크게 달라질 수 있다. 연구자는 신뢰도와 타당도가 충분히 확보된 도구를 사용해야 하며, 그러지 못했다면 도구의 한계를 보고하고 그 도구를 사용할 수밖에 없었던 이유를 제시해야 한다. 향후 연구로는 심리측정적 속성이 보다 양호한 도구를 활용하여 재검증하는 연구를 제안할 수 있다. 혹은 사용한 도구의 심리측정적 속성을 보완하는 방법을 구체적으로 제시하는 것도 좋은 방법이 될 수 있다.

(3) 연구설계의 한계

전반적인 연구설계와 관련된 한계도 구체적으로 보고해야 한다. 연구설계의 한계를 크게 구분해 보면, 연구설계 방법에 내재되어 있는 한계와 연구설계 오류로 인한 한계로 나눌 수 있다. 앞서 살펴본 바와 같이 연구설계법은 매우 다양하며, 각 설계법마다 고유한 장점 및 한계를 가지고 있다. 예컨대, 상관연구는 개념들 간의 공변관계를 연구하는 방법으로 인과관계를 검증하지는 못한다. 이와 같이 연구설계 방법에 내재된 한계를 구체적으로 기술한다. 두 번째로 연구설계 과정에서 연구자가 범한 실수나 오류에 대해 기술한다. 예컨대, 실험연구를 진행했는데 조작이 적절하지 못했을 가능성이 있거나 더 나은 방법이 있었다면 이를 구체적으로 기술해 줄 수 있다.

6) 결론

경우에 따라서는 연구의 한계와 향후 연구방향을 작성한 뒤 최종적으로 전체 연구를 요약하는 결론(conclusion), 혹은 결어(concluding remarks)를 작성하기도 한다. 특히 전반적으로 논문의 내용이 많아 핵심적인 흐름을 놓치기 쉬운 경우 독자들을 위해 최종적으로 전체 내용을 한 번 더 정리해 줄 수 있다. 혹은 연구의 한계와 관련된 내용이 많아 연구의 가치나 함의에 대한 인상이 흐려질 가능성이 높을 때 이를 상기시키고자 하는 목적으로 결어를 작성하기도 한다. 결론 작성에 대한 특별한 지침이 있는 것은 아니지만, 논문 도입부의 개요보다 더 간단하게 연구내용을 정리하는 경향이 있으며, 연구의 가치, 혹은 함의를 특별히 강조하여 작성하는 것이 일반적이다.

7. 참고문헌 작성법

논의 부분을 모두 작성하고 나면, 마지막으로 참고문헌을 작성한다. 참고문헌을 작성할 때에는 반드시 논문작성지침을 따라야 한다. 일반적으로 글씨체와 진한 정도, 기울임, 점의 위치, 띄어쓰기, 대문자와 소문자(영어) 등을 모두 구분하여 표기하므로 이에 주의한다.

앞서 소개한 구글 스칼라 등의 논문 검색엔진의 경우 미국심리학회에서 제안하는 방식으로 논문 정보를 정리하여 제공하므로 간단하게 복사해서 붙여 넣으면 참고문헌 작성을 마무리할 수 있다. 하지만 검색엔진 특성상 페이지 번호 등에 오류가 있을 가능성이 있으므로 최종적으로 연구자가 꼼꼼하게 다시 검토하는 것이 좋다.

참고문헌 작성 과정에서 특별히 주의해야 할 점은 본문에서 인용한 논문을 빠짐없이 참고문헌에 기록하고, 본문에서 인용하지 않은 논문은 참고문헌에 기록하지 않는 것이다. 논문을 작성하다 보면 인용을 추가하거나 제거하는 경우가 많기 때문에 최종적으로 완성된 논문을 검토하면서 참고문헌과 본문의 인용이 일치하는지 반드시 확인해 보는 것이 좋다. 〈표 9-1〉에는 한국심리학회(2012)에서 사용하는 참고문헌 표기법의 몇 가지 중요한 예가 제시되어 있다.

〈표 9-1〉 참고문헌 표기의 예

구분	예시
국내 학술지 논문	김종혁, 육성필(2017). 초기성인의 충동성과 자살행동의 관계. 심리학회지: 상담 및 심리치료, 29(3), 787-808.
국내 학위논문	민병배(2000). 강박사고와 걱정: 침투사고 대처과정 및 관련 성격특성에서의 유사점과 차이점. 서울대학교 박사학위 논문.
국내 서적	이순묵(2000). 요인분석의 기초. 서울: 교육과학사.
외국 학술지 논문	Bender, T. W., Gordon, K. H., Bresin, K., & Joiner, T. E. (2011). Impulsivity and suicidality: The mediating role of painful and provocative experiences. *Journal of Affective Disorders, 129*, 301-307.
외국 학위논문	Bhar, S. (2004). *Ambivalent Sense of Self and Obsessive Compulsive Disorder* (Unpublished doctoral dissertation). University of Melbourne.
외국 서적	Clark, D. (2004). *Cognitive-behavioral therapy for OCD.* New York: The Guilford Press.

외국 서적 중 특정한 장을 인용하는 경우	Trafton, J. A., & Gifford, E. V. (2011). Biological bases of distress tolerance. In M. J. Zvolensky, A. Bernstein, & A. A. Vujanovic (Eds.), *Distress tolerance: Theory, research, and clinical applications* (pp. 80–102). New York: The Guilford Press.

8. 논문투고

논문작성을 완료한 연구는 다른 연구자들과 공유한다. 지식체계의 성장은 이렇게 완성된 연구를 서로 공유하는 과정에서 이루어지기 때문에 논문의 내용을 알리는 것은 매우 중요한 작업이다. 논문을 알리는 방법은 다양하지만 가장 많이 사용되는 방법은 학계에서 인정하는 학술지에 투고하는 것이다. 학술지 투고가 일반적인 출판사를 통해 서적으로 출판하는 것과 다른 점은 동료 연구자의 심사과정을 거친다는 점이다. 심사 과정에서 논문의 가치가 낮거나 심각한 결함이 있다고 확인되면 출판을 거절당할 수도 있다. 이러한 절차를 거치기 때문에 학술지에 실린 논문들은 어느 정도 중요도와 타당도가 확인된 연구로 간주된다. 따라서 많은 연구자가 자신의 연구를 논문으로 작성하고 각 분야에서 인정하는 학술지에 투고하려고 한다. 하지만 앞서 언급한 바와 같이 어떤 논문을 학술지에 투고한다고 해서 반드시 출판되는 것은 아니다. 다양한 이유로 논문의 출판을 거절당할 수 있으며, 이는 연구자에게 좌절스러운 경험이 될 수 있다. 여기에서는 가급적이면 이러한 실패 경험을 줄이면서 성공적으로 논문을 투고할 수 있는 방법에 대해 알아보기로 하겠다.

1) 학술지 선정

논문을 투고할 때 중요한 첫 번째 작업은 출판할 학술지를 선택하는 것이다. 잘 훈련받은 작가들이 쓴 글도 질적인 면에서 더 나은 글이 있듯이, 연구 또한 상대적으로 더 우수한 연구가 있다. 우수한 연구는 영향력이 큰 좋은 학술지에 출판할 수 있지만, 그렇지 못한 연구는 좋은 학술지에 출판하기 어렵다. 일반적으로 연구주제나 연구문제가 지식체계에 기여하는 정도가 크고, 방법론 측면에서 완성도 높은 연구가 좋은 학술지에 실린다.

어떤 연구자든 자신의 논문이 좋은 학술지에 출판되는 것을 원하겠지만, 학술지를 간행하는 주체는 많은 독자가 읽기 원하는 우수한 논문만 출판하고 싶어 한다. 좋은 학술지일수록 논문 심사절차가 엄격하고 논문 출판 요구를 거절(reject)하는 비율이 높은 것은 이러한 이유 때문이다. 현명한 연구자라면 본인이 작성한 논문의 질을 엄격하게 평가하여 적절한 수준의 학술지에 투고할 것이다. 그래야 논문 투고 과정에서의 시간과 노력을 절약할 수 있기 때문이다.

학술지의 질은 인용지수로 평가할 수 있다. 인용지수(citation index)란 해당 학술지에 실린 논문이 평균적으로 얼마나 많은 논문에서 인용되는지를 수량화한 것을 말한다. 인용지수가 높을수록 많은 연구자가 인용하는 학술지임을 의미하기 때문에 해당 연구 분야에서 영향력이 큰 학술지라고 볼 수 있다.

학술지를 선정할 때 고려해야 하는 또 다른 기준은 연구주제이다. 심리학 분야에는 매우 많은 수의 학술지가 있으며, 각 학술지는 중점적으로 다루는 연구주제가 있다. 어떤 주제의 연구들을 다루는지는 각 학술지를 소개하는 웹페이지를 보면 쉽게 확인할 수 있다. 그 내용을 확인하여 자신의 연구주제와 일치하는 학술지에 투고하는 것이 수락될 확률을 높일 것이다.

2) 자료 준비 및 투고

투고할 학술지를 정했다면 학술지 투고 규정을 확인해야 한다. 여기에는 논문작성지침과 투고 시 제출해야 하는 자료들이 구체적으로 제시되어 있다. 대부분의 학술지는 매우 엄격하게 논문작성지침을 따르도록 안내한다. 이 지침은 매우 상세해서 초록의 구조와 글자 수, 본문의 구성방법, 제목과 본문의 글자 크기와 글씨체, 통계분석 결과를 제시하는 방법, 그림과 표를 작성하는 방법, 참고문헌 형식 등을 모두 정해 두고 있다. 중요한 점은 이러한 내용이 학술지마다 다를 수 있으며, 같은 학술지여도 지속적으로 바뀔 수 있다는 점이다. 따라서 연구자는 논문을 투고하기에 앞서 최신 논문작성지침을 꼼꼼하게 읽고 지시에 따라 논문을 작성해야 한다. 지침을 따르지 않고 작성한 논문을 투고하면 심사 과정을 거치기 전에 논문을 다시 작성하도록 요구받을 수 있으며, 최악의 경우에는 심사 과정도 거치지 않은 채 투고를 거절당할 수 있다. 기본적인 논문작성지침을 따르지 않는 연구는 심사를 거칠 가치도 없다고 판단하는 것이다.

논문작성지침에 따라 논문작성을 마무리하면 준비된 서류를 제출한다. 국내 학술지는 하나의 문서에 표지와 논문, 그림, 표 등의 자료를 모두 포함하여 제출하도록 요구하는 경우가 많지만, 국외 학술지는 대부분 커버레터(cover letter)와 논문표지, 논문, 그림, 표, 추가자료 등을 구별된 파일로 제출하도록 요구하는 경우가 많으므로 주의해야 한다.

학술지에서 요구하는 자료들을 모두 준비했다면 논문을 투고한다. 최근에는 대부분의 학술지가 온라인 투고방식을 취한다. 연구자는 논문을 포함한 자료들을 학술지 온라인 시스템에 업로드하고, 학술지 편집위원회에서 해당 자료들을 받아 심사 진행 여부를 결정한다. 심사 진행 여부는 학술지와 투고 논문의 적합성, 논문의 가치, 연구방법의 적절성 등을 고려하여 결정한다. 이 단계에서 많은 논문이 거절을 당한다.

심사를 진행하기로 결정되면 위원회에서 심사위원들을 선정하여 논문 심사를 의뢰한다. 심사 기간은 학술지마다 매우 다양하다. 국내 학술지는 1차 심사가 보통 1달에서 2달 정도 소요되는 것이 일반적이나, 일부 국외 학술지의 경우 1년 정도의 시간이 소요되기도 한다. 심사에 소요되는 시간에 대해서는 각 학술지에서 제공하는 기본 정보를 참고하는 것이 좋다. 혹은 편집위원회에 직접 문의할 수도 있다. 또 다른 방법은 해당 학술지에 실린 논문들의 심사 기록을 살피는 것이다. 심사 기록이란 논문이 처음 투고된 시점과 수정된 논문이 재투고된 시점, 최종 출판된 시점 등을 기록해 둔 것을 말한다. 이 내용은 보통 논문의 첫 페이지에 제시되어 있다.

논문 심사는 한 번으로 끝날 수 있지만, 몇 차례에 걸쳐 수정과 재심사를 반복하기도 한다. 이런 경우 예상했던 것보다 훨씬 긴 시간이 소요될 수 있다. 따라서 연구자는 투고하려는 학술지 심사 기간이 어느 정도인지 확인해야 하며, 수정 요구를 받았을 경우에는 재수정 요구를 받지 않도록 철저하게 수정사항을 반영하는 것이 좋다.

논문투고와 관련하여 한 가지 당부하고 싶은 것은 투고했던 학술지에서 심사를 거부했다고 해서 쉽게 포기하지 말라는 것이다. 학술지를 간행하는 입장에서는 연구가 충분한 의의를 가지고 있고 방법론 측면에서 큰 결함이 없다 해도 독자들이 큰 관심을 갖지 않을 문제를 다루고 있다면 심사를 꺼려 할 수도 있다. 비슷한 수준의 학술지들은 의외로 많이 있기 때문에 다른 학술지들에 투고하다 보면 심사를 수락하는 곳을 발견할 수 있을 것이다.

3) 논문의 수정

논문 심사가 시작되면 일정 시간이 지난 후 심사 의견을 받게 될 것이다. 심사의견은 보통 '게재 불가', '수정 후 재심사', '부분 수정 후 게재', '수정 없이 게재' 등으로 구분된다. 보통 2명 이상의 심사위원 의견을 받기 때문에 이들의 의견을 종합적으로 고려하여 편집위원이 최종 결정을 내린다.

심사를 시작했음에도 '게재 불가'를 받는 경우에는 보통 연구방법 측면에서 큰 결함이 있는 경우라고 볼 수 있다. 특히 모든 심사위원이 비슷하게 부정적인 의견을 제시했다면, 연구에 큰 결함이 있을 가능성이 높다. 이 경우에는 같은 논문을 해당 학술지에 다시 투고할 수 없다. 간혹 심사의원들 간에 의견이 크게 불일치하는 경우도 발생할 수 있다. 예컨대, 두 명의 심사위원 중 한 명은 긍정적인 심사결과를 제시하고 다른 한 명은 매우 부정적인 심사결과, 즉 '게재 불가' 판정을 내리는 경우가 있을 수 있다. 안타깝지만 심사위원들 또한 공부를 계속하는 연구자들이며, 이론적 관점이나 연구경험, 연구방법에 대한 지식과 엄정함 등의 측면에서 차이가 있을 수밖에 없다. 이 때문에 심사위원들 간에 의견 불일치가 발생할 수 있으며, 이런 경우에는 편집위원이 추가로 심사위원을 배정하거나, 편집위원 선에서 최종 결정을 내린다. 당연한 말이지만 편집위원 또한 한 명의 연구자이며, 개인의 경험과 관점, 성향 등의 영향을 받아 최종 결정을 내리게 된다. 따라서 서로 불일치하는 심사결과를 받고 최종 게재 불가 판정을 받았다면, 긍정적인 평가를 받을 수 있는 가능성이 남아 있는 것이므로 지적된 내용을 보완하여 다른 학술지에 투고해 보는 것이 좋다.

'수정 후 재심사'는 논문작성이나 방법론 측면에서 문제가 있지만 수정 가능하다고 판단하여 구체적인 수정 의견을 제시하는 경우이다. 연구자는 이 의견을 반영하여 논문을 수정한 후 다시 제출해 재심사를 받아야 한다. '부분 수정 후 게재'는 논문의 가치에 큰 지장을 주지 않지만 보완하거나 수정하면 좋을 부분에 대한 의견을 제시하는 것이다. 이 경우에도 수정 의견이 구체적으로 제시되며, 연구자는 이 의견에 따라 논문을 수정해야 한다. 다만, 수정한 내용을 심사위원에게 다시 심사받지는 않고 편집위원이 수정한 내용을 확인하여 게재 여부를 결정하는 것이 일반적이다. 이 경우 큰 문제가 없다면 대부분 게재된다. '수정 없이 게재'는 논문의 완성도가 매우 높아 별다른 수정사항조차 없는 경우를 말한다. 이 경우에는 편집부에서 간단히 교정/교열을 본 후 그대로 출판하게 된다.

수정 의견을 받은 경우에는 하나하나의 의견에 명확한 답변을 제시해야 한다. 의견이 타당하다면 이를 반영하여 수정한 내용을 구체적으로 제시해야 하며, 의견이 타당하지 않다고 판단되면 수정하지 않은 이유를 제시해야 한다. 이때 제시한 수정 의견 불이행 근거가 타당하지 않으면 재심사에서 게재 불가 판정을 받을 수도 있다.

4) 게재 확정 이후의 과정

심사위원의 의견을 반영하여 적절히 논문을 수정하면 최종적으로 게재 승인을 받게 된다. 일단 게재 승인을 받았다면 논문이 학술지에 실렸다고 보아도 무방하다. 이후 편집부의 최종적인 교정/교열이 진행되지만 이 작업이 출판 여부에 영향을 미치지는 않는다. 경우에 따라서는 이렇게 게재 승인을 받고도 인쇄물 출판이 늦어지는 경우가 있다. 게재 승인을 받고 인쇄되기를 기다리는 논문이 많은 경우에 발생하는 일이다. 대부분의 경우 실제로 인쇄되었는지의 여부보다는 게재 승인을 받았는지의 여부를 중요하게 고려하지만, 일부 기관에서는 인쇄되었을 때에만 논문 업적을 인정해 주기도 한다. 따라서 이러한 기관에 업적을 인정받아야 한다면 인쇄 대기 논문이 많은 학술지는 피하는 것이 좋다. 일반적으로 국내 학술지는 인쇄 대기 논문이 많은 경우가 드물지만, 일부 국외 학술지는 양호한 인용지수 유지를 위해 인쇄를 미루는 경우도 있기 때문에 주의해야 한다.

요약

- 종료된 연구의 제반 내용은 논문으로 작성하는 것이 일반적이다. 논문을 작성할 때에는 각 기관이나 학술지의 논문작성지침을 따라야 하며, 간결하게 작성하는 것이 좋다. 특히 연구의 가치와 타당성을 확인하기 위해 필요한 핵심적인 내용들은 빠짐없이 기술하고 불필요한 내용은 담지 않아야 한다. 독자들이 잘 이해할 수 있도록 논리적으로 내용을 구성하거나, 표와 그림 등을 이용하는 것도 좋은 방법이다.

- 도입부에서는 연구주제의 학술적·실제적 중요성을 부각시키고, 연구문제와 연구가설을 도출한 과정을 논리적으로 제시한다.

- 연구방법 부분에서는 연구의 타당도를 검토할 수 있도록 연구 참여자에 대한 정보와 측정도구, 측정방법, 자료분석 방법 등을 구체적으로 제시한다.

- 연구결과 부분에서는 가설검증에 필요한 연구결과들을 선별하여 제시하고, 간단하게 결과에 대한 해석을 실시한다. 결과에 대한 자세한 논의는 이 단계에서 작성하지 않는다.

- 논의 부분에서는 연구개요와 주요 연구결과를 간단히 제시한 뒤, 각 결과에 대한 세부적인 논의를 작성한다. 이후 연구결과의 주요 함의를 정리하여 제시하고, 연구의 한계를 구체적으로 기술한다. 연구의 한계로는 측정의 한계나 표본의 한계, 연구설계의 한계 등을 제시할 수 있다. 필요에 따라 연구의 가치와 함의를 강조하는 결론을 작성할 수도 있다.

- 작성된 논문은 학술지에 투고하여 다른 연구자들과 공유하는 것이 일반적이다. 학술지에 논문을 투고하면 동료 연구자들의 학술적 검토를 받게 되며, 검토결과에 따라 게재 여부가 결정된다.

- 게재 가능성을 높이기 위해서는 인용지수와 주제를 고려하여 적합한 학술지를 선정하는 것이 좋다. 학술지를 선정했다면 해당 학술지의 지침에 따라 자료를 철저하게 준비하여 투고한다. 투고 이후에는 다른 연구자들의 검토결과에 따라 수정 작업을 진행하며, 이 과정에 소요되는 시간은 학술지마다 다르므로 관련 자료를 미리 확인하는 것이 좋다.

연습문제

1. 논문작성 시 연구방법 중 참여자 부분에 포함시켜야 할 내용들을 나열하시오.

2. A는 현재 논문을 작성 중이다. 연구방법 부분을 작성하는 과정에서 한 행동들 중 적절하지 않은 것을 모두 고르시오.

   ① 사용한 측정도구들이 너무 많아 핵심적인 것들만 선별하여 제시했다.
   ② 연구방법 부분의 양이 상대적으로 너무 커서, 측정절차에 대한 내용은 제시하지 않았다.
   ③ 분석에 사용한 방법이 널리 알려진 기본적인 통계분석기법이어서 간단히 어떤 프로그램을 이용해 해당 분석을 실시했는지만을 제시했다.
   ④ 측정도구들의 신뢰도와 타당도 관련 수치를 구체적으로 제시했다.

3. 연구논문의 논의 부분에는 연구의 한계에 대해 기술해야 한다. 일반적으로 고려될 수 있는 한계의 내용들을 제시하시오.

제10장 연구윤리

1. 연구윤리의 기초

마지막으로 연구를 진행하는 과정에서 지켜야 할 중요한 원칙인 연구윤리에 대해 언급하고자 한다. 모든 연구자는 윤리적으로 연구를 진행해야 한다. 이 원칙은 연구 과정 전반에 적용되지만, 특별히 중요하게 다루어지는 영역은 연구 참여자와 관련된 윤리적 측면이다. 심리학에서는 인간을 대상으로 연구를 진행하는 경우가 많다. 문제는 연구 과정에서 실시하는 조작이나 처치, 혹은 측정이 참여자들에게 부정적인 영향을 미칠 가능성이 있다는 점이다.

과거에는 연구 성과가 가져올 이득이 크다면 참여자들이 받는 피해는 감수할 수 있다는 태도가 만연했다. 혹은 참여자들이 받는 피해에 대해 충분히 인식하지 못하기도 했다. 대표적인 예로는 행동주의 심리학 실험인 Little Albert 실험을 들 수 있다(Watson & Rayner, 1920). 이 실험에서는 11개월 된 유아를 대상으로 공포반응이 조건형성의 과정으로 학습될 수 있는지를 확인했다. 실험에 참여한 아이는 원래 흰쥐에 대해서 별다른 반응을 보이지 않았다. 하지만 무조건적으로 공포반응을 유발하는 큰 소리와 흰쥐를 반복적으로 함께 제시하자 나중에는 흰쥐에 대한 공포반응을 보였다. 그뿐만 아니라 흰색 털을 가진 다양한 물체에 대해서도 공포반응을 나타내었다. 이 실험은 공포증 형성 과정을 행동주의 개념과 원리를 이용해 설명했다는 측면에서 중요한 업적으로 인정받았다. 하지만 연구결과를 해석하는 과정에서 왜곡이 많았다는 지적을 받았으며(Harris, 1979), 11개월 정도의 어린아이에게 공포반응을 경험하게 했다는 측면에서 많은 윤리적 비판을 받았다. 특히 Little Albert로 불린 실제 인물이 확인되면서(Beck, Levinson, & Irons, 2009), Watson이 주장했던 바와는 달리 Little Albert가 실험 당시 신경학적 질환을 앓고 있었다는 사실 또한 밝혀져 많은 비판을 받게 되었다(Fridlund, Beck, Goldie, & Irons, 2012).

Watson이 활동할 당시에는 Little Albert 실험 사례 이외에도 참여자에게 피해를 주는 연구들이 많이 있었다. 이에 대한 비판의 목소리가 커지면서 점차 연구 참여자 및 연구대상 보호를 위한 기준들이 마련되기 시작했으며, 최근에는 대부분의 연구기관에서 연구윤리심의위원회를 구성하여 연구를 진행하기 전에 미리 심사를 받도록 하고 있다.

연구윤리심의위원회에서 연구계획을 검토할 때 가장 중요하게 고려하는 것은 연구 참여자 보호이다. 여기서 참여자를 보호한다는 것은 연구 참여로 인한 피해를 최소화하는 것을 의미한다. 따라서 연구자는 연구 참여자들이 받을 수 있는 피해를 계획 단계에서 미리 파악하여 이를 최소화하기 위해 노력해야 한다. 부득이하게 피해를 줄 수밖에 없는 경우에는 적절한 근거(예: 피해를 줄 수밖에 없는 이유, 현재의 계획대로 연구를 진행했을 때 얻을 수 있는 이득)를 제시해야 하며, 피해를 입은 상태에서 다시 회복할 수 있는 방안들을 구체적으로 마련해야 한다.

제시된 일반원칙에 근거하여 보다 구체적인 지침들을 구성할 수 있다. 대부분의 연구윤리심의위원회에서 일반적으로 요구하는 기본적인 지침을 간단히 정리하면 다음과 같다.

- 연구에 대한 구체적인 설명을 제공하고 동의서를 받는다. 부득이하게 속임수를 사용하는 경우 그 근거와 이득을 구체적으로 제시하고, 적절한 시점에 참여자에게 속임수가 있었음을 알린다.
- 참여에 동의했더라도 언제든 참여를 중단할 수 있음을 알린다. 연구에 참여하지 않음으로써 불이익을 당할 가능성이 있는 경우 연구 참여를 대체할 수 있는 다른 방안을 마련한다.
- 필요할 경우 연구가 종료된 이후 참여자와 면담을 실시한다. 이때 속임수에 대한 내용을 알리고, 참여자가 참여 직전의 상태로 회복할 수 있도록 필요한

개입을 실시한다.

- 연구가 종료된 이후에 후유증이 나타날 수 있는 경우 참여자가 연락을 취할 수 있도록 연구자와 담당기관의 연락처를 제공한다. 연구자는 참여자가 도움을 요청할 경우 회복에 필요한 개입을 지원한다.
- 참여자가 제공한 모든 정보는 비밀유지 원칙을 따른다. 연구자는 제공된 정보를 연구목적으로만 사용해야 하며, 정보가 유출되지 않도록 안전한 곳에 보관해야 한다.

제시된 지침들은 철저하게 참여자를 보호하기 위한 것이다. 한편, 연구를 계획하고 진행하는 과정에서 참여자를 보호하는 것만큼이나 중요하게 고려되는 것이 있는데, 바로 연구를 통해 얻게 될 이득이다. 여기에는 참여자가 얻게 될 이득뿐만 아니라 연구에 직접 참여하지 않는 많은 사람이 얻게 될 이득까지 포함된다. 경우에 따라서는 특정한 연구절차로 인해 참여자가 일정 부분 피해를 입더라도, 그러한 절차로 인해 얻게 될 이득이 더 크다면 피해를 감수하기도 한다. 연구자는 연구를 계획할 때 참여자가 입게 될 피해와 얻게 될 이득을 저울질해서 특정 지침을 지킬 것인지 말 것인지를 결정해야 한다. 보다 구체적인 내용은 각 지침을 상세하게 살펴보면서 다루기로 하겠다.

2. 동의서와 속임수

참여자에 대한 연구윤리의 기본은 동의를 구하는 것이다. 참여자의 동의 없이는 어떤 연구도 진행할 수 없다. 연구자는 참여자에게 연구의 목적이나 방법, 수집된 자료의 이용 범위, 예상되는 이득과 피해 등에 대한 구체적인 정보를 모두 제공해야 하며, 관련 정보를 모두 확인한 뒤에도 연구에 참여할 의향이 있는지를 물어야 한다. 해당 내용들은 모두 서면으로 작성해야 하며, 모든 내용을 확인하도록 한 뒤 직접 서명하도록 해야 한다. 본인이 의사결정을 내리기 어려운 상황(예: 아동청소년, 특정 질병을 앓고 있는 성인 환자 등)에는 보호자의 동의를 구해야 한다. 구체적인 서식이나 내용은 소속기관의 연구윤리심의위원회에서 제공하는 동의서를 참고하기 바란다. '글상자 10-1'에는 연구 참여자용 설명서 및 동의서의 예가 제시되어 있다.

글상자 10-1 연구 참여자용 설명서 및 동의서(예시)

연구 과제명 :
연구 책임자명 :

이 연구는 ○○에 대한 연구입니다. 귀하는 ○○이기 때문에 이 연구에 참여하도록 권유받았습니다. 이 연구를 수행하는 ○○ 소속의 연구원 ○○이 귀하에게 이 연구에 대해 설명해 줄 것입니다. 이 연구는 자발적으로 참여 의사를 밝히신 분에 한하여 수행될 것이며, 귀하께서는 참여 의사를 결정하기 전에 본 연구가 왜 수행되는지 그리고 연구의 내용이 무엇과 관련 있는지 이해하는 것이 중요합니다. 다음 내용을 신중히 읽어 보신 후 참여 의사를 밝혀 주시길 바라며, 필요하다면 가족이나 친구들과 의논해 보십시오. 만일 어떠한 질문이 있다면 담당 연구원이 자세하게 설명해 줄 것입니다.

1. 이 연구는 왜 실시합니까?
   관련 내용을 기술(이하 동일)

2. 얼마나 많은 사람이 참여합니까?

3. 만일 연구에 참여하면 어떤 과정이 진행됩니까?

4. 연구 참여 기간은 얼마나 됩니까?

5. 참여 도중 그만두어도 됩니까?

6. 부작용이나 위험요소는 없습니까?

7. 이 연구에 참여 시 참여자에게 이득이 있습니까?

8. 만일 이 연구에 참여하지 않는다면 불이익이 있습니까?

9. 연구에서 얻은 모든 개인 정보의 비밀은 보장됩니까?

10. 이 연구에 참여하면 대가가 지급됩니까?

11. 연구에 대한 문의는 어떻게 해야 됩니까?

동의서

1. 나는 이 설명서를 읽었으며 담당 연구원과 이에 대하여 의논하였습니다.
2. 나는 위험과 이득에 관하여 들었으며 나의 질문에 만족할 만한 답변을 얻었습니다.
3. 나는 이 연구에 참여하는 것에 대하여 자발적으로 동의합니다.
4. 나는 이 연구에서 얻어진 나에 대한 정보를 현행 법률과 생명윤리심의위원회 규정이 허용하는 범위 내에서 연구자가 수집하고 처리하는 데 동의합니다.
5. 나는 언제라도 이 연구의 참여를 철회할 수 있고 이러한 결정이 나에게 어떠한 해도 되지 않을 것이라는 것을 압니다.
6. 나의 서명은 이 동의서의 사본을 받았다는 것을 뜻하며 연구 참여가 끝날 때까지 사본을 보관하겠습니다.

연구 참여자 성명	서 명	날짜(년/월/일)
동의서 받은 연구원 성명	서 명	날짜(년/월/일)
연구 책임자 성명	서 명	날짜(년/월/일)

　경우에 따라서는 불가피하게 참여자를 속여야 할 때가 있다. 예를 들어, 다른 사람들로부터 거절당했다는 인식(social rejection)과 우울의 관계를 살피는 연구가 있다고 가정해 보자. 연구자는 거절당했다는 인식을 조작하고자 한다. 이를 위해서는 3명의 참여자들(1명은 실제 참여자이고 나머지 2명은 연구자가 고용한 도우미)이 서로 다른 장소에서 컴퓨터를 이용해 게임을 하도록 하고, 의도적으로 1명의 참여자를 따돌려야 한다. 이런 경우 연구자는 참여자에게 따돌림을 당하게 될 것이라고 안내할 수 없다. 그렇게 하면 조작이 적절히 이루어지지 않을 것이기 때문이다. 이처럼 연구의 필수적인 부분이면서 참여자가 알지 못하도록 해야 그 효과가 발휘되는 경우, 연구자는 속임수(deception)를 사용한다.

속임수를 사용하는 경우에는 그 내용을 동의서에 기록하기 어렵다. 참여자는 자신이 속임을 당한다는 사실을 알지 못한 채 동의서에 서명을 하게 되는 것이다. 이것은 참여자를 보호해야 한다는 연구윤리의 기본 원칙에 위배되는 듯한 인상을 준다. 하지만 앞서 말한 바와 같이 속임수로 인한 피해가 심각하지 않고, 속임수를 썼을 때 얻을 수 있는 이득(연구를 통해 얻을 수 있는 다양한 이론적·실질적 이득)이 크다면 속임수를 사용할 수 있도록 예외를 둔다.

하지만 이 경우에도 참여자가 속았다는 사실을 적절한 시점에 반드시 알려야 하며, 그로 인한 부정적 영향을 제거하기 위해 필요한 개입을 실시해야 한다. 예컨대, 참여자가 속임수로 인해 분노감을 느끼면서 흥분한 상태라면, 전문가와의 면담 등을 통해 분노감을 적절히 해소하고 평소의 상태로 돌아올 수 있도록 해야 한다. 이와 관련된 구체적인 대응책들이 마련되어 있어야 속임수를 사용할 수 있다. 물론 관련 내용은 연구계획에 모두 포함되어 있어야 한다.

3. 참여 중단의 자유

연구 참여에 동의했다고 해서 반드시 연구 참여를 끝까지 마무리 지어야 하는 것은 아니다. 연구의 어느 시점에서든 참여를 원치 않으면 중단할 수 있다. 연구자는 이에 대한 내용을 반드시 알려야 하며, 참여자가 원할 경우 즉각 참여를 중단해야 한다. 연구 참여를 중단하는 이유는 매우 다양하다. 연구 과정에서 원치 않는 경험을 할 수도 있고, 건강 등의 개인적 사유로 참여를 중단할 수도 있다. 어떤 이유에서든 참여자가 원하면 연구 참여를 중단할 수 있다.

만일 개인적인 사유가 아닌 연구의 특정한 요소 때문에 참여를 중단한 것이라면 연구자는 그 사유를 확인하고 피해 정도를 파악하여 적절한 개입을 실시해야 한다. 예컨대, 자살과 관련된 연구를 진행하는 과정에서 참여자가 지나친 자살욕구 활성화를 이유로 참여 중단을 요청했다면, 자살욕구를 완화하기 위한 치료적 개입을 반드시 실시해야 한다.

연구 참여 중단의 자유와 관련해서 특별히 중요한 이슈는 연구에 참여하고 중단할 자유가 실제로 충분히 확보되었는지의 문제이다. 물론 연구에 대한 안내와 동의 과정을 거치기는 하지만, 암묵적으로 연구 참여 및 지속을 강요하는 상황이 있을 수 있다. 연구자가 참여자에게 특정한 영향력을 행사할 수 있는 관계가 여기에 해당한다. 예컨대, 주치의와 환자의 관계나 교사와 학생의 관계는 연구 참여를 거부하거나 중단했을 때 참여자에게 피해를 줄 수 있는 관계이다. 이러한 관계에서는 원치 않지만 연구에 참여하거나 지속해야 하는 압박을 느낄 수 있기 때문에 참여와 중단의 자유가 충분히 확보되었다고 보기 어렵다. 따라서 대부분의 연구윤리심의위원회에서는 연구자와 이러한 관계를 맺고 있는 대상은 가급적 연구 참여자로 모집하지 않도록 권하고 있다. 부득이하게 모집해야 하는 경우에는 참여를 거부할 경우 어떠한 불이익도 없음을 알려야 하며, 필요할 경우 연구 참여를 대체할 수 있는 다른 활동을 확보해 주어야 한다. 예를 들어, 많은 대학의 심리학과 개설 수업에서는 연구 참여를 의무사항으로 정하고 있는데, 참여를 원치 않을 경우 대체과제를 수행할 수 있도록 대안을 마련해 주어야 한다.

4. 디브리핑 및 종료 후 참여자 보호

전체적인 자료수집 과정이 마무리되면, 필요에 따라 참여자에게 디브리핑을 실시한다. 디브리핑(debriefing)이란 자료수집이 종료될 즈음에 실시하는 연구자와 참여자의 면담을 의미한다. 디브리핑에서는 연구 과정에서 속임수 등이 있었을 경우 이에 대한 자세한 설명을 제공해야 하며, 연구 과정에서 참여자가 입은 피해에 대해 해명하고 참여 전의 상태로 회복시키는 작업을 실시해야 한다.

디브리핑을 모두 마치고 참여자를 돌려보낸 이후에도 윤리적 이슈는 남아 있을 수 있다. 대표적인 예는 연구 참여로 인한 후유증이다. 연구 과정에서 이루어진 처치나 측정 등이 잠복기를 거쳐 참여자에게 부정적인 영향을 미치는 일이 발생할 수 있는 것이다. 우울한 기억이 인지적 처리 속도에 미치는 영향을 확인하고자 우울한 경험을 회상하도록 하는 처치를 실시했다고 가정해 보자. 연구자는 참여자가 평소의 기분 상태로 돌아온 것을 확인하고 돌려보냈지만, 일상생활로 돌아간 이후에 다시 관련 기억이 떠올라 우울한 기분에 빠질 수 있는 것이다. 연구자는 이러한 문제에 대한 대비책을 마련해야 한다. 일반적으로는 연구자와 소속기관의 연락처를 미리 제공하고, 필요할 경우 반드시 연락을 취하도록 안내한다. 만일 참여자가 연구 참여로 인한 후유증을 명백하게 경험하고 있다면, 이를 해소하기 위한 작업을 실시해야 한다. 경우에 따라서는 전문 의료진의 도움이 필요할 수도 있다.

5. 비밀유지

마지막으로 중요하게 고려되는 지침은 연구 참여자의 개인 정보와 관련된 비밀유지이다. 연구 과정에서 수집된 모든 자료는 비밀유지의 대상이 된다. 연구자는 연구목적 이외에 어떤 이유로도 참여자의 개인 정보를 사용할 수 없으며, 관련 자료가 유출되지 않도록 안전하게 보관해야 할 책임이 있다. 일반적으로는 자료를 보관할 장소와 보관 기간, 자료 관리 책임자, 자료 접근 권한 등을 참여자가 확인할 수 있도록 연구 설명서에 명시해야 한다.

참여자 개인 정보에 대한 비밀유지 원칙은 대부분의 경우 엄격하게 지켜진다. 하지만 경우에 따라서는 다른 원칙들과 마찬가지로 예외를 둘 수 있다. 비밀유지 원칙을 지키지 않는 것이 참여자에게 더 큰 이득을 가져온다고 판단되는 경우이다. 예컨대, 학교생활 적응과 관련된 연구를 진행하고자 사전 검사를 실시했을 때, 우연하게도 자살 위험 수준이 매우 높은 참여자를 발견할 수 있다. 비밀유지 원칙에 따르면 참여자의 자살 위험 관련 정보를 누구에게도 유출해서는 안 된다. 하지만 해당 정보를 기관 내의 관련 전문가와 공유하고 적절한 개입을 한다면 참여자에게 더 큰 이득이 될 수도 있다. 물론 그렇게 하는 것이 참여자에게 정말 이득이 될지에 대해서는 다양한 의견이 존재할 수 있다. 자살은 개인의 권리이며, 사는 것보다 죽는 것이 더 낫다고 판단했기 때문에 자살을 시도하는 것이라는 주장을 펼칠 수도 있을 것이다. 하지만 자살에 대한 실제 연구결과들을 보면, 자살을 실행하는 사람들 중 대부분이 심리장애를 경험하고 있으며, 이러한 심리장애가 현실적이고 합리적인 판단을 저해하여 자살 위험성을 높일 가능성이 있다(Joiner, 2005). 따라서 과학적 연구결과에 근거한 의사결정을 내리는 심리학자라면, 자살 위험성이 높은 참여자에게 적절한 치료적 개입이 필요하다고 판단하는 데에는 큰 어려움이 없을 것이다. 이런 경우 비밀유지 원칙을 깨고 관련 기관 및 전문가와 해당 정보를 공유하여 참여자를 보호하기 위한 방안을 마련할 수 있다.

　마찬가지로 사전 검사 결과가 다른 사람에게 심각한 피해를 줄 수 있는 상태로 확인되었다면, 참여자 및 주변 사람들의 더 큰 이득을 위해 관련 정보를 기관 및 전문가들과 공유할 수 있다. 예컨대, 매우 불안정하고 폭력적인 성향을 드러내는 심각한 수준의 정신증(psychosis) 환자일 가능성이 확인되었다면, 해당 정보를 공유하고 보다 정확한 검사와 치료적 개입을 실시하는 것이 바람직하다. 정리하면, 참여자가 심각한 수준의 자해 및 타해의 가능성이 있을 때 예외적으로 비밀유지 원칙을 지키지 않을 수 있다.

요약

- 연구자는 연구 참여자를 보호해야 할 의무를 가진다. 참여자가 연구를 통해 입을 피해를 예상하여 제거해야 하며, 부득이하게 참여자에게 일정 부분 피해를 줄 수밖에 없는 경우에는 그에 상응하는 보상과 피해 제거 방안을 마련해야 한다.

- 연구자는 참여자에게 연구의 제반 사항들을 모두 알리고 참여 동의서를 받아야 한다. 만일 연구 특성상 일부 속임수를 사용해야 하는 경우에는 반드시 디브리핑을 실시해야 한다.

- 참여자는 연구 참여에 동의했을지라도 언제든 참여를 중단할 수 있다. 연구자는 반드시 이를 알려야 하며, 참여 중단 사유를 밝혀 필요한 경우 적절한 개입을 실시해야 한다.

- 연구 참여를 종료한 뒤에도 참여로 인한 후유증 등이 있을 경우 이에 대한 적절한 개입을 실시해야 한다. 연구자는 이러한 상황에 대비하여 연구자의 연락처를 미리 제공하고, 대응방안에 대한 안내를 실시해야 한다.

- 연구자는 참여자로부터 수집한 모든 자료에 대해 비밀유지의 의무를 갖는다. 수집된 자료는 연구목적으로만 사용되어야 하며, 일정 기간 이상 안전한 장소에 보관해야 한다. 단, 심각한 자해나 타해 등의 문제가 있을 경우 참여자의 안전을 위해 관련 기관과 전문가에게 한해 정보를 공유할 수 있다.

연습문제

1. A는 따돌림과 경미한 우울의 관계에 대한 실험연구를 진행했다. 따돌림 처치를 분명하게 하기 위해 참여자들에게 따돌림에 대한 어떤 정보도 제공하지 않고 연구를 진행하였으며, 연구결과도 예상했던 바와 유사한 것으로 확인되었다. A는 실험이 모두 종료된 후 참여자들의 기분 상태를 확인하였으며, 대부분 평상시의 상태와 크게 다르지 않은 것으로 나타나 그대로 돌려보냈다. A가 위반한 연구윤리 규정을 제시하고, 연구윤리를 준수하면서 연구를 진행할 수 있는 방안 또한 제시하시오.

2. B는 자살사고와 대인관계 행동에 대한 연구를 진행했다. 그는 자살사고를 경험할수록 자기 폐쇄적인 행동을 많이 나타낼 것이라는 연구 아이디어를 검증하고자 했다. 이를 위해 참여자들을 모집하여 경미한 수준의 자살사고를 유발한 뒤, 미리 준비된 사회적 상황에서 어떤 행동을 선택하는지를 실험으로 확인할 계획을 세웠다. B는 경제적인 면에서 어려움을 겪고 있었기 때문에, 자신이 교육하고 있는 학생들을 활용해서 참여자들을 모집한 뒤 보답은 나중에 천천히 하기로 했다. 모집된 참여자들을 대상으로 실험을 진행하였고, 실험결과는 예상과 일치했다. 하지만 A는 실험이 모두 종료된 후에도 참여자들에게 보상을 지급하지 않았다. 또한 참여자들 중 일부가 전보다 심해진 자살사고 문제로 심리치료를 받게 되었으나, 이를 모른 척했다. A가 위반한 연구윤리 규정을 구체적으로 모두 나열하시오.

제2부

심리학 연구를 위한 통계학

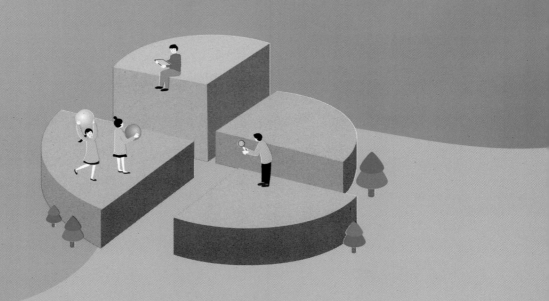

제11장 통계의 기초

  이 장에서는 양적 자료를 이용한 과학적 연구를 위해 필요한 기본적인 통계 지식을 다루고자 한다. 통계학(statistics)이란 데이터의 수집, 분석, 해석, 제시, 조직화 등을 다루는 수학의 한 분야를 말하며, 주요 영역을 나누어 보면 크게 기술통계와 추리통계로 구분할 수 있다.

1. 기술통계

  기술통계(descriptive statistics)란 특정 집단의 속성을 숫자를 이용하여 기술하는 것을 말한다. 기술통계에서는 매우 다양한 지표를 사용하여 집단의 속성을 기술한다. 여기에서는 이러한 지표들 중, 특히 자주 사용되는 중심경향치와 변산도, 상관에 대해 알아보겠다.

1) 중심경향치

  기술통계에서 중심경향(central tendency)이란 자료에서 얻어진 값들이 어떤 값을 중심으로 몰리는 경향을 말하며, 중심경향치(measure of central tendency)란 중심경향을 나타내는 특정한 값을 의미한다. 이 값은 자료를 대표하는 값으로 많이 활용된다. 대표적인 중심경향치에는 평균과 중앙치, 최빈치가 있다.

(1) 평균

평균(mean)이란 모든 관측값의 합을 자료의 개수로 나눈 값을 의미한다. 산술평균이라 부르기도 한다. 평균의 중요한 특징은 다음과 같다.

- 변수가 연속변수(continuous variable)일 때 의미가 있다. 즉, 변숫값의 간격이 동일할 때 사용할 수 있는 중심경향치이다. 값의 간격이 동일하지 않은 변수, 예컨대 명목변수(nominal variable)나 서열변수(ordinal variable)에서는 사용할 수 없다.

- 자료의 모든 정보가 반영된다. 모든 자료의 값을 더해서 전체 자료 수로 나누어 주기 때문에 누락되는 정보가 없다는 의미이다. 이러한 특징 때문에 가장 빈번하게 사용되는 중심경향치로 잘 알려져 있기도 하다.

- 평균에서 수집된 자료의 각 관찰치를 뺀 값, 즉 편차(deviation)를 모두 합하면 항상 0이다. 평균은 산술적으로 모든 자료의 중심에 있기 때문에 각 자료의 관찰치를 평균에서 뺀 뒤 더하면 0이 될 수밖에 없는 것이다. 이러한 특성은 자료가 퍼져 있는 정도를 간단히 파악하고자 할 때 제약이 될 수 있는 부분이다.

- 극단적으로 작거나 큰 값에 영향을 많이 받는다. 앞서 언급한 바와 같이 평균은 많은 장점을 가지고 있어 가장 흔하게 사용되는 중심경향치이지만, 단순히 모든 자료를 더해서 전체 자료 수로 나누어 주기 때문에 극단값의 영향을 많이 받는다. 예를 들어, 어떤 회사에 5명의 직원이 있다고 가정해 보자. 그 회사의 사장은 직원들이 얼마나 좋은 대우를 받으며 일하고 있는지를 보여 주고자 직원들의 평균 연봉을 외부에 공개했다. 공개된 연봉은 7000만 원이었으며, 외부 사람들은 모두 해당 회사의 직원들을 부러워했다. 하지만 정작 직원들은 그 정보를 마땅치 않게 여겼다. 5명 중 4명의 직원은 연봉 2000만 원을 받고 있었으며, 단 1명의 직원만이 연봉 2억 7000만 원을 받고 있었기 때문이다. 이것이 바로 평균의 함정이다. 이런 경우에는 다른 중심경향치를 사용하는 것이 전체 집단의 속성을 더 잘 보여 주는 방법이 된다.

글상자 11-1

변수의 유형

연속변수의 개념이 소개되어 변수의 유형에 대한 내용을 간단히 기술하고자 한다. 통계에서 활용되는 변수의 유형은 측정에 사용되는 척도(scale)의 유형에 의해 결정된다. 여기서 척도란 어떤 속성을 숫자로 바꾸는 방식을 의미한다. 대표적인 척도의 유형에는 명목척도와 서열척도, 연속척도가 있다.

명목척도(nominal scale)란 대상을 그 특성에 따라 특정한 카테고리로 분류하여 기호를 부여한 것을 말한다. 대표적인 예로는 운동선수들의 백넘버를 들 수 있다. 운동선수들의 백넘버는 선수들이 서로 다른 사람임을 나타내 줄 뿐 그 이상의 정보는 제공하지 않는다.

서열척도(ordinal scale)란 명목척도가 제공하는 정보에 더해 순위나 대소관계에 대한 정보를 제공하는 척도를 말한다. 어떤 운동경기에서 A가 1등, B와 C가 각각 2등과 3등이 되었다면, 이들에게 할당된 1, 2, 3은 순위에 대한 정보를 알려 주는 서열척도라고 볼 수 있다. 서열척도의 중요한 특징은 순위에 대한 정보를 제공하지만 각 순위 간의 간격이 동일하지는 않다는 점이다. 예컨대, 운동선수 A의 수행 점수가 100점, B는 90점, C는 30점인 경우와 A는 90점, B는 30점, C는 29점인 경우에 순위는 모두 동일하지만 각 순위 간 속성의 크기 차이는 동일하지 않다.

연속척도(continuous scale)는 다시 등간척도와 비율척도로 구분된다. 등간척도(interval scale)는 속성의 다름과 크기 차이에 대한 정보를 제공할 뿐만 아니라 수치 사이의 간격까지 동일한 척도를 말한다. 대표적인 예는 온도이다. 온도계에서 36도와 37도, 38도는 서로 다른 속성을 반영할 뿐만 아니라 38도가 37도보다 높고, 37도가 36도보다 높다는 정보를 제공한다. 여기에 더해 36도와 37도, 그리고 37도와 38도는 모두 1 차이를 갖는데, 이 차이는 실제 속성의 크기 차이를 반영한다. 즉, 수치 사이의 간격이 동일하다.

비율척도(ratio scale)는 등간척도가 제공하는 정보에 더해 비율에 대한 정보까지 제공하는 척도이다. 몸무게가 대표적인데, A, B, C의 몸무게가 각각 30Kg, 45Kg, 60Kg이라면, A와 B는 15Kg 차이가 나고, A와 C는 30Kg 차이가 난다. 이때 C는 A보다 2배 더 무겁다고 할 수 있다. 반면, 온도의 경우 20도가 10도보다 두 배 더 높은 온도라고 할 수 없다. 등간척도와 비율척도의 핵심적인 차이는 절대영점이 있는지의 여부이다. 절대영점이란 '전혀 없음'을 의미하는 지점을 말한다. 온도는 0이 '전혀 없다'는 것을 의미하지 않지만, 무게가 0이라는 것은 해당 속성이 '전혀 없다'는 것을 의미한다. 이렇게 절대영점이 있을 때 비율척도가 될 수 있다.

(2) 중앙치

중앙치(median)란 관측값을 크기 순서로 배열했을 때 가운데 위치하는 값을 말한다. 중앙치의 특징은 다음과 같다.

- 중앙치는 관측치들을 순서대로 나열해야 하기 때문에 서열변수나 등간변수, 혹은 비율변수일 때 의미가 있다. 명목변수의 경우 관측치들을 크기 순서로

배열할 수 없기 때문에 중앙치를 사용할 수 없다. 평균과의 차이점은 서열척도에서도 사용할 수 있다는 점이다.

- 관측치들이 중앙치를 중심으로 좌우 대칭인 경우 중앙치와 평균은 같다. 따라서 등간변수 혹은 비율변수이면서 분포가 좌우 대칭인 경우 중앙치와 평균은 모두 좋은 중심경향치로 사용될 수 있다.
- 중앙치를 중심으로 관측치의 꼬리가 한쪽으로 길게 분포된 경우 평균은 중앙치보다 꼬리 쪽에 존재한다. 관측치의 꼬리가 한쪽으로 길게 분포되었다는 것은 분포의 형태가 좌우 대칭이 아님을 의미하며, 관측치들이 모여 있는 곳에서 멀리 떨어진 극단치들이 존재한다는 것을 의미한다. 이 경우 평균은 극단치의 영향을 받아 중앙치보다 분포의 꼬리 쪽 가까이에 위치하게 된다.
- 극단치의 영향을 적게 받는다. 중앙치는 절대 크기보다는 순서를 중시하기 때문에 평균보다 극단치의 영향을 적게 받는다. 따라서 한쪽으로 치우친 분포인 경우에도 대부분의 자료가 모여 있는 곳에 위치하여 전체 자료의 특성을 잘 대표하게 된다.
- 관측치들이 갖는 정보를 최대로 활용하지 못한다는 단점이 있다. 특히 등간변수나 비율변수의 경우 각 관측치의 순서뿐만 아니라 상대적인 크기의 차이도 중요한 정보인데, 중앙치는 이를 고려하지 않는다.

(3) 최빈치

최빈치(mode)란 관측값 중 가장 많이 얻어진 값을 의미한다. 최빈치의 중요한 특징은 다음과 같다.

- 중심경향치 중에 가장 구하기 쉽다. 각 관측값별로 빈도를 조사하면 손쉽게 최빈치를 구할 수 있다.
- 척도의 유형과 관계없이 사용 가능하다. 최빈치는 명목변수와 서열변수, 등간변수, 비율변수에서 모두 사용할 수 있다.
- 수집된 관측치에서 1개 이상의 최빈치가 있거나 혹은 하나도 없을 수 있다. 각 관측치의 빈도를 조사했을 때 가장 높은 빈도의 관측치가 둘 이상일 수 있으며, 혹은 모든 관측치가 동일한 빈도여서 최빈치가 없을 수도 있다. 예컨대,

관측치가 1, 2, 3, 4, 5일 때 1은 2번, 2는 3번, 3은 3번, 4는 2번, 5는 1번 보고
되었다면, 최빈치는 2와 3이다. 반면, 1부터 5까지 모두 2번씩 보고되었다면
최빈치는 없다고 보아야 한다.

- 중앙을 중심으로 자료가 모여 있는 좌우 대칭형 분포의 경우 평균, 중앙치, 최
빈치는 모두 같다. 중앙을 중심으로 자료가 모여 있는 경우 중앙에 있는 값의
빈도가 가장 높기 때문에 평균과 중앙치, 최빈치의 위치가 모두 같아지는 것
이다. [그림 11-1]에는 분포의 형태에 따라 평균, 중앙치, 최빈치의 관계가 어
떻게 달라지는지 구체적으로 제시되어 있다.

- 관측치들의 정보를 가장 적게 이용한다는 단점이 있다. 최빈치는 관측값의
크기와 순서를 모두 무시하고 가장 높은 빈도로 보고된 값을 대표치로 간주
한다. 따라서 관측치의 정보 중 크기와 순서에 대한 정보를 사용하지 못하게
된다.

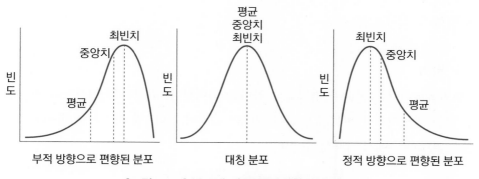

[그림 11-1] 분포에 따른 중심경향치의 위치

(4) 중심경향치의 사용 전략

제시된 각 중심경향치의 특징을 보면 어떤 상황에서 어떤 중심경향치를 사용하
는 것이 적절한지에 대한 대략적인 윤곽을 잡을 수 있다. 우선 변수의 유형에 따
라 사용할 수 있는 중심경향치가 달라진다. 명목변수는 최빈치만을 사용할 수 있
으며, 서열변수는 최빈치와 중앙치, 등간변수와 비율변수는 최빈치와 중앙치, 평
균을 모두 사용할 수 있다.

등간변수와 비율변수를 이용할 때 어떤 중심경향치를 사용할지 고민이 될 수 있
는데, 이때 중요한 것은 분포의 특성이다. 자료들의 분포 형태가 가운데를 중심으

로 대칭이라면 평균을 사용하는 것이 좋다. 반면, 분포가 한쪽으로 길게 치우친 형태라면 평균보다는 중앙치를 사용하는 것이 좋다. 하지만 경우에 따라서는 중앙치조차도 자료의 중심경향에서 벗어날 정도로 분포의 치우침이 심할 때가 있다. 이런 경우에는 최빈치가 자료의 중심경향을 가장 잘 반영할 수 있다. 간단하게 말하면, 수집된 자료의 전체적인 분포도를 확인하고 어떤 중심경향치를 사용할지 정하는 것이 가장 안전한 방법이다.

2) 변산도

중심경향이 자료가 모여 있는 특성을 반영한다면, 변산도(variability)는 자료가 흩어진 정도를 반영한다. 자료가 중심경향치를 중심으로 어떻게 흩어져 있는지를 파악하는 것은 전체 자료의 특성을 이해할 때 매우 중요한 작업으로 간주된다. 기술통계에서 변산도를 나타내는 대표적인 지표로는 범위와 편차, 분산, 표준편차 등을 들 수 있다.

(1) 범위

범위(range)란 최곳값과 최젓값의 차이를 의미한다. 간단하게 변산도를 파악할 수 있는 지표이지만 정보의 손실이 크다는 단점이 있다. 범위는 서열변수나 등간변수, 비율변수에서 사용할 수 있다.

(2) 편차

편차(deviation)란 자료가 평균으로부터 떨어진 정도를 의미하며, 자룻값에서 평균값을 빼서 계산한다. 편차는 등간변수와 비율변수에서 사용할 수 있는 변산도 지표이다. 앞서 언급한 바와 같이 전체 편차의 합은 항상 0이며, 편차의 절댓값이 클수록 그 값은 평균에서 멀리 떨어져 있다고 볼 수 있다. 편차는 개별 자료의 위치를 파악하는 데 유용하지만, 합산할 경우 언제나 0이 되기 때문에 전체 자료의 변산도를 파악하기 좋은 지표는 아니다.

(3) 분산

분산(variance)은 편차의 한계를 보완하기 위해 개발된 지표이다. 음수와 양수의 상쇄효과를 없애기 위해 편차를 제곱하여 모두 더한 뒤 전체 자료 수로 나누어 계산한다. 간단하게 수학적으로 표현하면 다음과 같다. 분산값이 클수록 자료들은 평균으로부터 넓게 퍼져 있다고 해석할 수 있다. 반대로 분산값이 작을수록 자료들이 평균을 중심으로 모여 있다고 해석한다.

$$S^2 = \frac{\sum_{i}^{n}(X_i - \overline{X})^2}{N}$$

s^2=분산, X=자룟값, $\overline{X}$=평균, N=전체 자료 수

[그림 11-2]에는 분산의 크기에 따른 분포도의 형태 변화가 제시되어 있다. 분포도를 보면 평균을 중심으로 집중되어 있는 분포가 있는가 하면, 넓고 완만한 형태의 분포가 있다는 것을 알 수 있다. 전자는 분산의 크기가 작은 분포이며, 후자는 분산의 크기가 상대적으로 큰 분포에 해당한다.

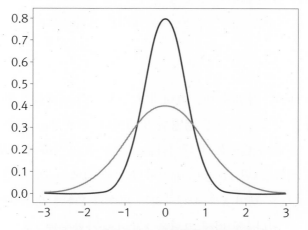

[그림 11-2] 분산의 크기에 따른 분포의 변화

(4) 표준편차

분산은 편차를 제곱하여 계산하기 때문에 편차와 단위 수준이 달라져 직관적인

해석이 어렵다는 단점이 있다. 이를 보완하기 위해 분산의 제곱근을 구하여 단위수준을 맞춰 준 것이 표준편차이다. 즉, 표준편차(standard deviation)는 분산의 제곱근이다. 표준편차를 간단히 공식화하여 표현하면 다음과 같다. 해석은 분산과 유사하다. 값이 클수록 자료들이 평균을 중심으로 넓게 퍼져 있다는 것을 의미하며, 값이 작을수록 자료들이 평균 근처에 모여 있다고 해석한다.

$$S = \sqrt{\frac{\sum_{i}^{n}(X_i - \overline{X})^2}{N}}$$

s = 표준편차, X = 자룟값, $\overline{X}$ = 평균, N = 전체 자료 수

3) 상관

앞서 살펴본 중심경향치와 변산도는 한 변수의 특성을 보여 주는 지표들이다. 상관(correlation)은 두 변수 간의 관련성에 대한 정보를 제공하는 통계적 방법을 말한다. 상관이 높다는 것은 두 변수 간의 관련성이 강하다는 것을 의미하고, 상관이 낮다는 것은 두 변수 간의 관련성이 약하다는 것을 의미한다. 상관을 확인할 수 있는 방법으로는 산포도와 공분산, 상관계수를 들 수 있다.

(1) 산포도

산포도(scatter plot)는 통계수치는 아니지만 두 변수의 대략적인 관계성을 시각적으로 쉽게 파악할 수 있도록 돕는 유용한 방법이다. 관계성을 파악하고자 하는 변수들을 축으로 하는 좌표상에 각 데이터값을 점으로 표시하여 산포도를 그릴 수 있다. 산포도의 예를 [그림 11-3]에 제시하였다. 그림에는 3개의 산포도가 제시되어 있다. 각 산포도를 보면 X축에 해당하는 변수와 Y축에 해당하는 변수의 관계를 쉽게 파악할 수 있다. 첫 번째 그림은 X값이 증가할수록 Y값도 증가하는 경향성을 보이고, 두 번째 그림은 X값이 증가할수록 Y값이 감소하는 경향을 보인다. 세 번째 그림의 경우에는 X값과 Y값이 서로 무관하다는 것을 알 수 있다.

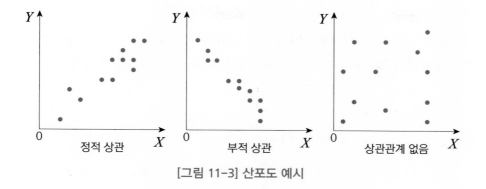

[그림 11-3] 산포도 예시

두 변수의 관계를 분석하는 연구에서는 반드시 산포도를 확인하는 것이 좋다. 시각적으로 자료의 전체 현황을 파악할 수 있을 뿐만 아니라, 다양한 지표를 계산할 때 발생하는 오류를 줄일 수 있기 때문이다. 특히 지표에 큰 영향을 주는 잘못된 측정치들을 파악하는 데 큰 도움이 된다. 예컨대, [그림 11-4]에 제시된 예처럼 하나의 잘못된 측정치로 인해 두 변수의 상관관계가 강한 것으로 계산되는 오류를 막을 수 있다. 그림을 보면 대부분의 데이터 포인트들이 공 모양의 형태로 모여 있고, 하나의 데이터 포인트가 멀리 떨어진 위치에 자리하고 있음을 알 수 있다. 이 경우 단순하게 두 변수의 관련성을 수학적으로 계산하면, 멀리 떨어져 있는 데이터 포인트의 영향 때문에 두 변수가 강한 상관관계를 맺고 있는 것으로 나타날 수 있다. 산포도를 확인하여 이상치(outlier)들을 제거하면 이러한 오류를 줄일 수 있다.

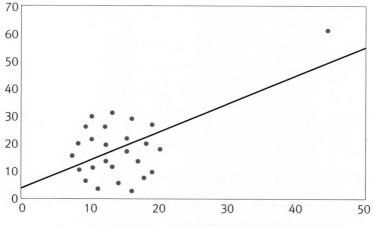

[그림 11-4] 하나의 이상치가 상관관계 분석에 미치는 영향

(2) 공분산

공분산(covariance)은 두 변수가 동시에 평균 오른쪽에 있는지, 혹은 왼쪽에 있는지를 확인할 수 있도록 고안된 지표이다. 공분산의 공식은 다음과 같다.

$$Cov(X, Y) = \frac{\sum_{i}^{n}((X_i - \overline{X})(Y_i - \overline{Y}))}{N}$$

$X = X$ 좌푯값, $\overline{X} = X$ 평균, $Y = Y$ 좌푯값, $\overline{Y} = Y$ 평균, $N =$ 전체 자료 수

공식에 제시된 것처럼 공분산은 각 데이터의 두 변숫값에서 각각의 평균을 뺀 후 곱하여 합산한 값을 전체 자료 수로 나누어 계산한다. X값이 커질수록 Y값도 커지는 경향이 있다면, 공분산은 양의 값을 갖는다. 반대로 X값이 커질수록 Y값이 작아진다면, 공분산은 음의 값을 갖는다. 값의 양적 크기는 변수 단위의 영향을 받기 때문에 큰 의미가 없다. 즉, 공분산은 두 변수 관계의 방향성에 대한 정보를 제공할 뿐 관계의 강도를 정밀하게 알려 주지는 못한다.

(3) 상관계수

공분산의 단점을 보완하는 방법은 공분산을 각 변수 표준편차의 곱으로 나누어 표준화를 실시하는 것이다. 이렇게 계산된 값을 상관계수(correlation coefficient)라 하며, 이 방법을 제안한 학자의 이름을 따라 Pearson(1857~1936) 상관계수라 부르기도 한다. 자세한 공식은 다음과 같다.

$$r = \frac{\sum_{i=1}^{n}((X_i - \overline{X})(Y_i - \overline{Y}))}{\sqrt{\sum_{i=1}^{n}(X_i - \overline{X})^2 \sum_{i=1}^{n}(Y_i - \overline{Y})^2}}$$

$r =$ 상관계수, $X = X$ 좌푯값, $\overline{X} = X$ 평균, $Y = Y$ 좌푯값, $\overline{Y} = Y$ 평균

상관계수는 -1에서 $+1$ 사이의 값을 갖는다. 양의 부호는 양의 상관관계(정적 상관관계)를 의미하며, 음의 부호는 음의 상관관계(부적 상관관계)를 의미한다. 관

계의 강도는 수의 크기로 파악한다. 즉, 상관계수의 절댓값이 클수록 관계가 강하다고 해석할 수 있다. 사회과학 영역에서는 일반적으로 상관계수가 0.1 이상이면 약한 상관관계, 0.3 이상이면 중등도의 상관관계, 0.5 이상이면 강한 상관관계로 해석한다(Cohen, 1988).

2. 추리통계

1) 추리통계의 기본 개념

추리통계(inferential statistics)란 작은 집단의 정보를 활용하여 보다 큰 집단의 속성을 유추하는 것을 의미한다. 여기서 큰 집단을 모집단 혹은 전집(population)이라 부른다. 모집단은 속성을 파악하고자 하는 전체 집단이라고 볼 수 있다. 작은 집단은 표본(sample)이라 부르며, 연구대상이 되는 모집단의 대표적인 (representative) 하위집단이라고 볼 수 있다. 예컨대, 우리나라 고등학교 1학년 학생의 불안 수준에 대한 연구를 진행하고자 할 때, 우리나라에 소재한 전체 고등학교의 1학년 학생들이 모집단이 되고, 이 집단을 잘 대표한다고 생각되는 특정 고등학교의 1학년 학생들이 표본이 될 수 있다.

모집단과 표본을 구분하고 표본의 속성으로 모집단의 속성을 추리하는 이유는 모집단 전체를 대상으로 한 연구가 갖는 한계 때문이다. 예컨대, 모집단 전체를 대상으로 연구를 진행하면 큰 비용이 소모되며, 데이터를 수집하는 과정에서 일어날 수 있는 오류도 많아진다. 이러한 문제를 개선하기 위해 모집단을 대표하는 소규모의 집단을 선정하고, 오류를 최소화하는 방식으로 데이터를 수집하여 모집단의 속성을 추리하는 것이다.

모집단에서 표본을 추출하는 과정을 표집(sampling)이라 하며, 표본을 통해 모집단의 속성을 추리하는 과정을 추정(estimation)이라 한다. 또한 추리하고자 하는 모집단의 속성을 모수(parameter)라 하며, 모수에 대응하는 표본의 속성을 통계량 (statistic)이라 한다. 정리하면, 추리통계란 표본의 통계량을 이용해 모집단의 모수를 추정하는 과정을 의미한다. [그림 11-5]에는 추정의 한 예가 제시되어 있다.

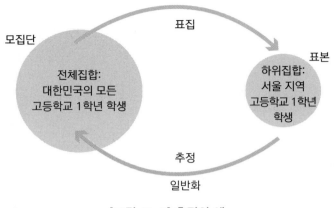

[그림 11-5] 추정의 예

[그림 11-5]의 예를 보면 본래 연구의 대상이 되는 집단은 대한민국의 모든 고등학교 1학년 학생이라는 것을 알 수 있다. 연구자는 전체집합을 잘 대표하는 하위집합으로 서울 지역 고등학교 1학년 학생을 선정했다. 이 과정이 바로 표집이며, 표집 결과 선정된 하위집단을 표본이라 부른다. 연구자는 표본의 특성을 조사하여 그 결과를 토대로 모집단의 특성을 추리하는데, 이를 추정이라 한다. 이 과정은 작은 집단의 특성을 큰 집단의 특성으로 일반화(generalization)하는 과정이라고도 볼 수 있다.

2) 통계량에 대한 이해

추리통계의 원리를 정확히 이해하기 위해서는 통계량을 잘 이해해야 한다. 보통 선정된 표본을 이용해 통계량을 계산하면 특정 상수가 도출되기 때문에 통계량이 상수인 것으로 오해할 수 있는데, 통계량은 상수가 아니다. 그 이유를 이해하려면 모집단에서 표본을 선택하는 과정을 살펴보아야 한다.

표본을 선택할 때에는 모집단의 특성을 가장 잘 반영하는 방식으로 실시하는데, 이론적으로 이 목적을 가장 완벽하게 달성하는 방법은 무작위추출/무선추출(random sampling)이다. 무선추출 방법을 이용해 선택된 표본의 통계량은 무선적으로 선택된 자룟값을 이용해 계산된다. 따라서 표본을 반복해서 추출하면 통계량도 달라질 수밖에 없다. 이런 의미에서 통계량은 상수가 아닌 일종의 함수로 이해해야 한다. 보다 자세하게 통계량을 이해하기 위해 무선변수의 개념을 살펴보자.

(1) 무선변수

무선변수(random variable)는 변수라는 이름이 붙기는 했으나 일종의 함수로 보는 것이 좋다. 무선변수란 표본공간(sample space)상에서 정의된 실수 함수로, 표본공간을 정의역으로 하고 실수를 공역으로 하며, 표본공간상에 있는 모든 단위 사상에 대해 실수를 할당하는 규칙이다. 단위사상(elementary events)은 특정 표본 공간의 단위 원소를 말하며, 집합과 관련된 개념과 비교하자면 집합의 원소에 해당한다. 예컨대, 동전을 한 번 던지는 실험에서 '앞면', '뒷면'은 단위사상이다.

무선변수를 표기할 때는 $X(A) = 1$과 같은 형식을 이용한다. 여기서 X는 무선변수이고 A는 단위사상, 그리고 '1'은 할당된 실수를 의미한다. 예컨대, 동전을 2번 던지는 시행에서 '앞면'이라는 단위사상이 나온 횟수를 X라 하면, X는 표본공간에서 다음과 같이 정의된 함수이다.

$$X(\text{'앞면'}, \text{'앞면'}) = 2$$
$$X(\text{'앞면'}, \text{'뒷면'}) = X(\text{'뒷면'}, \text{'앞면'}) = 1$$
$$X(\text{'뒷면'}, \text{'뒷면'}) = 0$$

이때의 표본공간에는 총 4개의 단위사상이 있으며, X의 값이 1인 원소들은 2개가 있으므로, $X=1$일 확률(probability)*은 2/4, 즉 1/2이 된다. 이를 공식으로 표현하면 다음과 같다. 여기서 $P(X)$를 확률함수(probability function)라 부르기도 한다.

$$P(X = 1) = \frac{1}{2}$$

무선변수가 취할 수 있는 값은 하나 이상이며, 각 값이 발생하는 것은 확률적이다. 무선변수가 취할 수 있는 값이 하나 이상일지라도 하나의 값만 발생하고 다른 값들이 발생하지 않는다면, 이 변수는 무선변수라고 보지 않는다.

---

* 확률이란 어떤 시행에서 특정한 사건이 일어나는 경우의 수를 전체 사건의 수로 나누어 계산한 값을 말한다.

표본공간에 정의된 무선변수는 취하는 값의 형태에 따라 이산무선변수(discrete random variable)와 연속무선변수(continuous random variable)로 구분한다. 표본공간에서 무선변수가 취하는 값이 이산집합(예: 유한집합 혹은 가산)이면 이때의 무선변수를 이산무선변수라 하며, 무선변수가 취하는 값이 연속집합(예: 실수의 구간 또는 구간의 합집합)이면 연속무선변수라 한다. 통계량(statistic)은 무선변수의 수학적 결합이라고 볼 수 있다.

(2) 확률분포

확률분포(probability distribution)는 무선변수가 취하는 값과 각각의 확률을 나타낸 분포를 말한다. 이 또한 두 가지로 구분하는데, 이산무선변수에 대응하는 확률분포를 이산확률분포(discrete probability distribution), 연속무선변수에 대응하는 확률분포를 연속확률분포(continuous probability distribution)라 한다. [그림 11-6]에는 이산확률분포와 연속확률분포의 예가 제시되어 있다.

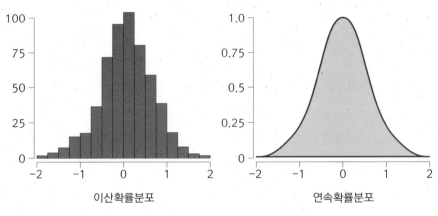

이산확률분포   연속확률분포

[그림 11-6] 이산확률분포와 연속확률분포의 예

연속확률분포의 대표적인 예로는 정규분포(normal distribution)를 들 수 있다. 정규분포의 중요한 특징은 평균값을 중심으로 좌우 대칭이라는 점과 표준편차가 클수록 완만한 곡선을 그린다는 점이다. [그림 11-7]에는 정규분포가 제시되어 있다.

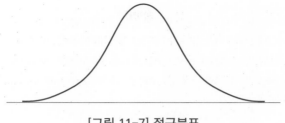

[그림 11-7] 정규분포

정규분포는 매우 보편적으로 확인되는 분포이다. 키나 몸무게 등을 측정하여 빈도를 확인해 보면, 평균값을 중심으로 가운데 부분에 빈도가 높고 양끝으로 갈수록 빈도가 줄어든다. 이처럼 특정 변수가 정규분포를 따를 경우 평균과 표준편차를 알면 그 분포에 대한 정보를 쉽게 파악할 수 있다. 일반적으로 어떤 변수가 평균이 μ이고, 표준편차가 σ인 정규분포를 따를 경우, 정규분포 $N(\mu, \sigma^2)$을 따른다고 표기한다.

글상자 11-2

연속확률분포의 왜도와 첨도

통계분석모형 중에는 변수의 정규분포를 가정하는 경우가 많이 있다. 따라서 어떤 변수가 정규분포를 따르는지의 여부를 판단하는 것은 중요한 작업이다. 어떤 변수가 정규분포를 따르는지를 확인하기 위해 자주 사용되는 지표들로는 왜도와 첨도를 들 수 있다.

• **왜도(skewness)**: 왜도는 확률분포의 비대칭성을 나타내는 지표이다. 분포가 평균을 중심으로 완벽한 대칭을 이룰 때 왜도값은 0이다. 왼쪽 부분에 긴 꼬리를 갖는 분포도일 경우에는 왜도가 음수의 값을 갖고(부적 편포; negative skewness), 오른쪽 부분에 긴 꼬리를 갖는 분포도일 경우에는 양수의 값을 갖는다(정적 편포; positive skewness). 다음 그림에는 왜도에 따른 분포도의 형태가 제시되어 있다.

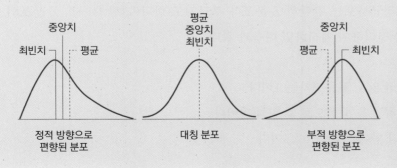

• **첨도(kurtosis)**: 첨도는 자료의 분포가 뾰족한 정도, 즉 중심경향치를 중심으로 자료가 집중되어 있는 정도를 나타내는 지표이다. 분포가 정규분포를 따를 때 첨도값은 0이다. 첨도가 0보다 크다는 것은 분포가 정규분포보다 더 뾰족한 모양임을 의미하고(급첨; leptokurtic), 0보다 작다는 것은 분포가 정규분포보다 더 평평한 모양임을 의미한다(평첨; platykurtic). 다음 그림에는 첨도에 따른 분포도의 형태가 제시되어 있다.

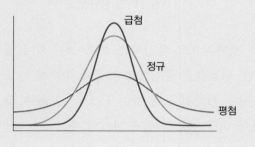

정규분포의 전체 면적은 모든 가능한 경우의 수의 확률을 더한 값이기 때문에 1이다. 또한 어떤 정규분포이든 평균값으로부터 양쪽으로 1표준편차만큼 폭을 취하면 그 폭의 면적이 0.6826이며, 평균의 양쪽으로 2표준편차만큼 폭을 취하면 면적이 0.9544가 된다. 이러한 특성을 이용하여 어떤 정규분포이든 평균이 0, 표준편차가 1인 분포로 변환 가능하다. 이러한 분포를 표준정규분포(standard normal distribution)라 부른다. 표준정규분포의 무선변수 Z는 다음과 같은 공식을 따른다.

$$Z = \frac{X - \mu}{\sigma}$$

μ＝평균, σ＝표준편차

표준정규분포는 간단히 Z 분포라 부르기도 한다([그림 11-8]). Z 분포의 특징을 간단히 정리하여 제시하면 다음과 같다.

• 평균은 0, 표준편차는 1이다.
• 평균값을 중심으로 좌우 대칭이다.
• Z의 범위는 대략 0±3이다.

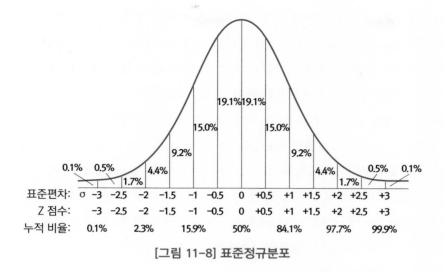

표준편차:	σ	-3	-2.5	-2	-1.5	-1	-0.5	0	+0.5	+1	+1.5	+2	+2.5	+3
Z 점수:		-3	-2.5	-2	-1.5	-1	-0.5	0	+0.5	+1	+1.5	+2	+2.5	+3
누적 비율:		0.1%		2.3%		15.9%		50%		84.1%		97.7%		99.9%

[그림 11-8] 표준정규분포

정규분포는 매우 흔하게 발견되는 분포이기 때문에 많은 통계적 기법이 무선변수의 정규분포를 가정하고 분석을 진행한다. 하지만 무선변수들이 따르는 분포는 정규분포 이외에도 많이 있다. 통계량은 기본적으로 무선변수들의 수학적 결합이기 때문에 통계량 또한 특정한 분포를 따르며, 분포의 형태도 마찬가지로 다양할 수 있음을 염두에 두어야 한다.

3) 통계량을 이용한 추정

추정(estimation)은 표본의 통계량을 이용해 모집단의 모수를 추리하는 것을 말한다. 앞서 살펴본 바와 같이 통계량은 상수가 아니며 특정한 확률분포를 따르는 일종의 함수이다. 우리가 표본을 통해 어떤 특정한 수치를 얻어 그것을 이용해 모수를 추정하지만, 그 수치는 특정한 분포에서 무작위로 얻어진 것임을 잘 기억해야 한다. 이렇게 무작위로 얻어지는 수치를 이용해 모수를 추정하는 과정이 표본의 크기에 따라 어떻게 달라지는지를 단계적으로 살펴보겠다.

(1) 표본의 크기가 하나일 때의 평균 추정

추정은 일반적으로 점추정(point estimation)과 구간추정(interval estimation)으로 구분할 수 있다. 점추정은 간단히 말해 추정의 결과를 하나의 값으로 나타내는 추정이다. 예컨대, 자두가 1000개 있을 때 하나의 자두를 선정하여 무게를 쟀더니 50g 이 나왔다면, 그 값으로 전체 자두의 평균 무게가 50g일 것이라고 추정하는 것이다.

구간추정은 추정의 결과를 구간과 확률로 나타내는 것을 말한다. 예컨대, 앞선 예에서 자두의 무게가 정규분포를 이루고 있고 표준편차는 3g이라는 정보가 주어 졌다면, 미지의 평균무게(μ) ± 3g 사이에서 하나의 자두가 선택될 확률은 68.26% 일 것이다. 이 경우 통계량이 50g으로 확인되었을 때, '47~53g 구간은 68.26% 확 률로 μ를 포함한다.'고 표현하는 것이 구간추정이다. 달리 말하면, 47~53g으로 구간을 설정하여 100번 실험을 하면, 대략 68번은 μ를 포함한다는 의미이다. 여기 에서 계산된 구간을 신뢰구간(confidence interval)이라 하며, 이때의 확률을 신뢰수 준(confidence level)이라고 말한다. 구간추정을 위해서는 분포의 특성과 표준편차 에 대한 정보가 확보되어야 한다.

(2) 표본의 크기가 2일 때의 평균 추정

표본의 크기가 2일 때, 즉 측정값이 2개일 때 정확한 점추정을 위해 채택할 수 있는 가장 유력한 방법은 산술평균을 산출하는 것이다. 이 경우 산술평균이라는 통계량이 만들어지며, 이 통계량은 평균이 μ, 표준편차는 $\dfrac{\sqrt{2\sigma^2}}{2} = \dfrac{\sigma}{\sqrt{2}}$ 인 정규분 포를 따르게 된다.**

여기서 새롭게 구성한 산술평균이라는 통계량은 2개의 측정값이 어떻게 선정 되느냐에 따라 그 값이 달라질 수 있다. 산술평균 자체로도 일종의 분포를 구성할 수 있는 것이다. 추리통계에서는 이 분포를 표집분포(sampling distribution)라고 부 른다. 즉, 표집분포란 모집단에서 표본을 무수히 선정한 후에 모든 표본에서의 통 계량 값을 구하여 나타낸 가상적인 분포를 말한다. 앞의 예에서 산술평균 무선변 수는 2개의 자두로 계산할 수 있는 모든 평균값을 x축으로 하고, 각 평균값이 발생 할 확률을 y축으로 하는 표집분포를 따른다. [그림 11-9]에는 표집분포의 구성방 법이 제시되어 있다.

** 두 측정치의 합은 정규분포 $N(\mu+\mu, \sigma^2+\sigma^2)$을 따른다. 달리 말하면, 두 측정치의 합은 평 균이 2μ, 표준편차가 $\sqrt{2\sigma^2}$ 인 정규분포를 따르는 셈이다. 두 측정치의 산술평균은 합을 2로 나누어 준 값이므로, 평균은 μ, 표준편차는 $\dfrac{\sqrt{2\sigma^2}}{2}$ 인 정규분포를 따르게 된다.

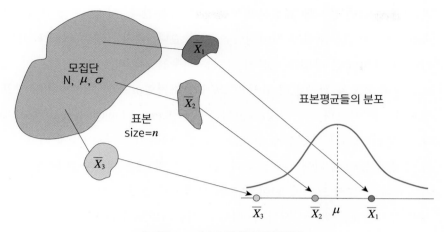

[그림 11-9] 표집분포 구성방법

　표집분포의 표준편차는 추정의 정확성을 반영하기 때문에 특별히 표준오차(standard error)라는 이름을 붙이기도 한다. 표집분포의 표준편차가 작은 경우에는 표집분포의 평균을 중심으로 산술평균들이 밀집되어 있는 분포형태를 띠게 된다. 따라서 무작위로 산술평균 통계량을 얻어도 표집분포의 평균 근처에서 얻을 가능성이 높고, 그 결과 추정의 정확성이 높아진다. 반대로 표집분포의 표준편차가 큰 경우에는 표집분포의 평균을 중심으로 산술평균들이 넓게 퍼진 분포가 형성되고, 그에 따라 평균에서 멀어진 값을 통계량으로 얻을 가능성이 높아진다. 이 경우 추정의 정확성이 낮아질 수밖에 없다. 이러한 이유 때문에 표집분포의 표준편차를 표준오차라고 부르기도 하는 것이다.

(3) 표본의 크기가 N일 때의 평균 추정

　표본의 크기가 N개가 되면, 산술평균 통계량은 평균이 μ, 표준편차는 $\dfrac{\sigma}{\sqrt{n}}$ 인 정규분포를 따르게 된다. 이러한 산술평균 표집분포는 다음과 같은 특징이 있다.

- 표집분포의 평균은 모집단 평균의 가장 좋은 통계량이다. 이론적으로 표집분포의 평균은 모집단의 평균과 같다. 따라서 표집분포의 평균은 모집단 평균의 가장 좋은 통계량이 된다.
- 표집분포의 분산은 모집단 분산을 표본의 크기로 나눈 값이다. 따라서 표본

의 크기가 크면 클수록 표집분포의 분산은 작아진다. 이 말은 곧 표집분포의 표준편차, 즉 표준오차가 작아진다는 말과 같다. 따라서 추정의 정확성을 높이는 한 가지 좋은 방법은 표본의 크기를 키우는 것이다.

- 모집단의 분포와 관계없이 표본의 크기가 커지면($n \geq 30$) 표본평균의 분포는 정규분포를 따른다. 이 원리를 중심극한정리(central limit theorem)라고 부른다. 표본의 크기가 커질수록 평균값은 극한값의 영향이 줄어들게 되고, 그 결과 중앙에 몰리게 되어 정규분포의 형태를 띠게 되는 것이다. 이러한 현상에 기초하여, 표본의 크기가 30이 넘으면 모집단의 분포와 상관없이 정규분포를 가정하고 통계분석을 실시할 수 있다고 제안되기도 한다(Kwak & Kim, 2017). 하지만 모집단의 분포가 정규분포와 다르면 다를수록 표본평균의 분포가 정규분포에 근사하는 속도가 느려질 수 있다. 따라서 모집단 분포의 편향성이 크다고 예상된다면, 단순히 표본 크기 30을 정규성의 기준으로 삼기보다 정규분포 여부를 정밀하게 검증하는 통계기법(예: Shapiro-Wilk 검증)을 이용하는 것이 더 적절하다.

우리가 어떤 집단의 속성을 파악하고자 할 때 표본의 크기를 1개로 잡는 경우는 드물다. 따라서 표본을 이용한 대부분의 추정 과정은 산술평균을 이용하며, 우리가 표본에서 얻은 산술평균은 표집분포에서 무작위로 얻은 것이다. 그리고 표집분포의 형태와 표준오차는 표본의 크기에 큰 영향을 받는다.

4) 가설검증의 원리와 절차

(1) 검증의 개념

추정 활동 중에서 과학적 연구와 관련하여 특히 중요한 것은 검증이다. 검증(test)이란 어떤 주장이 맞는지를 확률을 적용하여 알아내는 과정을 말한다. 여기서 검증하려는 주장을 가설(hypothesis)이라고 부른다.

앞서 소개한 대로 현대 과학에서는 반증(falsification)의 원리를 이용해 가설의 진위 여부를 따진다. 부정하려는 목적으로 세우는 가설, 즉 영가설/귀무가설(null hypothesis)을 설정한 뒤 자료를 통해 이 가설을 기각함으로써 대립가설(연구가설)

을 채택한다. 통계학에서는 이 과정을 확률을 적용하여 진행한다. 이때 중요하게 고려되는 개념은 1종 오류와 2종 오류이다. 1종 오류(type I error)란 영가설이 참인데도 불구하고 그것을 기각할 확률을 말한다. 반면, 2종 오류(type II error)란 영가설이 거짓임에도 불구하고 그것을 채택할 확률을 말한다([그림 11-10]).

의사결정	영가설이 실제로	
	참일 때	거짓일 때
영가설을 기각 (대립가설 채택)	1종 오류	옳은 판단
영가설을 채택 (대립가설 기각)	옳은 판단	2종 오류

[그림 11-10] 1종 오류와 2종 오류

가설검증에서의 핵심은 '옳은 결정'을 내릴 확률을 높이는 것이다. 달리 말하면 1종 오류와 2종 오류를 범할 확률을 낮추는 것이 중요하다. 통계학에서는 이를 달성하기 위해 몇 가지 절차를 마련해 두고 있다. 우선 1종 오류를 줄이는 방법에 대해 알아보자.

1종 오류는 앞서 소개한 대로 영가설이 참일 때 영가설을 기각하는 오류를 말한다. 연구자는 기본 가정대로 영가설이 참임을 가정하고 검증통계량(test statistics)을 계산할 수 있다. 만일 영가설이 실제로 참이라면 검증통계량은 영가설이 참인 경우의 분포 중심에 가까울 가능성이 높고, 반대로 영가설이 거짓이라면 검증통계량은 영가설이 참인 경우의 분포 중심에서 멀리 떨어져 있을 가능성이 높을 것이다.

한편, 계산된 검증통계량으로 의사결정을 내릴 때 1종 오류를 범할 확률은 해당 통계량보다 더 극단적인 값이 얻어질 확률과 같기 때문에, 영가설이 실제로 참인 경우에는 이 확률이 상대적으로 높을 것이다. 반대로 영가설이 실제로 거짓인 경우에는 이 확률이 상대적으로 낮을 것이다.

이러한 원리를 토대로 연구자가 받아들일 수 있는 1종 오류의 최대치를 정해 두고, 이 확률을 검증통계량보다 극단적인 값이 얻어질 확률과 비교해서 영가설 채택 여부를 결정할 수 있다. 여기에서 연구자가 받아들일 수 있는 1종 오류의 최대 치를 유의수준(significance level)이라 부르며, 간단하게 α로 표기한다. 또한 통계량 값들 중 유의수준을 도출하는 값을 편의상 임계치(critical value)라 부른다. 아울러 검증통계량보다 더 극단적인 값이 얻어질 확률을 유의확률(significance probability) 이라 부르며, 간단하게 p-value라 표기하기도 한다. 만일 p-value가 유의수준보 다 작다면 1종 오류의 가능성은 실제로 낮다고 판단하고 영가설을 기각한다. 반대 로 p-value가 유의수준보다 크다면 1종 오류의 가능성이 높다고 판단하고 영가 설을 채택한다. 이러한 검증절차를 간단하게 유의성 검증(significance test)이라 부 르기도 한다. [그림 11-11]에는 유의성 검증 방법이 간단하게 그림으로 제시되어 있다.

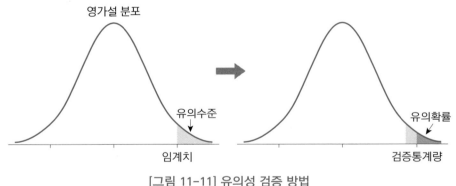

[그림 11-11] 유의성 검증 방법

(2) 유의성 검증의 절차
유의성 검증의 절차를 간단히 정리하면 다음과 같다.

- 영가설을 설정한다.
- 영가설을 공식화하여 표현한다.
- 유의수준을 결정한다.
- 영가설이 참이라고 가정할 때 얻을 수 있는 검증통계량을 구하고, 유의확률 (p-value)을 계산한다.
- 유의확률과 유의수준을 비교한다. 유의확률이 유의수준보다 작으면 영가설 을 기각한다.

예컨대, 우울증을 감소시키기 위해 개발된 심리치료 프로그램 A의 효과를 검증하고자 한다면 다음과 같이 가설검증을 진행할 수 있다.

- H_o(영가설): 치료 프로그램 A는 우울증을 감소시키는 효과가 없다.
- H_o: 프로그램 참여 전의 우울증 수준＝프로그램 참여 후의 우울증 수준
- 유의수준 결정($\alpha=0.05$)
- 검증통계량 계산, p-value＝0.001
- p-value＝0.001＜α＝0.05이므로 영가설을 기각함

유의성 검증은 많이 사용되는 가설검증 방법이지만 영가설을 기각할 것인지 아니면 채택할 것인지만을 결정할 수 있는 방법이다. 그런데 어떤 경우에는 영가설의 기각 여부만으로는 충분히 만족스럽지 않다고 여길 수 있다. 예컨대, 치료 프로그램을 개발한 연구자는 자신의 프로그램이 효과가 있는지 없는지의 여부보다 '얼마나 효과가 있는지'를 궁금해할 수 있다. 또 다른 연구자는 자신의 치료 프로그램이 얼마나 '일관되게' 효과가 있는 것으로 확인될지를 궁금해할 수도 있다. 이 두 가지 질문은 각각 효과크기와 검증력으로 이해할 수 있다.

(3) 효과크기와 검증력

통계학에서 효과크기(effect size)란 어떤 현상의 크기 혹은 강도를 수량화한 것을 의미한다. 예컨대, 두 집단의 평균이 다른지를 검증하는 연구가 있다면, 두 평균 간의 거리가 바로 효과크기이다. 프로그램의 효과를 확인하고자 하는 연구가 있다면, 이때의 효과크기는 프로그램이 목표로 하는 변수의 전체 분산(프로그램 처치효과＋개인차) 중 프로그램 처치에 의한 분산으로 계산한다. 즉, 효과크기는 가설의 종류와 분석모형의 종류에 따라 달라진다. 당연하겠지만 효과크기가 클수록 '효과가 없다'고 가정하는 영가설을 기각할 확률은 높아진다. 즉, 유의성 검증에서 영가설을 기각할 확률이 높아지는 것이다. 하지만 유의성 검증에서 영가설을 기각하는 결과를 얻었다고 해서 반드시 효과크기가 크다고 말할 수는 없다. 효과크기가 작아도 우연에 의해 유의확률이 낮게 나와 영가설을 기각할 수도 있기 때문이다. 이 때문에 최근 가설검증에서는 유의성 검증뿐만 아니라 효과크기 또한 보

고하기를 권하고 있는 추세이다. [그림 11-12]는 두 집단의 평균을 비교하는 검증에서 효과크기에 따라 두 집단의 분포도 위치가 어떻게 달라지는지를 보여 주고 있다. 그림에 나타난 바와 같이 두 집단 분포가 멀리 떨어져 있을수록 효과크기는 커진다.

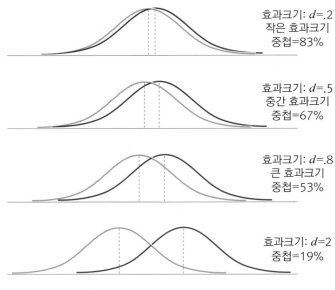

효과크기: d=.2
작은 효과크기
중첩=83%

효과크기: d=.5
중간 효과크기
중첩=67%

효과크기: d=.8
큰 효과크기
중첩=53%

효과크기: d=2
중첩=19%

[그림 11-12] 효과크기에 따른 두 집단의 분포도 위치

검증력(power)이란 간단히 말하면 1에서 2종 오류(간단히 β로 표기한다)를 뺀 값이다. 이 값이 크다는 것은 2종 오류가 작다는 것과 같은 말이다. 즉, 영가설이 거짓임에도 채택할 확률, 혹은 대립가설이 참임에도 기각할 확률이 낮다는 것을 의미한다. 앞서 우리는 1종 오류를 줄이는 방식으로 의사결정을 내리는 방법에 대해서 공부한 바 있다. 일반적으로 2종 오류를 줄이고자 할 때에는 1종 오류를 함께 고려한다. 즉, 최대로 수용할 수 있는 1종 오류의 수준, 즉 유의수준을 정한 상태에서 2종 오류를 고려한다. 우선 1종 오류와 2종 오류의 관계를 쉽게 파악하기 위해 두 오류의 관계를 [그림 11-13]에 제시하였다.

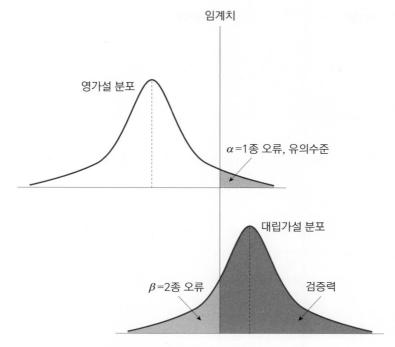

임계치

영가설 분포

α=1종 오류, 유의수준

대립가설 분포

β=2종 오류

검증력

[그림 11-13] 실험연구에서 검증력의 예시

　[그림 11-13]에 제시된 바와 같이 유의수준이 정해지면 자연스럽게 2종 오류 또한 정해진다. 관건은 영가설과 대립가설 분포 간의 상대적인 거리, 즉 효과크기와 분포의 특성이다. 유의성 검증을 모두 통과한 두 가지 경우를 고려해 보자([그림 11-14]). 왼쪽 사례는 영가설과 대립가설의 분포가 비교적 가까이에 위치한 경우이다. 이때 우연하게도 임계치보다 높은 검증통계량 값이 구해져 영가설을 기각하는 결정을 내렸지만, 2종 오류는 상대적으로 높은 수준이다. 오른쪽 사례는 영가설과 대립가설의 분포가 멀리 떨어져 있는 경우이다. 이때에도 유의성 검증 결과 영가설을 기각할 수 있는 것으로 확인되었다. 차이점이라면 2종 오류가 첫 번째 사례보다는 낮다는 점이다.

　이런 상황에서 다른 표본으로 동일한 검증을 다시 실시한다면, 두 사례 중 같은 결과를 얻게 될 확률이 상대적으로 높은 쪽은 어디일까? 둘 중 하나를 꼽자면 오른쪽 사례를 꼽을 수 있을 것이다. 대립가설의 분포가 영가설과 멀리 떨어져 있기 때문에 검증통계량을 다시 산출해도 영가설의 중심에서 멀리 떨어져 있는 곳에 위치할 가능성이 더 높기 때문이다.

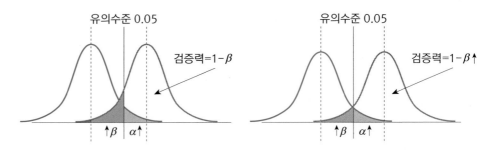

[그림 11-14] 영가설과 대립가설 분포의 위치에 따른 1종 오류와 2종 오류

이러한 이유로 2종 오류가 낮다는 것, 혹은 검증력이 높다는 것은 다른 표본을 이용해 동일한 방식으로 가설검증을 실시해도 유사한 결과가 나올 가능성이 높다는 것을 의미한다. 과학적 연구에서는 진실에 가까운 안정적인 지식체계를 수립하는 것이 중요하기 때문에 반복검증은 중요한 이슈일 수밖에 없다. 유의성 검증은 이러한 요구를 충족시키기에는 한계가 있으며, 이를 보완하는 것이 검증력이라 볼 수 있다. 앞서 간단히 언급했지만 검증력에 영향을 미치는 요인을 다시 정리하여 제시해 보겠다.

- 유의수준: α와 β는 트레이드오프(trade-off)관계이기 때문에 α값이 커질수록 β가 감소하고 그 결과 검증력은 커진다. 하지만 유의수준은 보통 학문 분야에 따라 허용 가능한 수준이 정해져 있기 때문에 연구자가 조정하기보다는 분야별로 정해진 기준을 따르는 것이 일반적이다. 즉, 고정되는 변수인 셈이다.
- 효과크기: 앞서 제시된 [그림 11-14]에 나타난 것처럼 영가설과 대립가설의 분포가 멀리 떨어져 있을수록 β가 감소하고 검증력이 커진다는 것을 알 수 있을 것이다. 예컨대, 특정 독립변수가 종속변수에 미치는 영향이 실제로 매우 크다면 독립변수의 효과크기는 클 것이며, 자연스럽게 β는 낮을 것이다. 따라서 연구자는 실제 효과크기가 큰 개념, 혹은 변수를 선별함으로써 검증력을 높일 수 있다.
- 사례 수: 사례 수가 커지면 분포의 분산이 작아지기 때문에 중앙에 밀집한 형태의 분포가 된다. 결과적으로 β가 감소하고 검증력이 커진다. 가상적으로 표본의 크기를 조정했을 때의 β 변화 양상이 [그림 11-15]에 제시되어 있다.

그림에 나타난 것처럼 표본의 크기가 커질수록 분포가 중앙에 밀집된 뾰족한 형태가 되기 때문에 β값이 작아지게 된다. 따라서 연구자는 사례 수를 증가시킴으로써 일정 부분 검증력을 증가시킬 수 있다.

• 가외변수 통제: 가외변수를 통제하면 종속변수의 분산이 줄어들기 때문에 사례 수가 증가하는 것과 유사한 효과를 얻게 된다. 즉, 각 분포의 위치가 달라지지는 않지만 형태가 좀 더 뾰족한 모양으로 변해 결과적으로 β가 감소하는 효과를 얻게 된다.

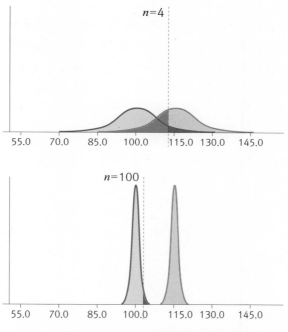

[그림 11-15] 표본의 크기에 따른 1종 오류와 2종 오류

검증력은 표본의 크기를 결정하는 지표로도 활용된다. 사회과학 연구에서는 일반적으로 검증력을 0.8정도로 유지하는 것을 권장하는데, 이 값을 유지할 수 있는 표본의 크기를 역으로 산출하는 것이다. 검증력을 이용해 표본의 크기를 산출하는 자세한 방법은 자료수집 부분을 참고하기 바란다.

요약

- 가설의 검증을 위해 자료를 수집하고 분석하려면 통계의 기본 원리를 이해해야 한다. 통계학이란 데이터의 수집, 분석, 해석, 제시, 조직화 등을 다루는 수학의 한 분야를 말한다.

- 기술통계란 특정 집단의 속성을 숫자를 이용하여 기술하는 것을 말한다. 대표적인 기술통계치로는 중심경향치와 변산도, 상관을 들 수 있다.

- 추리통계란 작은 집단의 정보를 활용하여 보다 큰 집단의 속성을 유추하는 것을 의미한다. 여기서 큰 집단을 모집단, 작은 집단을 표본이라 한다. 모집단에서 표본을 추출하는 과정을 표집이라 하며, 표본을 통해 모집단의 속성을 추리하는 과정을 추정이라 한다. 여기서 추리하고자 하는 모집단의 속성을 모수라 하며, 모수에 대응하는 표본의 속성을 통계량이라 한다.

- 추리통계에서 검증이란 어떤 가설이 맞는지를 확률을 적용하여 알아내는 과정을 말한다.

연습문제

1. 다음은 중앙치(median)에 대한 설명이다. 틀린 것을 모두 고르시오.

   ① 명목변수에서 사용할 수 있다.
   ② 평균을 중심으로 오른쪽에 극단치가 있을 경우 중앙치는 평균보다 오른쪽에 존재한다.
   ③ 평균보다는 정보 활용도가 낮다.
   ④ 분포가 좌우 대칭일 때 평균과 중앙치는 같다.

2. 분산(variance)과 표준편차(standard deviation)의 개념을 기술하고, 표준편차의 개발 배경을 설명하시오.

3. A는 두 변수 간의 관련성에 대한 정보를 제공하는 기술통계 수치이다. A를 확인하는 대표적인 방법으로는 B와 C, D를 들 수 있다. 이 중 C는 두 변수가 동시에 E 오른쪽에 있는지, 아니면 왼쪽에 있는지를 확인할 수 있는 수치로, 부호가 F이면 부적인 상관이 있는 것으로 해석한다. D는 C의 단점을 보완하기 위해 개발된 수치로 C를 G로 나누어 주어 계산한다. D를 이용하면 상관의 방향뿐만 아니라 강도도 해석할 수 있다. A, B, C, D, E, F, G에 해당하는 용어들을 제시하시오.

4. 다음은 추리통계에 대한 설명이다. 틀린 것을 모두 고르시오.

   ① 통계량(statistic)은 상수(constant)이다.
   ② 표본을 수집하여 계산한 대푯값으로 모집단의 특성을 추정할 때, 표본분포의 표준편차는 추정의 정확성을 반영한다.
   ③ 표집분포(sampling distribution)의 평균은 모집단의 평균과 같다.
   ④ 모집단의 분포가 오른쪽으로 치우친 분포일 때, 표본크기가 100인 경우 표집분포 또한 모집단과 동일한 형태의 분포를 따른다.

5. 영가설이 거짓임에도 불구하고 영가설을 채택하는 것을 A라 하며, 영가설이 진실임에도 불구하고 영가설을 기각하는 것을 B라 한다. 각각은 확률로 표기할 수 있다. A와 B를 쓰고 다음 질문들에 답하시오.

   (1) 가설의 채택/기각 여부를 판단하는 기준으로 사용하는 확률은?

   (2) 동일한 결과를 도출할 가능성을 판단하는 기준으로 사용될 수 있는 확률은? 이때 1에서 해당 확률을 뺀 값을 무엇이라고 부르는가?

6. 다음은 추리통계에서 가설검증의 절차에 대한 설명이다. 틀린 것을 모두 고르시오.

   ① 표본 통계량보다 더 극단적인 값이 얻어질 확률과 유의수준을 비교한다.
   ② 영가설은 모집단의 모수로 표현한다.
   ③ 1종 오류를 작게 설정할수록 $p-$value 또한 작아진다.
   ④ 유의확률이 클수록 영가설이 기각될 가능성이 높아진다.

제12장 주요 통계모형

CHAPTER

과학적 연구에서 다루는 가설은 매우 다양하며, 가설에 따라 검증에 사용되는 통계량 또한 달라진다. 통계학에서는 모집단의 자료 특성에 대한 다양한 수학적 모형을 구성하고, 각 모형에 기반하여 연구가설들을 검증할 수 있는 분석기법과 통계량을 제공하고 있다. 특정한 통계학적 가정과 수학적 모형, 통계량, 분석 알고리즘 등을 아울러 간단히 통계모형(statistical model)이라 부르기도 한다.

통계학에서는 매우 다양한 통계모형을 개발해 왔으며, 보다 진실에 가까운 결과를 얻을 수 있도록 돕는 유용한 모형들이 현재도 꾸준히 개발되고 있다. 여기에서는 그동안 개발된 통계학적 모형들 중 특별히 높은 빈도로 사용되고 있는 모형들을 선별하여 제시하고자 한다. 각 모형은 모두 엄격한 수학적 과정을 거쳐 개발된 것들이며, 관련 내용을 상세하게 공부하기 위해서는 상당히 많은 시간과 노력이 필요하다. 따라서 이 책에서는 각 모형의 수학적 과정을 자세하게 다루기보다, 모형의 기본 개념과 분석논리, 활용방법, 기본 가정, 실제 분석 시 사용할 수 있는 프로그램 등을 간단하게 소개하려고 한다. 보다 구체적인 내용은 다음을 참고하기 바란다.

- 기본 개념과 분석원리: 모든 통계모형은 고유한 개발목적이나 배경을 가지고 있다. 여기에서는 각 모형의 기본 개념과 목적, 사용범위, 제한점 등을 간단하게 살펴볼 것이다. 아울러 모형의 핵심적인 분석논리나 원리 또한 간략하게 알아보고자 한다.

- 주요 분석모형 혹은 유형: 대부분의 통계모형은 하나 이상의 하위모형들로 구성된다. 여기에서는 대표적인 하위 분석모형들을 알아보고, 필요할 경우에는 많이 사용되는 응용모형에 대해서도 소개할 것이다.
- 검증절차 및 분석절차: 소개된 분석원리에 근거한 실제적인 검증절차 및 분석절차를 단계적으로 소개할 것이다.
- 효과크기의 확인방법: 앞서 가설검증에서 살펴본 바와 같이 현대 통계학에서는 유의성 검증뿐만 아니라, 효과크기나 검증력의 확인절차 또한 중요하게 다루고 있다. 여기에서는 가능한 범위 내에서 각 모형별 효과크기 확인방법을 간단하게 제시할 것이다.
- 기본 가정의 확인방법 및 추천 프로그램: 모든 통계모형은 기본 가정을 만족해야 실시할 수 있다. 여기에서는 각 모형별 가정을 점검하는 방법을 소개하고, 분석을 진행할 때 많이 사용하는 통계 프로그램을 간단히 소개할 것이다.

앞서 언급한 바와 같이 통계모형은 매우 다양하다. 하지만 모든 통계모형이 동일한 빈도로 사용되는 것은 아니며, 연구 초심자들이 자주 사용하는 통계모형들을 선별할 수 있다. 이 책에서는 이러한 모형들 중 t 검증과 분산분석, 회귀분석, 다변량분산분석, 요인분석, 구조방정식을 살펴보고자 한다.

이 중 t 검증과 분산분석, 회귀분석은 단변량분석(univariate analysis)에 해당하며, 연구 초심자들이 매우 빈번하게 사용하는 분석기법들이므로 학부과정 학생들도 모두 공부해 두는 것이 좋을 것이다. 다변량분산분석과 요인분석, 구조방정식 또한 빈번하게 사용되는 분석모형이지만, 이들은 기본적으로 다변량분석(multivariate analysis)에 해당하며, 분석논리 등이 단변량분석에 비해 복잡한 경향이 있다. 따라서 학부과정 학생들은 해당 내용을 제외하고 공부해도 무방하다. 하지만 대학원 과정 학생들은 학위 연구를 진행할 때 많이 사용하게 될 것이므로 모두 공부할 것을 권한다.

마지막으로 모수 통계의 기본 가정, 즉 종속변수의 정규성(normality)을 만족하지 못하는 경우에 사용할 수 있는 통계모형들을 간단하게 소개할 것이다. 실제 임상 환자들을 대상으로 연구를 진행해야 하는 경우에는 비모수 통계모형을 사용해야 할 때가 많으므로 여기에 속하는 모형들을 자세하게 공부하기를 권한다.

1. *t* 검증

1) 개념 및 분석논리

가장 먼저 살펴볼 분석모형은 *t* 검증이다. *t* 검증은 *t* 분포를 이용한 검증방식으로 두 평균의 차이에 대한 유의성을 검증하는 분석모형이다. 즉, 두 평균이 서로 다른지 그렇지 않은지를 확인하고자 할 때 사용할 수 있는 모형이다. 예컨대, 남자 집단과 여자 집단의 평균 우울 수준에 차이가 있는지를 검증하고자 할 때 *t* 검증을 사용할 수 있다. *t* 분포는 통계량 *t*의 분포를 의미한다. 통계량 *t*는 앞서 표준정규분포를 공부할 때 소개했던 통계량 *Z*와 유사하다. 다음은 *t*의 공식이다.

$$t = \frac{\bar{x} - \mu}{\dfrac{s}{\sqrt{n}}}$$

$\bar{x}$ = 표본평균
μ = 표본평균들의 평균
s = 표본의 표준편차
n = 표본 수

통계량 *t*와 *Z*의 차이점은 분모 부분이다. *Z*의 경우 분모 부분에 모집단의 표준편차인 σ가 포함되어 있다. 하지만 표본을 이용해 추정을 진행할 경우 모집단의 표준편차인 σ를 알 수 없을 때가 많다. 이러한 한계를 고려하여 표본의 표준편차 *s*를 이용해 추정을 진행할 수 있도록 개발된 통계량이 *t*이다. *t* 분포와 *Z* 분포의 관계는 [그림 12-1]에 묘사되어 있다. 그림에 제시된 바와 같이 *n*이 30 이상이 되면 정규분포와 유사해지고, *n*이 무한대일 경우 정규분포와 동일해진다.

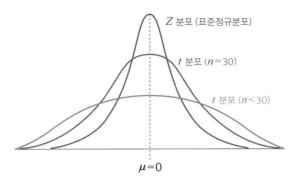

[그림 12-1] *t* 분포와 *Z* 분포의 관계

　t 분포는 *Z* 분포와 유사한 방식으로 활용할 수 있다. 다만, *t* 분포에서 각 값에 따른 확률은 자유도를 고려하여 결정한다. 자유도(degree of freedom)는 주어진 *n*개의 숫자 중 자유로울 수 있는 숫자의 개수를 의미한다. *n* 대신에 자유도를 사용하는 이유는 자유도를 이용할 때 보다 정확한 추정치가 산출되기 때문이다. 자유도를 사용하는 수학적인 이유에 대해서는 통계학 서적을 참고하기 바란다.

2) 유형

　t 검증은 비교하는 두 평균이 어떤 표본에서 구해진 값인지에 따라 몇 가지 유형으로 구분된다.

　첫 번째 유형은 단일 표본에서의 *t* 검증이다. 이것은 하나의 표본을 대상으로 두 변수의 평균 차이를 검증하는 것이다. 예컨대, 고등학교 1학년 남학생 집단을 대상으로 수학 성적과 국어 성적을 측정해서 두 평균의 차이를 검증하는 것이 여기에 해당한다.

　두 번째 유형은 독립 표본에서의 *t* 검증이다. 이 유형은 서로 독립적인 두 표본의 특정 변수 평균 차이를 검증하는 것이다. 예컨대, 고등학교 1학년 남학생과 여학생의 수학 성적을 측정한 뒤 두 집단 간에 평균 차이가 있는지를 검증하는 것이 여기에 해당한다.

　세 번째 유형은 상관 표본에서의 *t* 검증이다. 이 유형은 서로 상관이 있는 두 표본에서 측정한 특정 변수의 평균 차이를 검증하는 것이다. 대표적인 예는 동일한 집단을 대상으로 두 차례에 걸쳐 동일한 변수를 측정한 뒤 평균 차이를 비교하는 것이다. 어떤 집단을 대상으로 프로그램을 실시하기 전과 후에 특정한 심리적 속성을 측정한 뒤 두 시기의 평균 차이를 검증하는 것이 여기에 해당한다.

3) 검증절차 및 효과크기

t 검증의 일반적인 절차는 다음과 같다.

- 영가설을 설정한다(예: H_o: $\mu_1 = \mu_2$).
- 유의수준을 설정한다.
- 검증통계량 t를 계산하고, 그에 따른 p-value를 계산한다.
- p-value와 유의수준을 비교하여 영가설 기각 여부를 결정한다.

대부분의 통계분석 프로그램에서는 t 검증을 실시할 변수들을 지정해 주면 자동으로 t값과 p-value를 계산해 준다. 따라서 연구자는 결과표에 제시되어 있는 p-value를 이용해 유의수준과 비교하면 된다.

t 검증의 효과크기는 Cohen's d로 확인할 수 있다. Cohen's d는 평균값의 차이를 전체 표준편차(pooled SD)로 나누어 계산한다. 〈표 12-1〉에는 일반적으로 사용되는 해석기준이 제시되어 있다.

〈표 12-1〉 Cohen's d 해석 기준(Cohen, 1988)

Cohen's d	효과크기
0.2	작음(small)
0.5	중간(medium)
0.8	큼(large)

4) 기본 가정 점검 및 추천 프로그램

t 검증을 진행하기 위해서는 비교하는 두 변수의 정규성 가정과 등분산 가정이 만족되어야 한다. 우선 비교하는 두 변수는 모두 정규분포를 따라야 한다. 정규성

검증은 다양한 방법을 이용할 수 있다. 그래프를 확인할 수도 있고, 왜도와 첨도를 확인하는 방법도 가능하다. Shapiro-Wilk 검증을 이용할 수도 있다(Shapiro & Wilk, 1965). 이 검증의 영가설은 '변수가 정규분포를 따른다.'이다. SPSS 등의 통계 패키지에서는 정규성 검증을 기본으로 제공하므로 p-value를 이용해 간단히 가설검증을 할 수 있다.

등분산 가정이란 비교하는 두 분포의 분산이 동일하다는 가정이다. t 검증은 비교하는 두 분포의 분산이 동일하다는 가정하에서 사용할 수 있는 분석모형이다. 따라서 실제로 비교하는 두 분포의 분산이 동일한지 확인해야 한다. 등분산 가정을 확인하는 방법으로는 Levene 검증을 많이 사용한다(Brown & Forsythe, 1974). Levene 검증의 영가설은 '두 집단의 분산 차이가 없다.'이다. 따라서 유의확률이 유의수준보다 더 크게 나오면 등분산 가정이 만족된 것으로 보고, 반대로 유의수준보다 작게 나오면 등분산 가정이 기각된 것으로 본다. 등분산 가정이 만족되지 않은 경우에는 두 분포의 분산이 다르다는 가정하에 t값을 다시 추정하여 제공하므로 해당 값을 가설검증에 사용하면 된다.

t 검증은 거의 대부분의 통계 패키지에서 실시할 수 있다. SPSS(Statistical Package for the Social Science)나 R(https://www.r-project.org), SAS(Statistical Analysis System) 등의 거의 모든 통계 패키지가 t 검증 기능을 기본적으로 제공한다.

글상자 12-1

통계 프로그램 소개

자료분석에 많이 활용되는 대표적인 통계 프로그램을 몇 가지 소개하겠다.

- **SPSS**: 사회과학 연구를 진행하는 연구자라면 한 번쯤 들어보았을 프로그램일 것이다. 그만큼 많이 사용되는 통계 프로그램이며, 많이 사용되는 이유는 편의성 때문이다. 대부분의 기능이 윈도우 형식으로 제공되기 때문에 사용자는 매뉴얼을 참고하여 필요한 분석모형을 찾아 몇 번의 마우스 클릭과 조건설정으로 분석을 마무리 지을 수 있다. 유료 프로그램이지만 대부분의 교육기관에서 구매하여 학생 및 연구자들이 무료로 사용할 수 있도록 하고 있다. SPSS의 단점은 일부 분석모형의 경우 수학적 계산 방법을 연구자가 직접 선택할 수 없도록 되어 있다는 점이다.
- **SAS**: SPSS만큼이나 많이 사용되어 온 유료 통계 프로그램이다. 원래는 분석자가 명령어를 직접 입력하는 형식이었으나, 2004년경부터 SPSS와 유사하게 사용자 편의를 위한 인터페이스를 일부 제공하고 있다. 명령어 기반의 프로그램인 만큼 연구자가 분석의 세부사항을 직접 결정할 수 있다는 점이 가장 큰 장점이며, 매우 다양한 분석모형을 지원한다는 점도 중요한 장점이다.

• R: 비교적 최근에 많이 사용되고 있는 통계 프로그램이다. 이 프로그램은 앞서 소개된 다른 프로그램들과 달리 무료로 제공되고 있으며, 명령어 입력 방식을 취하고 있다. 이 프로그램의 가장 큰 장점은 다양한 분석모형 패키지(특정한 분석 알고리즘을 모아 둔 것이라고 보아도 무방하다)를 연구자들이 개발하여 무료로 배포한다는 점이다. 명령어 입력 체계도 그렇게 복잡하지는 않아서 약간의 노력을 기울이면 충분히 활용할 수 있다. R의 또 다른 장점으로는 자료를 변형하거나 재구성하기에 용이하다는 점과, 분석결과를 제시하는 그래픽 툴이 매우 다양하여 완성도 높은 그림이나 도표를 만들어 낼 수 있다는 점 등을 들 수 있다.

2. 분산분석

1) 개념

분산분석(analysis of variance: ANOVA)은 분산을 분석하여 평균치들의 차이 유의도를 검증하는 방법이다. 평균 차이를 검증한다는 점에서 t 검증과 유사하지만, 차이를 검증하는 평균치가 3개 이상일 때, 달리 말하면 평균을 구분하는 기준의 조건이 3수준 이상일 때 분산분석을 사용한다. 분산분석은 집단 혹은 조건을 구분하는 기준의 수에 따라 기준이 1개이면 일원분산분석(one-way analysis of variance), 2개이면 이원분산분석(two-way analysis of variance) 등으로 구분한다.

2) 일원분산분석의 논리와 절차

일원분산분석은 집단을 구분하는 기준이 하나인 분산분석을 말한다. 종속변수의 집단 간 차이를 검증하기 위해 일원분산분석에서 채택하는 방법은 종속변수 점수의 분산을 분석하는 것이다. 분산은 편차제곱합(sum of squares)을 자유도로 나누어 계산하기 때문에 편차제곱합의 구조를 파악하면 분산의 구조 또한 파악할 수 있다.

종속변수의 전체 분산은 집단 내 분산과 집단 간 분산의 합이다. 여기서 집단 내 분산은 각 집단의 구성원들이 갖는 점수 차에 의한 분산, 즉 각 집단의 평균으로부터 퍼져 있는 정도라고 볼 수 있다. 이 분산은 무작위오차에 의한 분산에 해당한다. 반면, 집단 간 분산은 집단의 평균들이 전체 평균으로부터 퍼져 있는 정도를 반영한다. 이것은 실험 상황에서 처치에 의한 분산이라고 볼 수 있다. 예컨대, 어떤 우울증 치료 프로그램 A의 효과가 있는지를 확인하기 위해 실험집단(새로 개발한 치료 프로그램 A 실시)과 비교집단(기존에 많이 활용하던 프로그램 B 실시), 통제집단(대기집단)을 설정하고 프로그램을 진행했다고 가정해 보자. 여기서 집단 내 분산은 각 집단 구성원의 우울 점수가 집단 평균으로부터 퍼져 있는 정도이며, 집단 간 분산은 세 집단의 평균이 전체 평균(세 집단 구성원 모두를 고려했을 때의 평균)으로부터 퍼져 있는 정도라고 볼 수 있다.

　분산분석에서는 무작위오차에 의한 집단 내 분산에 비해 처치에 의한 집단 간 분산이 더 크면 처치의 효과가 존재한다고 판단한다. 이것을 공식화한 통계량이 F이다.

$$F = \frac{\text{집단 간 분산}}{\text{집단 내 분산}}$$

　분산은 편차제곱합을 자유도로 나누어 계산하기 때문에 다음과 같은 공식으로 표기할 수도 있다. 여기서 전체 편차제곱합을 간단하게 SST(Sum of Squares Total)로 표기하고, 집단 내 편차제곱합을 SSW(Sum of Squares Within), 집단 간 편차제곱합을 SSB(Sum of Squares Between)로 표기하기도 한다. 다음에는 편차제곱합의 구조를 반영하여 다시 기술한 F 공식이 제시되어 있다.

$$F = \frac{\dfrac{SSB}{df_B}}{\dfrac{SSW}{df_W}}$$

SSB = 집단 간 편차제곱합
SSW = 집단 내 편차제곱합
df = 자유도

　가설을 검증하는 절차는 앞서 소개한 t 검증과 유사하다. 다만, 새로운 통계량 F를 사용한다는 점이 다를 뿐이다. 일원분산분석 F 검증의 영가설은 집단들 간의 평균이 서로 다르지 않다는 것이며, 대립가설은 적어도 하나의 집단 평균이 다른 하나의 집단 평균과 다르다는 것이다. 따라서 F 검증 결과 영가설을 기각했다면, 비교한 3개의 집단 평균 중 적어도 하나의 평균은 다른 하나의 평균과 다르다는 것을 의미한다. 예컨대, 앞서 소개한 우울증 치료 프로그램 사례에서 F 검증 결과 영가설을 기각하게 되었다면, 새로운 치료 프로그램과 기존의 치료 프로그램, 대기집단의 우울 점수들 중 어느 하나는 다른 하나와 다르다는 것을 의미한다. 가령, 새로운 치료 프로그램과 기존의 치료 프로그램의 우울 점수는 같지만, 대기집단의 우울 점수가 다른 두 집단의 점수보다 더 높았다면, F 검증에서 영가설을 기각할 수 있다. 하지만 이러한 결과는 연구자가 원하는 바가 아닐 것이다. 연구자는 새로운 치료 프로그램이 대기집단뿐만 아니라 기존의 치료 프로그램보다도 더 우수해서 우울 점수가 가장 낮게 나타나는 것을 원할 것이기 때문이다. 따라서 단순히 전체 F 검증에서 끝내지 않고 가능한 한 모든 집단 쌍의 평균을 비교하는 사후검증(post-hoc analysis)을 진행하는 것이 일반적이다. 사후검증을 실시하면 보다 구체적으로 집단 간 평균 차이를 비교할 수 있다.

글상자 12-2 | 분산분석에서의 사후검증

분산분석에서 실시하는 사후검증이란 연구에 포함된 집단들을 여러 쌍으로 구성하여 평균 차이를 검증하는 것을 말한다. 예컨대, A와 B, C 집단을 구성하여 전체 평균 차이에 대한 분산분석을 실시한 경우, A와 B의 평균 차이, B와 C의 평균 차이, A와 C의 평균 차이를 분석하는 것이 사후검증이다. 여러 번에 걸쳐 서로 다른 집단 쌍을 비교한다는 측면에서 다중비교(multiple comparison)라 불리기도 한다.

다중비교를 실시할 때 발생하는 중요한 문제는 1종 오류가 증가한다는 점이다. 다중비교는 한 번의 실험으로 여러 개의 가설을 동시에 검증하는 것과 같다. 이렇게 여러 개의 가설을 동일한 유의수준(예: 0.05)으로 검증하다 보면, 확률상 하나 정도는 유의하게 나타날 가능성이 높아진다. 즉, 1종 오류(영가설이 참임에도 기각할 확률)가 높아지는 것이다. 이러한 문제를 방지하기 위해서는 검증하는 가설의 수를 고려하여 유의수준을 보정해 주어야 한다. 간단히 말하면, 가설의 수가 많을수록 보다 엄격한 유의수준을 적용해야 한다.

분산분석의 사후검증 방법이 다양한 것은 집단들을 비교하는 방식이나 1종 오류 통제 방안을 달리하는 방법들이 많이 개발되었기 때문이다. 여기에서는 대표적인 방법들을 몇 가지만 소개하기로 하겠다.

- **Fisher의 LSD 검증**

영국의 통계학자 Fisher(1890~1962)가 개발한 방법으로, 집단들의 평균을 이용해 가장 작은 유의한 차이(least significant difference: LSD)를 계산한 뒤, 이 값보다 클 경우 차이가 유의한 것으로 해석한다. 손쉬운 방법이지만, 유의수준을 보정하지 않기 때문에 비교하는 짝이 많아질 경우(4개 이상) 1종 오류가 증가하게 된다. 이 때문에 최근 연구들에서는 거의 사용되지 않는 방법이다.

- **Dunnett 검증**

캐나다의 통계학자 Dunnett(1921~2007)이 개발한 방법으로, 하나의 집단을 기준으로 다른 집단들과의 차이를 분석한다. 모든 집단 조합을 검증하지는 않기 때문에 검증하는 가설 수가 상대적으로 적다. 1개의 통제집단과 여러 개의 실험집단으로 구성된 실험에서 사용하면 유용하다.

- **Tukey 검증**

미국의 수학자 Tukey(1915~2000)가 개발한 방법으로, 모든 집단 조합에 대해 분석을 실시한다. 차이 검증에 사용되는 통계량 q는 t와 유사하지만 분모 부분이 다르다. t 검증에서는 표준오차를 구할 때 비교하는 두 평균만을 이용하지만, Tukey 방법에서 q를 구할 때에는 전체 실험에 포함되는 모든 평균을 고려한다. 따라서 비교하는 조합이 많아질수록 q 임계치 값은 t 임계치 값보다 커지게 되고, 보다 엄격한 기준을 적용해 차이 유의도를 검증하게 된다. 이 방법은 1종 오류를 일정하게 유지하면서 모든 집단 조합의 평균 차이를 분석하고자 할 때 많이 사용된다. 하지만 비교하는 집단들의 크기가 동일할 때 사용하는 것이 일반적이며, 표본 수가 적을수록 정확도가 낮아지는 한계를 가지고 있다.

- **Bonferroni 검증**

검증하는 가설의 수를 고려하여 유의수준을 교정해 주는 대표적인 방법이다. 다중비교에서는 유의수준을 비교하는 짝의 수로 나누어 적용할 수 있다. 예컨대, 기본 유의수준이 0.05이고 비교하는 짝이 5개라면, 각 짝의 비교에 0.01의 유의수준을 적용하는 것이다. 1종 오류 통제 측면에서 Tukey 방법보다 엄격하지만, Scheffe 방법보다는 관대한 편이다. 비교대상이 많아질수록 유의수준이 작아지기 때문에 검증력이 약해진다.

- **Scheffe 검증**

미국의 통계학자 Scheffe(1907~1977)가 개발한 방법으로, 가장 보수적이고 엄격한 사후검증이다. 통계량 F를 이용해 유의한 차이를 검증하는데, F의 분자 부분은 비교하는 두 평균으로 계산한 집단 간 분산 추정치이며, 분모는 전체 분산분석에서 계산한 집단 내 분산 추정치이다. Scheffe 검증에서는 두 가지 방법으로 1종 오류를 통제한다. 첫째, 분자 부분의 자유도를 계산할 때 전체 처치 수를 사용한다. 이렇게 하면 비교하는 집단들이 많아질수록 분자 부분이 작아지게 되고, 결국 영가설을 기각할 가능성도 줄어들게 된다. 둘째, 전체 분산분석에서 사용했던 F 임계치를 그대로 개별 짝비교에 적용한다. 이 두 가지 방법은 매우 엄격한 방법이기 때문에 개별 비교에서 유의한 차이를 발견하기 어렵다는 점이 한계로 지적되고 있다.

3) 이원분산분석의 논리와 절차

이원분산분석은 집단을 구분하는 기준, 혹은 독립변수가 2개인 분산분석을 말한다. 이원분산분석은 앞서 연구설계에서 소개한 요인설계(factorial design) 자료를 분석할 때 사용한다. 이원분산분석에서는 독립변수가 2개이기 때문에 전체 분산의 구조가 달라진다. 구체적으로 말하면, 이원분산분석의 분산은 집단 내 효과에 의한 분산과 첫 번째 변수의 효과에 의한 분산, 두 번째 변수의 효과에 의한 분산, 두 변수의 상호작용효과에 의한 분산으로 구성된다. 따라서 이원분산분석에서는 다음 세 가지 효과를 분석할 수 있다.

- 상호작용효과(interaction effect)
- 주효과(main effect)
- 단순주효과(simple main effect)

상호작용효과란 두 독립변수가 종속변수와의 관계에서 상호 간에 미치는 영향을 말한다. [그림 12-2]에는 두 변수의 상호작용효과의 예가 제시되어 있다. 그림을 보면, 여성의 경우 위약집단보다 약물투여집단에서 통증이 더 높은 반면, 남성은 약물투여집단보다 위약집단에서 통증이 높게 보고된 것을 알 수 있다. 이렇게 약물의 효과가 성별에 따라 다르게 나타난다면, 처치와 성별의 상호작용효과가 있다고 판단한다.

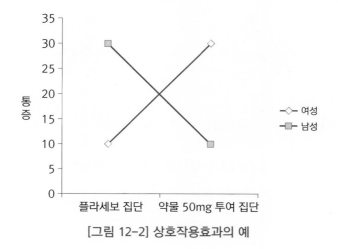

[그림 12-2] 상호작용효과의 예

주효과란 특정한 하나의 변수가 종속변수에 미치는 영향을 말한다. 앞의 예에서 처치의 주효과는 성별을 구분하지 않고 전체로 보았을 때 처치집단과 무처치집단의 종속변수 점수 차이로 확인할 수 있다. 반대로 성별의 주효과는 처치집단과 무처치집단을 구분하지 않고 성별에 따른 종속변수 점수 차이로 확인할 수 있다.

단순주효과란 하나의 독립변수 수준에 따른 다른 독립변수의 효과를 말한다. 앞서 제시한 예의 경우, 남자 집단과 여자 집단에서 각각 처치집단과 무처치집단의 종속변수 점수 차이를 검증한 것이 단순주효과 검증이다.

이원분산분석에서는 세 가지 효과를 단계적으로 검증한다. [그림 12-3]에는 관련 절차가 도식적으로 제시되어 있다. 간단히 설명하면, 분석의 첫 단계는 상호작용효과의 유의성을 검증하는 것이다. 만일 상호작용효과가 유의한 것으로 나타났다면, 다음으로 단순주효과 분석을 실시한다. 필요할 경우에는 사후검증을 실시한다. 사후검증이란 앞서 소개한 바와 같이 집단의 수준이 3개 이상일 때 전체 집단 간에 평균 차이가 있다는 것을 넘어서 어떤 집단이 어떤 집단과 통계적으로 유의하게 다른 값을 갖는지를 세부적으로 분석하는 절차를 말한다.

상호작용효과가 유의하지 않은 것으로 확인되면, 단순주효과 분석은 의미가 없기 때문에 각 변수의 주효과만 분석한다. 그리고 마찬가지로 필요할 경우 사후검증을 실시하기도 한다. 각 효과를 분석할 때에는 일원분산분석과 마찬가지로 각각의 효과에 대한 F 검증을 실시하면 된다.

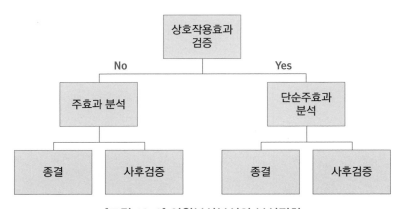

[그림 12-3] 이원분산분석의 분석절차

4) 효과크기의 계산

일원분산분석에서 효과크기는 집단 간 편차제곱합(SSB)을 전체 편차제곱합(SST)으로 나누어 계산한다. 이 값을 간단히 η^2로 표기하기도 한다. η^2는 0에서 1 사이의 값을 가지며, 값이 클수록 효과크기가 큰 것으로 해석한다. 이원분산분석에서는 독립변수가 2개 이상이므로 효과크기의 계산이 좀 더 복잡해진다. 일반적으로는 나머지 변수들의 효과를 통제한 뒤 계산하는 η_p^2(partial eta squared)를 이용한다. 해석방법은 η^2와 동일하다.

5) 기본 가정 점검 및 추천 프로그램

분산분석의 기본 가정은 t 검증과 유사하다. 즉, 종속변수는 정규성 가정과 등분산 가정을 만족해야 한다. 두 가정의 개념과 검증방법은 t 검증과 동일하다. 정규성 가정은 Shapiro-Wilk 검증을 이용할 수 있으며, 등분산 가정은 Levene 검증을 이용해 확인할 수 있다. 분산분석은 t 검증과 함께 가장 많이 사용되는 분석모형으로, $SPSS$와 R, SAS 등 거의 대부분의 통계 패키지에서 지원하고 있다.

3. 회귀분석

1) 개념

회귀분석(regression analysis)이란 변수들 간의 선형적 관련성에 기초하여 예측변수들로 다른 변수(준거변수)를 설명하는 통계적 기법을 말한다. 여기에서의 '설명'은 인과관계를 내포하지 않는다. 오히려 준거변수의 변화와 예측변수들의 변화 간 연관성을 분석한다는 것에 가깝다. 즉, 회귀분석은 기본적으로 상관분석에 해당한다. 예컨대, 키와 몸무게가 서로 밀접한 관련이 있는지, 만일 관련이 있다면 어느 정도로 관련이 있는지 궁금할 때 회귀분석을 실시할 수 있다.

2) 분석논리

회귀분석은 간단히 말하면 준거변수와 예측변수의 관계를 가장 잘 반영하는 직선식을 찾는 것이다. 이러한 직선식을 회귀식(regression equation)이라고 한다. [그림 12-4]에 제시된 것처럼 하나의 예측변수와 준거변수로 구성된 회귀식은 두 변수를 축으로 하는 좌표상의 데이터 패턴을 반영하는 직선식이다. 관건은 수많은 직선식 중 데이터를 가장 잘 반영하는 식을 찾는 것이다.

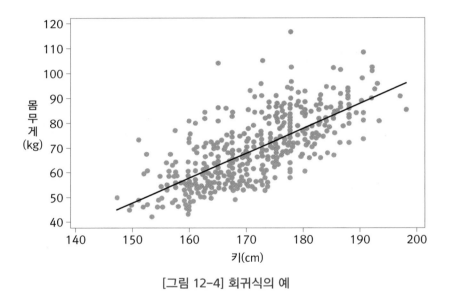

[그림 12-4] 회귀식의 예

회귀식의 구성은 다음과 같다. 식에서 $\hat{Y}^*$은 준거변수의 추정값이며, a는 y절편, b는 예측변수의 계수로 예측변수가 한 단위 증가할 때 준거변수가 변하는 정도를 반영한다. b를 간단히 회귀계수(regression coefficient)라 부르기도 한다.

$$\hat{Y} = a + bX$$

---

* '^'은 통계학에서 추정치, 혹은 추정값을 지칭할 때 사용하는 기호이다. 추정값을 이용해 공식을 제시할 때에는 오차와 관련된 항이 삭제된다. 반면, 추정값 표시를 하지 않고 'Y'로 표기할 경우에는 오차와 관련된 항을 공식에 추가해야 한다.

　　회귀식 구성의 관건은 회귀식과 실제 데이터의 차이를 최소화하는 회귀식을 찾는 것이다. 한 가지 방법은 추정값과 실제 데이터의 차이, 즉 오차(error) 혹은 잔차(residual)의 제곱합을 최소화하는 것이다. [그림 12-5]에는 회귀식과 잔차의 예가 제시되어 있다. 그림을 보면, 실제 데이터 포인트 y_1, y_2, y_3는 모두 회귀식으로부터 떨어져 있다. 이때 실제 데이터 포인트와 회귀식이 예측한 y값, 즉 $\hat{y}_1$과 $\hat{y}_2, \hat{y}_3$의 차이가 잔차(r)이다. 따라서 잔차는 데이터 포인트의 수만큼 존재하며, 이 값을 수량화할 수 있다. 회귀분석에서는 이 값을 최소화하는 회귀식을 수학적으로 찾아낸다.

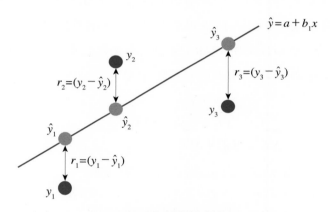

[그림 12-5] 회귀식과 잔차

　　회귀분석에서는 최적의 회귀식을 찾기 위해 오차 혹은 잔차들을 모두 제곱하여 합한 뒤 그 값을 최소화하는 회귀식을 구한다. 오차제곱의 합(Sum of Squares of Error: SSE)은 다음과 같은 수식으로 표현할 수 있다.

$$SSE = \sum (y_i - \hat{y})^2$$

　　SSE를 최소화하는 a와 b는 수학적으로 구할 수 있다. 이 내용은 이 책의 범위를 넘어서므로 구체적으로 다루지 않겠다. 수학적 과정을 통해 산출한 a와 b를 수식적으로 표현하면 다음과 같다. 이렇게 도출된 계수와 절편은 모두 통계적 검증의 대상이 된다. 즉, 이 계산식을 통해 어떤 값이 도출되었을 때 그것이 통계적으로 유의한지를 t 검증을 이용해 확인할 수 있다.

$$b = \frac{\sum (x_i - \overline{x})(y_i - \overline{y})}{\sum (x_i - \overline{x})^2}$$

$$a = \overline{y} - b\overline{x}$$

$\overline{x} = x$의 평균
$\overline{y} = y$의 평균

회귀식을 검증하는 또 다른 방법은 F 검증이다. 회귀식의 F 검증 논리는 분산분석과 유사하다. 분산분석에서 전체 분산은 처치에 의한 분산과 무작위오차에 의한 분산으로 분리할 수 있고, 이 둘 간의 비율로 처치 효과의 유의도를 판단할 수 있다고 언급하였다. 이와 유사한 논리로 편차들의 제곱합을 분석할 수 있다. 여기에서 편차란 준거변수의 특정 데이터 포인트와 평균값의 차이를 말한다. 편차들의 제곱합은 다음과 같이 두 요소로 구분할 수 있다.

$$\sum (y_i - \overline{y})^2 = \sum (y_i - \hat{y})^2 + \sum (\hat{y} - \overline{y})^2$$
$$SST = SSE + SSR$$

SST(Sum of Squares Total) = 전체 제곱합
SSE(Sum of Squares of Error) = 오차 제곱합
SSR(Sum of Squares of Regression) = 회귀 제곱합

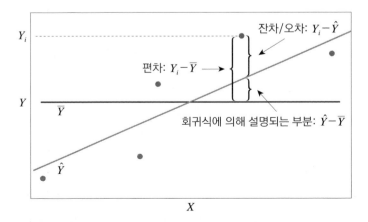

[그림 12-6] 편차와 잔차, 회귀식에 의해 설명되는 부분의 예

[그림 12-6]에는 편차와 잔차, 회귀식에 의해 설명되는 부분이 도식적으로 제시되어 있다. SSE는 데이터 포인트와 회귀식의 차이, 즉 잔차 제곱의 합이고, SSR은 회귀식과 전체 평균 차이의 제곱합이다. 만일 회귀식이 잘 구성되었다면, SSE는 작아지고 SST에서 SSR이 차지하는 비중이 커질 것이다. 검증통계량 F는 SSR을 자유도로 나누어 준 값(Mean Square Regression: MSR)과 SSE를 자유도로 나누어 준 값(Mean Square Error: MSE)의 비율로 계산한다. 자세한 공식은 다음과 같다.

$$F = \frac{\dfrac{SSR}{df_1}}{\dfrac{SSE}{df_2}} = \frac{MSR}{MSE}$$

SSR = 회귀 제곱합
SSE = 오차 제곱합
MSR = 회귀 평균제곱
MSE = 오차 평균제곱
df = 자유도

3) 유형

회귀분석은 매우 다양한 목적으로 활용할 수 있으며, 그 유형도 다양하다. 먼저 예측변수의 수가 하나인지 아니면 여러 개인지에 따라 두 유형으로 구분할 수 있다. 전자는 단순회귀(simple regression), 후자는 중다회귀(multiple regression)라고 부른다. 여러 개의 변수를 동시에 투입하여 중다회귀분석을 실시하는 첫 번째 이유는 하나의 표본으로 여러 변수의 효과를 확인할 수 있기 때문이다. 원칙적으로 단순회귀는 하나의 표본에 대해 실시해야 한다. 따라서 단순회귀를 여러 번 실시하려면 표본도 그에 맞추어 여러 번 표집해야 한다. 중다회귀분석을 실시하면 이러한 부담을 줄일 수 있다. 두 번째 이유는 다른 변수들의 효과를 고려하면서 특정 변수의 효과를 확인할 수 있기 때문이다. 특히 준거변수에 대한 다른 변수들의 효과를 통제한 뒤에도 특정 변수의 효과가 유의한지를 확인하고자 할 때 중다회귀를 유용하게 사용할 수 있다.

회귀분석은 예측변수의 형태에 따라서도 구분할 수 있다. 특히 예측변수가 연속형 변수인지 아니면 범주형 변수인지를 중요하게 고려한다. 연속형 변수를 사용하는 경우에는 그대로 투입하면 되지만, 범주형 변수를 사용하는 경우에는 이 변수를 0과 1만의 값을 갖는 더미변수(dummy variable)들로 변경하여 예측변수로 투입한다. 예컨대, 성별을 예측변수로 투입하고자 할 때에는 남자를 0, 여자를 1로 코딩하여 회귀식을 구성할 수 있다.

준거변수의 형태가 연속형 변수인지 아니면 0 혹은 1의 값을 갖는 범주형 변수인지를 기준으로 회귀분석을 구분할 수도 있다. 전자를 OLS(ordinary least square) 회귀분석이라 하고, 후자를 로지스틱 회귀분석(logistic regression)이라고 부른다. OLS는 앞서 소개한 회귀식 구성 방법이다. 즉, 직선식과 실제 데이터의 차이인 잔차의 제곱합을 최소화하는 회귀계수를 찾는 방법을 OLS 회귀분석이라 한다. 로지스틱 회귀분석은 준거변수가 0 혹은 1의 값을 갖는 회귀식으로, 어떤 현상이 일어날 것인지 그렇지 않을 것인지를 예측하는 연구에서 많이 사용된다. 예컨대, 특정한 심리장애를 가지고 있는지 그렇지 않은지에 따라 0과 1로 구분하고, 여기에 영향을 미칠 가능성이 있는 예측변수들을 투입하여 회귀식을 구성하는 경우가 로지스틱 회귀분석에 해당한다.

4) 검증절차

회귀분석에서의 검증은 크게 회귀계수에 대한 t 검증과 회귀식 전체에 대한 F 검증으로 구분해 볼 수 있다. 만일 분석하는 예측변수가 하나라면 회귀계수에 대한 검증과 F 검증의 결과는 동일할 것이다. 그러나 예측변수가 여러 개라면 회귀계수별로 유의도가 다를 수 있고, 전체 회귀식의 F 검증 결과도 그에 따라 달라질 수 있을 것이다.

회귀분석에서의 t 검증 절차는 영가설이 '$b=0$'이라는 점이 특징적일 뿐 일반적인 t 검증과 동일하다. 회귀계수가 여러 개라면 각 회귀계수에 대해 모두 검증을 실시하면 된다. 회귀식 전체에 대한 F 검증 또한 일반적인 F 검증 절차와 동일하다. 주의할 점은 F 검증이 개별 회귀계수가 아닌 전체 회귀식의 유의성을 평가한다는 점이다. 이때 영가설은 '모든 예측변수의 계수는 0이다.'로 설정된다. 즉, 포함된 예측계수 중 하나만이라도 0이 아니라면 영가설을 기각할 수 있다. 따라서 중다회귀분석에서는 일반적으로 F 검증을 먼저 실시하고, 영가설을 기각한 것으로 확인되면 어떤 계수가 통계적으로 유의한지를 확인하는 t 검증을 실시한다.

5) 효과크기

회귀분석의 효과크기는 결정계수(coefficient of determination)로 확인할 수 있다. 결정계수는 R^2로 표기하기도 하며, 공식은 다음과 같다.

$$R^2 = \frac{SSR}{SST}$$

SSR = 회귀 제곱합
SST = 전체 제곱합

간단히 말하면, 결정계수는 준거변수의 전체 분산 중 회귀식에 의해 설명되는 부분의 비율을 의미한다. 만일 결정계수가 0.9로 확인되었다면, 준거변수의 총 분산 중 90%가 회귀식에 의해 설명된다고 말할 수 있다.

글상자 12-3

중다회귀분석에서의 결정계수 처리

단순회귀분석은 하나의 예측변수를 포함하고 있기 때문에 SSR을 예상하는 것이 어렵지 않을 것이다. 하지만 중다회귀분석은 여러 개의 예측변수들을 포함하며, 각 예측변수는 서로 중첩될 수 있다. 이 경우에는 SSR을 계산하는 것이 예상만큼 쉽지 않다. [그림 A]에는 예측변수가 2개인 중다회귀분석에서의 SS가 벤다이어그램으로 제시되어 있다.

[그림 A]에서 사각형은 SST를 의미하고, 2개의 원은 각 예측변수들의 SS이다. 두 예측변수가 서로 독립적이어서 중

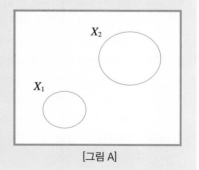

[그림 A]

첩되는 부분이 없음을 알 수 있다. 이런 경우에는 각 변수의 SS를 합하여 SSR을 계산하고, 이 값을 이용해 결정계수를 산출할 수 있다. 하지만 [그림 B]와 같이 두 예측변수가 서로 무관하지 않고 중첩되는 영역이 있다면, 단순히 두 변수의 SS를 더하여 SSR을 산출할 경우 결정계수를 과대 추정하는 문제가 발생할 수 있다. 다중회귀분석에서는 이러한 문제를 개선하기 위해 예측변수들 간의 중첩 부위를 보정한/조정한 결정계수(adjusted coefficient of determination)를 사용한다.

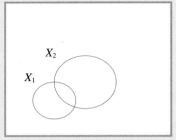

[그림 B]

중다회귀분석에서 결정계수와 관련된 또 다른 이슈는 각 예측변수의 효과크기를 계산하는 방법이다. [그림 B]와 같이 두 예측변수 간에 중첩되는 부분이 있을 경우, 이 부위를 어떻게 처리하느냐에 따라 각 변수의 효과크기는 달라질 것이다. 여기에서는 보편적으로 사용되는 두 가지 방법에 대해 간단히 소개하겠다.

첫 번째 방법은 1유형 SS(type I Sum of Squares)를 이용하는 방법이다. 여기에서는 먼저 투입되는 예측변수의 효과를 제거한 뒤에 남은 효과를 해당 변수의 SS로 받아들인다. [그림 C]를 보면, 서로 중첩되어 있는 X_1, X_2, X_3 변수가 제시되어 있다. 만일 이 변수들을 X_1, X_2, X_3 순서대로 투입한다면, 색칠된 부분이 X_2의 SS가 될 것이다.

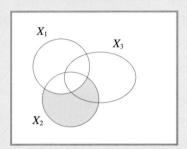

[그림 C]

한편, X_1, X_3, X_2 순으로 변수들을 투입했다면 X_2의 1유형 SS는 [그림 D]와 같이 표시될 것이다. 제시된 바와 같이 1유형 SS는 변수들을 투입하는 순서에 따라 그 값이 달라질 수 있다. 또한 가장 먼저 투입되는 변수의 설명량이 가장 많이 반영되고, 가장 마지막에 투입되는 변수는 다른 변수들과의 공통부분을 모두 제거하고 남은 부분만 반영된다.

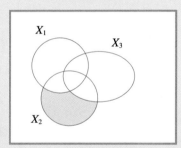

[그림 D]

두 번째 방법은 2유형 SS(type II Sum of Squares)를 이용하는 방법이다. 여기에서는 특정 예측변수를 제외한 나머지 예측변수들의 효과를 모두 제거하고 남은 부분을 SS로 받아들인다. 이 방법은 투입 순서와 상관없이 동일한 결과를 산출한다. 예컨대, 앞서 살펴본 사례에서 X_2의 2유형 SS는 [그림 E]와 같이 표시될 수 있다.

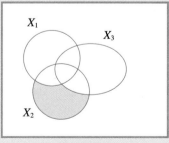

[그림 E]

6) 위계적 회귀분석

회귀분석은 다양한 용도로 사용될 수 있다. 그중 하나는 변수의 효과를 통제하는 것이다. 앞서 상관연구를 공부할 때 여러 예측변수와 하나의 준거변수의 관계를 탐색하는 연구에 대해 언급한 적이 있다. 이러한 연구에서 다른 주요 변수들의 효과를 통제, 혹은 제거한 뒤에도 특정 변수가 준거변수와 유의한 관계를 맺고 있는지를 알고 싶을 수 있다. 이러한 궁금증을 해결해 줄 수 있는 대표적인 방법이 위계적 회귀분석이다.

위계적 회귀분석(hierarchical regression)이란 단계적으로 변수를 추가하면서 설명력의 차이를 분석하는 회귀분석이다. 예컨대, 성별과 불안, 외로움이 스마트폰 중독과 어떤 관계를 맺고 있는지 분석하고자 할 때, 각 예측변수를 추가하면서 구성된 회귀식의 설명력 변화를 분석하는 것이 위계적 회귀분석이다. 여기에서 '설명력'이란 간단히 말해 결정계수(R^2)를 의미한다. 예측변수들이 새롭게 추가될 때 결정계수의 변화량을 분석하는 것이, 곧 위계적 회귀분석이다.

위계적 회귀분석을 사용하는 대표적인 목적은 다른 예측변수들의 효과를 통제했을 때 특정 예측변수가 준거변수에 미치는 효과를 분석하는 것이다. 이 과정은 다음과 같이 진행된다.

- 1단계: 효과를 통제하고 싶은 예측변수들을 투입하여 회귀식을 구성한다.
- 2단계: 1단계에서 구성된 회귀식의 결정계수를 확인한다.
- 3단계: 효과를 확인하고 싶은 예측변수를 1단계 회귀식에 추가한다.
- 4단계: 3단계에서 구성된 회귀식의 결정계수를 확인한다.
- 5단계: 1단계 회귀식의 결정계수와 3단계 회귀식의 결정계수의 차이(결정계수 변화량, ΔR^2)가 통계적으로 유의한지 확인한다.

만일 5단계에서 확인한 결정계수 변화량이 통계적으로 유의하다면, 다른 주요한 예측변수들의 효과를 통제한 뒤에도 특정 예측변수가 준거변수와 유의한 관계를 맺고 있다고 해석할 수 있다. 앞선 예에서 성별과 불안의 효과를 통제한 뒤에도 외로움이 스마트폰 중독을 유의하게 예측하는지 확인하고자 한다면, 우선 성별과 불안을 예측변수로 투입하고 스마트폰을 준거변수로 투입하여 회귀식을 구성한다. 이후 외로움을 예측변수로 추가 투입한 뒤 결정계수 변화량을 확인하는 것이다. 만일 결정계수 변화량이 통계적으로 유의하다면, 성별과 불안의 효과를 통제한 뒤에도 외로움이 스마트폰 중독을 유의하게 예측한다고 해석할 수 있다.

7) 상호작용효과의 분석

앞서 분산분석에서 살펴보았던 상호작용효과를 회귀분석을 이용해서도 분석할 수 있다. 회귀분석은 분산분석과 달리 범주형 예측변수뿐만 아니라 연속형 예측변수들 간의 상호작용효과도 분석할 수 있다.

회귀분석을 이용해 상호작용효과를 분석하는 것은 매우 간단하다. 상호작용효과에 해당하는 변수를 추가하면 된다. 상호작용 변수는 관심의 대상이 되는 두 변수의 곱으로 계산할 수 있다. 상호작용효과의 유무는 상호작용 변수의 계수가 통계적으로 유의한지를 검증해서 알 수 있다. 예컨대, 준거변수가 우울일 때 부정적 사고와 긍정적 사고의 상호작용효과를 분석하고자 한다면, 다음과 같이 회귀식을 구성할 수 있다.

$$\hat{Y} = a + b_1 NT + b_2 PT + b_3 (NT \times PT)$$

$$NT = 부정적 사고$$
$$PT = 긍정적 사고$$

이 식에서 b_3가 통계적으로 유의하면 상호작용효과가 유의한 것으로 해석할 수 있다(Hayes & Rockwood, 2017). 상호작용효과를 분석할 때 주의할 점은 두 예측변수를 이용해 상호작용 변수를 만들어 내기 때문에 변수들 간의 연관성이 지나치게 높을 수 있다는 점이다. 뒤에 다시 언급하겠지만 예측변수들 간의 상관관계가 지나치게 강하면 다중공선성(multicollinearity)이라는 문제가 발생할 수 있다. 이를 막기 위해서 평균중심화를 실시하기도 한다. 평균중심화(mean centering)란 각 변수의 점수에서 평균을 빼는 것을 말한다. 이렇게 평균중심화를 실시해서 상호작용 변수를 만들면 다중공선성 문제가 감소한다. 하지만 평균중심화가 상호작용효과의 유의성 자체에는 영향을 미치지 않는다는 주장도 있어, 그 실효성에 대한 논쟁이 아직 진행되고 있는 상황이다(Hayes & Rockwood, 2017).

8) 매개효과의 분석

회귀분석을 이용해서 매개효과를 분석할 수도 있다. 많이 사용되는 알고리즘은 Baron과 Kenny(1986)가 제안한 알고리즘이다([그림 12-7]). 이 알고리즘을 간단히 정리하면 다음과 같다.

- 1단계: 준거변수에 대한 예측변수의 회귀계수(c)를 확인한다.
- 2단계: 매개변수에 대한 예측변수의 회귀계수(a)를 확인한다.
- 3단계: 매개변수와 예측변수를 함께 투입했을 때의 회귀계수(b, c')를 확인한다.

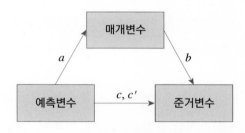

[그림 12-7] 회귀분석을 이용해 매개효과 분석

우선 1단계와 2단계에서 확인한 회귀계수들은 통계적으로 유의해야 한다. 3단계에서 실시한 분석에서는 b가 통계적으로 유의해야 하며, c'의 절댓값이 1단계에서 구한 c의 절댓값보다 작거나 통계적으로 유의하지 않아야 매개효과가 있는 것으로 판단한다. 3단계에서 c'이 유의하지만 계수의 크기가 현저히 감소한 경우를 부분매개(partial mediation)라 하고, c'이 더 이상 통계적으로 유의하지 않게 된 경우를 완전매개(complete mediation)라 한다.

Baron과 Kenny(1986)의 알고리즘은 매우 많은 연구자가 사용하고 있으며, 각 단계에 대한 논의가 꾸준히 진행되고 있다. 예컨대, 최근에는 이들의 알고리즘 중 1단계가 만족되지 않아도 매개효과를 검증할 수 있다고 보는 학자들이 늘고 있다. 특히 예측변수와 준거변수가 시간상 멀리 떨어져 있거나 효과크기가 작은 경우, 1단계를 건너뛰어도 괜찮다고 보는 경향이 있다(Hayes, 2009; Shrout & Bolger, 2002). 이 경우에는 예측변수와 매개변수, 매개변수와 준거변수의 관계만을 분석하여 매개효과를 검증한다. 또한 부분매개에서 c와 c'의 관계에 대한 가정이 불필요하다고 보는 학자들도 늘고 있다. 대부분의 경우 매개효과가 유의하면 c'의 절댓값 크기가 c에 비해 작지만, 일부 특수한 상황에서는 반대의 양상이 나타나기도 하기 때문이다(MacKinnon, Fairchild, & Fritz, 2007). 따라서 최근에는 2단계에서 확인하는 a계수와 3단계에서 확인하는 b계수가 통계적으로 유의하면 매개효과가 있는 것으로 인정하는 추세이다.

9) 기본 가정 점검 및 추천 프로그램

회귀분석은 비교적 까다로운 가정들을 토대로 구성된 통계모형이다. 여러 가지 가정이 있지만 가장 중요한 선형성 가정과 정규성 가정, 등분산성 가정, 독립성 가정에 대해 살펴보기로 하겠다.

- 선형성의 확인: 회귀분석은 기본적으로 예측변수와 준거변수의 선형관계 (linear relationship)를 가정한 분석 기법이다. 따라서 두 변수가 선형관계가 아닐 경우 부정확한 결과를 얻게 될 수 있다. 선형관계를 확인하는 일반적인 방법은 산포도나 잔차도(residual plot)를 확인하는 것이다. 대략적으로 선형관계를 띠고 있으면, 첫 번째 가정은 만족한 것으로 본다. [그림 12-8]에는 산포도의 몇 가지 유형이 제시되어 있다. 제시된 산포도 중 왼쪽 두 산포도는 선형관계가 만족되지만, 오른쪽 두 산포도는 선형관계가 만족되지 않고 있다. 따라서 추가적인 점수변환을 하지 않는 것을 가정했을 때, 회귀분석에 적절한 자료는 왼쪽에 제시된 두 자료라고 판단할 수 있다.

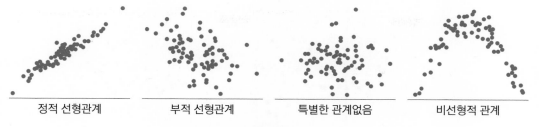

[그림 12-8] 산포도의 예

정적 선형관계   부적 선형관계   특별한 관계없음   비선형적 관계

- 정규성의 확인: 종속변수 분포의 정규성(normality)을 확인하는 방법으로는 Shapiro-Wilk 검증과 Kolomgorov-Smirnov 검증을 많이 사용한다. 둘 다 많이 사용되는 방법이지만, 일반적으로 표본 수가 적을 때에는 Shapiro-Wilk 검증을, 표본 수가 많을 때에는 Kolomgorov-Smirnov 검증을 사용한다. 제시된 검증의 영가설은 '정규분포를 따른다.'이다. 따라서 영가설을 기각하면 정규성 가정을 만족하지 못하는 것으로 해석한다. 정규성 가정을 만족하지 못하는 경우에는 종속변수를 변환하거나 정규성 가정을 필요로 하지 않는 회귀분석 모형을 사용해야 한다.

- 등분산성: 회귀분석에서 등분산 가정은 잔차의 분산에 대한 가정을 말한다. 즉, 준거변수의 잔차는 모든 값에서 균등하게 분포되어 있다는 가정이 등분산 가정이다. 잔차의 등분산 가정은 잔차도를 보면 쉽게 파악할 수 있다. [그림 12-9]에 제시된 예를 보면, 왼쪽 잔차도는 등분산 가정이 만족된 경우이다. 준거변수의 각 값에 대해 잔차가 비교적 고르게 분포되어 있기 때문이다. 반면, 오른쪽 잔차도는 값이 커질수록 분산도 커지기 때문에 등분산 가정이 만족되지 않은 경우라 볼 수 있다.

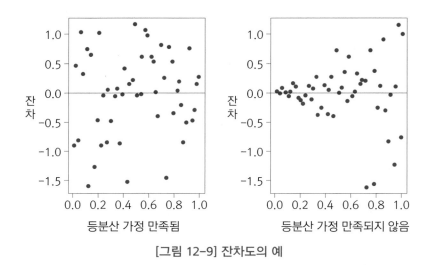

[그림 12-9] 잔차도의 예

- 독립성: 여기에서 말하는 독립성은 예측변수들이 서로 독립적인 정도를 의미한다. 예측변수들 간 상관관계가 강하면 결정계수의 값이 커져 예측변수들의 설명력을 과대 추정하는 문제가 발생할 수 있다. 이렇게 예측변수들 간에 상관관계가 강하여 나타나는 문제를 다중공선성(multicollinearity)이라 한다. 다중공선성 문제가 있는지를 확인하는 방법으로는 분산 팽창 인수(variance inflation factor), 공차 한계(tolerance), 상태지수 등을 조사하는 것을 들 수 있다. 이 지수들은 통계 프로그램들에서 일반적으로 제공하는 것이다. 각각의 의미와 해석방법에 대해서는 회귀분석 교재를 참고하기 바란다. 다중공선성을 해소하기 위해서는 상관관계가 높은 변수들 중 하나만 남겨 두고 나머지를 제거하거나 통합하여 새로운 변수를 만드는 방법 등을 사용할 수 있다.

회귀분석 또한 t 검증이나 분산분석처럼 기본적인 통계모형으로 간주되기 때문에 대부분의 통계 패키지(R, $SPSS$, SAS 등)에서 지원한다. 하지만 세부적인 가정이나 조건, 분석의 유형이나 절차 등을 정밀하게 조정하는 측면에서는 패키지마다 차이가 있다. 다양한 조건이 미리 정해져 있어 사용하기 수월한 패키지일수록 특수한 목적의 회귀분석을 실시하기에는 한계가 있다.

4. 다변량분산분석

1) 개념

다변량분산분석(multivariate analysis of variance)은 종속변수가 2개 이상인 분산분석을 의미한다. 종속변수의 분산을 분석하여 독립변수와 종속변수의 관계를 분석한다는 측면에서 분산분석의 기본 논리를 따르지만, 종속변수가 2개 이상인 다변량분석(multivariate analysis)이기 때문에 별도의 분석모형으로 간주된다.

다변량분산분석은 서로 관련이 있는 여러 개의 종속변수 평균이 독립변수의 수준에 따라 서로 다른지를 분석하고자 할 때 사용한다. 예컨대, 어떤 치료 프로그램의 효과를 확인하는 연구에서 처치집단과 비교집단, 통제집단 간에 우울, 불안, 삶의 질 수준이 서로 다른지를 분석하고자 한다면, 다변량분산분석을 실시할 수 있다. 종속변수들이 서로 무관한 개념들일 경우에는 다변량분산분석을 실시하지 않고 개별적으로 단변량분산분석을 실시하는 것이 일반적이다.

다변량분산분석에서 종속변수들이 서로 관련되어 있다는 것은 중요한 특징이다. 이렇게 여러 개의 종속변수가 서로 밀접하게 관련되어 있는 경우, 집단을 각각의 변수 수준에서 개별적으로 비교하는 것보다 여러 변수가 공유하는 특성을 반영하는 잠재적인 변수 수준에서 비교하는 것이 효율적이라는 아이디어가 깔려 있기 때문이다. 또한 이러한 분석을 통해 종속변수들 간의 관계에 대한 이해도 증진될 수 있으며, 여러 독립변수와 여러 종속변수의 상대적인 관계 강도 또한 동시에 살펴볼 수 있다는 장점이 있다.

2) 분석논리

다변량분산분석의 핵심적인 특징은 단변량분산분석과 달리 센트로이드(centroid)를 분석한다는 점이다. [그림 12-10]에는 센트로이드의 예가 제시되어 있다. 그림을 보면, 두 개의 종속변수, 즉 '불안'과 '우울'이라는 종속변수가 있음을 알 수 있다. 독립변수는 실험집단과 통제집단으로 구분되는 어떤 특성이라고 보면 된다. 단변량분산분석을 실시할 경우에는 2개의 종속변수에 대해 개별적으로 집단 간 차이를 분석하면 된다. 반면, 다변량분산분석에서는 두 종속변수를 한꺼번에 고려하여 집단 간 차이를 분석한다. 이때 사용되는 것이 각 집단의 평균 벡터(vector)이며, 이것을 간단히 센트로이드라고 부른다.

벡터란 크기와 방향을 갖는 양을 말한다. 단순히 각 집단의 평균값이 아닌 벡터를 비교해야 하는 이유는 평균을 산출해야 하는 두 데이터값이 특정 좌표를 갖고 있기 때문이다. 이러한 값을 단순하게 평균을 내면 크기만 고려한 양을 구할 수밖에 없다. 이 때문에 좌표의 정보까지 고려한, 즉 방향을 고려한 벡터를 이용하는 것이다.

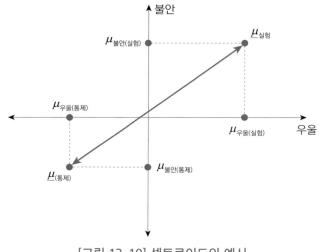

[그림 12-10] 센트로이드의 예시

다변량분산분석에서는 두 집단의 센트로이드 차이를 분석한다. 이 차이는 그림에서 실험집단 $\underline{\mu}$와 통제집단 $\underline{\mu}$ 사이의 거리라고 볼 수 있다. 결국 다변량분산분석에서는 이 거리를 분석한다고 볼 수 있다. 두 센트로이드 간의 거리를 분석하는 한 가지 방법은 새로운 축을 그어 그 축상에서 거리를 분석하는 것이다. 이 새로운 축을 정준변수(canonical variable)라 부르기도 한다.

다변량분산분석에서 사용하는 검증통계량의 구성논리는 단변량분산분석과 유사하다. 즉, 전체 편차제곱합과 집단 내 편차제곱합, 집단 간 편차제곱합을 정의해서 지표를 구성한다. 다변량분산분석에서는 종속변수가 2개 이상이기 때문에 행렬을 이용해 통계량을 표시하는 것이 일반적이다. 각 편차행렬을 수학적으로 계산하는 과정은 다변량분석 교재를 참고하기 바란다. 여기에서는 계산 과정을 생략하고, 전체 편차제곱합(SST)을 반영하는 행렬을 T, 집단 내 편차제곱합(SSW)을 반영하는 행렬을 E, 집단 간 편차제곱합(SSB)을 반영하는 행렬을 H라고 정의하겠다. 다변량분산분석에서 사용하는 검증통계량은 $E^{-1**}H$이다. 개념상 이 통계량은 SSB/SSW로 단변량분산분석에서의 F와 유사하다고 볼 수 있다.

　단변량분산분석에서는 각각의 통계량이 하나만 산출된다. 반면, 다변량분산분석에서는 종속변수의 수에 따라 여러 개의 통계량이 산출될 수 있다. 산출되는 통계량의 수는 센트로이드들을 비교하기 위해 추가하는 축의 수에 달려 있다. 하나의 축만으로도 대부분의 데이터를 설명할 수 있다면 하나의 통계량이 산출되겠지만, 여러 개의 축이 필요할 경우에는 여러 개의 통계량이 필요할 것이다. 이때 고려되는 것이 고유치(eigen value)이다. 다변량분산분석에서 고유치란 새롭게 그은 축이 자료를 설명하는 정도라고 볼 수 있으며, 이것은 곧 해당 축의 SSB/SSW에 해당한다.

　다변량분산분석에서는 여러 개의 새로운 축이 필요할 경우를 대비하여 몇 가지 통계량을 구성하여 제시하고 있다. 많이 사용되는 통계량으로는 다음과 같은 것들을 들 수 있다. 각 통계량에서 고유치는 λ로 표기한다.

- Wilk's Lambda

$$\Lambda = \prod_{i=1}^{p} \frac{1}{1+\lambda_i}$$

- Pillai−Bartlett Trace

$$V = \sum_{i=1}^{p} \frac{\lambda_i}{1+\lambda_i}$$

- Roy's Greatest Characteristic Root(GCR)

$$GCR = \frac{\lambda_1}{1+\lambda_1}$$

** 역행렬을 의미한다. 분수 형태로 다시 쓰면 H/E와 같은 의미이다.

• Hotelling-Lawley Trace

$$T^2 = \sum_{i=1}^{p} \lambda_i$$

제시된 네 가지 통계량은 대부분의 다변량분산분석 프로그램에서 제공하는 통계량이다. 어떤 통계량을 사용할 것인지에 대한 합의된 지침은 아직 없는 상황이지만, 가장 많이 사용되는 통계량은 Wilk's Lambda이다. GCR은 가장 큰 고유치 하나만 고려한 통계량이어서 현재는 많이 사용되지 않는다. Rencher(2002)는 종속변수들이 2개 이상의 상위개념으로 묶이는 경향이 있을 경우 Pillai-Bartlett Trace를 사용할 것을 권한 바 있다. Olson(1974) 또한 4개의 기준을 모두 검토한 뒤 Pillai-Bartlett Trace가 가장 적절한 수준의 검증력을 보였으며, 공분산 동질성 가정에 덜 민감한 것으로 보고하였다. 제시된 모든 통계량은 각각의 고유한 분포를 갖지만, 매우 복잡하기 때문에 F 분포로 근사시킨다. 따라서 각 통계량에 대한 F값과 p-value를 구할 수 있으며, 이것을 가설검증에 사용한다.

3) 검증절차 및 효과크기

앞서 설명한 바와 같이 다변량분산분석에서 사용하는 통계량들은 분포가 복잡하기 때문에 F 분포로 변형하여 가설검증을 실시한다. 영가설은 종속변수들의 점수가 독립변수 수준에 따라 다르지 않다는 것이고, 이 가설을 기각하기 위해 F 검증을 실시한다.

각 통계량의 F값을 고려하여 영가설 기각 여부를 결정하는데, 영가설이 기각되었다면 다음 단계로 각 종속변수에 대한 세부적 분석을 진행한다. 즉, 독립변수의 수준별로 각 종속변수가 서로 다른지를 분석한다. 이 외에도 종속변수들이 하나 이상의 잠재적인 변수들과 어떤 양상으로 관계 맺고 있는지를 분석할 수 있으며, 각 종속변수와 독립변수들 간의 상대적인 강도 또한 분석할 수 있다.

다변량분산분석에서의 효과크기를 계산하는 방법은 다양하다. 가장 일반적으로 사용되는 지표로는 Mahalanobis D를 들 수 있다(Mahalanobis, 1936). 이 값은 두 개의 평균 센트로이드들 간의 거리를 측정한 것으로 개념상 Cohen's d와 유사하다.

4) 기본 가정 점검 및 추천 프로그램

다변량분산분석은 단변량분산분석의 기본 가정인 정규성 가정 및 분산의 동질성에 대한 가정과 유사한 가정들을 가지고 있다. 여기에 더해 종속변수들 간의 관련성에 대한 가정 또한 만족해야 하므로 이를 확인하는 절차가 선행되어야 한다. 보다 자세한 내용은 다음을 참고하기 바란다.

- 다변량 정규분포: 다변량분산분석을 실시하기 위해서는 종속변수가 다변량 정규분포를 따라야 한다. 다변량 정규분포는 매우 복잡한 분포이지만, 일반적으로 모든 종속변수가 정규분포를 따르면 다변량 정규성을 충족한 것으로 본다.
- 분산−공분산 행렬의 동질성: 이 가정은 분산분석에서 등분산 가정과 유사하다고 이해해도 무방하다. Box's M 검증(Box, 1949)을 사용하는데, 영가설은 '각 집단의 분산−공분산 행렬이 동일하다.'이다. 따라서 영가설을 기각한 경우에는 충분한 동질성이 확보되지 않은 것으로 간주하고, 교정된 통계량을 이용해 가설검증을 실시해야 한다.
- 종속변수 간의 상관: 다변량분산분석은 일반적으로 종속변수 간 상관이 유의미할 때 진행한다. 종속변수 간 상관은 Bartlett 구형성 검증(Bartlett's test of sphericity)을 이용한다(Bartlett, 1951). 이 검증의 영가설은 '종속변수들은 서로 독립적이다.'이다. 따라서 영가설이 기각되었을 때 다변량분산분석을 진행한다. 영가설이 채택되었다면 각각의 종속변수에 대해 단변량분산분석을 실시하는 것이 바람직하다.

다변량분산분석은 대부분의 통계 프로그램에서 실시할 수 있다. *SPSS*와 *SAS*, *R* 등의 프로그램이 다변량분산분석을 지원한다.

5. 요인분석

1) 개념

요인분석(factor analysis)이란 측정변수들 이면의 잠재변수 구조를 분석하는 기법이다. 여기서 측정변수/관측변수(measurement variable/observed variable)란 연구자가 특정 방법을 이용해 측정하는 변수들을 의미하며, 잠재변수(latent variable)란 직접 관측할 수는 없으나 측정변수들에 영향을 미치는 추상적/이론적 변수를 의미한다. 심리학에서 다루는 많은 개념이 잠재변수에 해당한다. 예컨대, 외향성이라는 개념을 측정하기 위해 10개의 문항을 개발했다면, 각 문항이 측정변수이며, 외향성은 잠재변수에 해당한다. 요인분석에서는 잠재변수를 간단히 요인(factor)이라 부르기도 한다.

일반적으로 잠재변수는 측정변수의 수보다 적으며, 하나 이상의 잠재변수가 하나의 측정변수에 영향을 미칠 수 있다. 또한 하나의 잠재변수가 여러 개의 측정변수에 영향을 미칠 수 있다. 요인분석이 다변량분석인 이유가 여기에 있다. 요인분석을 간단히 도식화하면 [그림 12-11]과 같다.

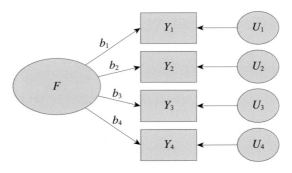

[그림 12-11] 요인분석의 예

[그림 12-11]에서 측정변수는 사각형으로 표시되어 있고 잠재변수는 타원형으로 표시되어 있다. 그림에 제시되어 있는 것처럼 예측하는 변수가 잠재변수들이고 예측되는 변수가 측정변수이다. 이 그림을 공식화하면 다음과 같다.

$$Y_1 = b_1 F + u_1$$
$$Y_2 = b_2 F + u_2$$
$$\cdots$$

여기에서 F는 여러 측정변수에 영향을 미치는 공통적인 요인이라는 점에서 공통요인(common factor)이라 부르고, u는 하나의 변수에만 특정적으로 영향을 미치는 요인이라는 점에서 고유요인(unique factor)이라 부른다.

글상자 12-4

요인분석과 주성분분석

요인분석과 유사하지만 다른 분석으로 주성분분석이 있다. 주성분분석(principal component analysis)은 요인분석과 유사한 공식을 사용하지만, 고유요인을 0이라고 가정하여 분석을 진행한다. 달리 말하면, 고유요인의 값이 모두 0일 경우 주성분분석과 요인분석의 결과는 일치하게 된다. 하지만 대부분의 사회과학 영역에서 고유요인은 0이 아닐 가능성이 높기 때문에 주성분분석과 요인분석의 결과는 다르게 도출되는 경우가 많다.

두 분석기법은 목적 면에서도 서로 구분된다. 주성분분석은 데이터 축약, 즉 데이터를 단순하게 설명할 수 있는 방법을 마련하는 데 목적이 있다. 이 때문에 주성분분석을 실시하면 분석에 포함되는 변수의 수보다 훨씬 더 적은 수의 주성분을 추출하는 것이 일반적이다. 반면, 요인분석은 관측변수들 이면의 잠재변수 구조를 파악하는 것이 주요 목적이기 때문에 자료의 구조를 가장 잘 반영하는 요인의 수를 찾아내는 방향으로 분석을 진행한다.

2) 분석논리 및 절차

요인분석에서는 고유요인을 0으로 가정하지 않은 채 공통요인을 추출한다. 따라서 공통요인의 영향을 분리해서 요인추출을 진행해야 하는데 이 값을 공통분(commonality)이라 한다. 공통분을 추정하는 방법은 몇 가지가 있는데, 가장 대표적인 방법은 중다상관제곱치(Squared Multiple Correlation: SMC)를 사용하는 것이다. 이 방법은 각 측정변수를 준거변수로, 다른 측정변수들을 예측변수로 두고 중다회귀분석을 실시했을 때 계산되는 R^2값을 공통분 추정치로 사용하는 것이다.

다음 단계에서는 요인의 수를 결정한다. 요인의 수는 일반적으로 측정변수의 수보다 적다는 것을 제외하면 특별히 정해진 규칙이 없다. 학자들 사이에서도 어떤 방법을 사용해야 하는지에 대해 다양한 의견이 있다. 일반적으로 많이 사용되는 방법으로는 카이저 방식과 스크리 검사를 들 수 있다.

카이저 방식(Kaiser rule)은 Kaiser(1960)가 제안한 방법으로, 고유치(eigen value)를 계산해서 그 값이 1.00보다 크거나 같은 요인의 개수를 최종 요인 수로 정하는 것이다. 여기서 고유치란 각 요인이 전체 측정변수들의 분산 가운데 어느 정도를 설명하는지를 나타낸 수치이다. 이 값이 1.00보다 작다는 것은 해당 요인이 측정변수 하나의 분산도 설명하지 못한다는 것을 의미하기 때문에 이것을 기준점으로 삼는 것이다. 하지만 앞서 살펴본 바와 같이 요인분석에서는 고유요인이 0이 아니라고 가정하기 때문에 공통분은 1보다 작을 수밖에 없다. 따라서 카이저 방식을 사용할 경우 요인의 수를 과소 추정하는 오류를 범할 가능성이 있다.

스크리 검사(scree test)는 Cattell(1966)이 제안한 방법으로 각 요인의 고유치를 그림으로 그렸을 때 고유치가 급격히 떨어지는 지점을 기준점으로 삼는 방법이다. [그림 12-12]의 경우 2요인 모형과 3요인 모형 사이의 고유치 저하와 3요인 모형과 4요인 모형 사이의 고유치 저하 정도 차이가 크기 때문에 2요인 모형, 혹은 3요인 모형을 후보로 삼을 수 있다. 여기에 카이저 방식까지 고려한다면 2요인 모형이 가장 유력할 것이다.

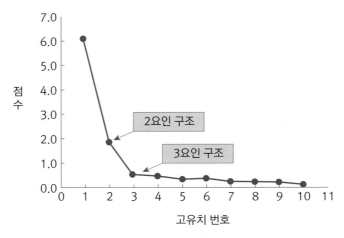

[그림 12-12] 스크리 검사의 예시

요인의 수를 결정할 때 마지막으로 고려하는 것은 해석 가능성이다. 요인구조는 가상적인 것이며 이론적 설명이 가능해야 한다. 연구자는 측정변수들이 측정하는 개념의 구조에 대한 이론을 토대로 요인의 수를 선택할 수 있다. 하지만 요인의 수를 결정하는 다른 방법들이 매우 상이한 결과를 도출한다면, 측정변수를 구성하는 과정에 문제가 있거나 개념에 대한 이론에 문제가 있다고 판단하고 이를 수정하는 작업을 실시해야 한다.

　요인의 수가 결정되었다면, 수학적 계산을 통해 각 변수에 대한 요인들의 영향력을 반영하는 요인계수(factor loading)를 구할 수 있다. 〈표 12-2〉에는 요인계수의 예가 제시되어 있다. 표에 제시된 바와 같이 최초의 요인계수들을 보면 각 요인이 무엇을 반영하는 것인지 해석하기가 어려울 수 있다. 요인분석에서는 각 요인에 대한 해석이 용이하도록 추가적인 작업을 실시하는데, 이를 회전(rotation)이라 한다.

〈표 12-2〉 최초 요인구조의 예시

구분	요인 1	요인 2
측정변수 1	.69	−.50
측정변수 2	.66	−.54
측정변수 3	.54	−.55
측정변수 4	.53	.50
측정변수 5	.50	.49
측정변수 6	.51	.44

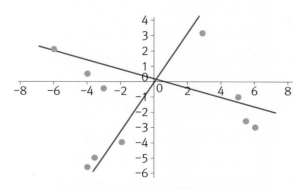

[그림 12-13] 요인분석에서의 회전

　[그림 12-13]에서 최초의 요인구조는 기본적인 x축, y축이라고 볼 수 있다. 이

축상에서 각 자료는 애매한 곳에 위치해 있다. 회전이란 좌표축을 회전시켜 각 자료가 보다 명확하게 구분될 수 있는 축을 찾는 작업이라고 볼 수 있다. 그림을 보면 새롭게 설정한 축들이 완벽한 직각을 이루고 있지 않다는 것을 확인할 수 있을 것이다. 이렇게 축의 각도를 변경한 이유는 그렇게 할 경우 자료를 보다 잘 구분할 수 있기 때문이다. 요인분석의 회전에서 이렇게 축 간의 직각을 유지하지 않는 회전을 사각회전(oblique rotation)이라 한다. 반면, 직각을 유지한 채 회전하는 것을 직각회전(orthogonal rotation)이라 한다. 어떤 회전을 선택할지는 요인들 간의 상관관계에 달려 있다. 요인들이 서로 독립적이라 판단될 경우에는 직각회전을, 서로 어느 정도 상관관계가 있다고 판단될 경우에는 사각회전을 실시한다. 직각회전과 사각회전 모두 다양한 회전방법을 가지고 있는데 그 내용은 이 책의 범위를 넘어서므로 생략하겠다. 관련 연구에 따르면, 각 회전 유형 내에서의 기법 간 차이는 그리 크지 않은 것으로 확인되고 있다(Bandalos & Finney, 2010).

3) 탐색적 요인분석과 확인적 요인분석

요인분석은 특정한 요인구조를 미리 정하지 않고 탐색적으로 분석을 실시하는 경우와 요인구조를 미리 정한 뒤 그 구조가 자료와 잘 일치하는지를 확인적으로 분석하는 경우로 구분할 수 있다. 전자를 탐색적 요인분석(exploratory factor analysis)이라 하고, 후자를 확인적 요인분석(confirmatory factor analysis)이라 한다. 앞서 소개한 요인분석의 절차는 탐색적 요인분석의 절차에 해당한다. 반면, 확인적 요인분석은 미리 구성된 요인구조가 타당한지를 자료와의 일치도를 분석하여 검증한다. 이 방법은 기본적으로 구조방정식의 절차와 동일하기 때문에 구조방정식 부분에서 자세히 다루기로 하겠다.

개념이나 분석 절차상으로 탐색적 요인분석과 확인적 요인분석이 구분되는 것은 사실이지만, 실제로는 서로 중첩되는 부분들이 있다. 특히 모형과 자료와의 일치도/적합도를 분석하는 측면에서는 두 기법이 서로 유사하다. 실제로 탐색적 요인분석의 경우에도 카이저 방식 등을 이용해 요인의 수를 정해야 하며, 회전방식도 연구자가 결정해야 한다. 이렇게 요인의 수와 추출방식 등에 대해 결정을 하고 분석을 진행하기 때문에 연구자는 스스로 모형을 정한 셈이 되고, 그에 따라 모형

과 자료의 적합도 또한 분석할 수 있게 된다. 결론부터 말하면, 탐색적 요인분석
과 확인적 요인분석의 핵심적인 차이는 요인과 측정변수의 관계에 제약을 가하는
정도라고 볼 수 있다. 탐색적 요인분석은 기본적으로 아무런 제약을 가하지 않는
다. 예컨대, 측정변수가 10개이고 요인이 3개라면, 각 요인은 모든 측정변수에 영
향을 미치는 것으로 가정된다. 반면, 확인적 요인분석은 특정 요인이 특정 측정변
수에만 영향을 미치는 것으로 제약을 가한다. 이렇게 제약을 가하게 되면 자료와
의 불일치 가능성은 상대적으로 높아질 수밖에 없다. 두 분석모형의 차이를 간단
히 제시하면 [그림 12-14]와 같다.

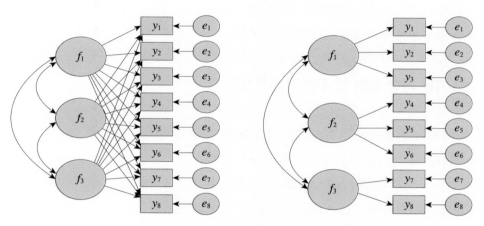

[그림 12-14] 탐색적 요인분석(왼쪽)과 확인적 요인분석(오른쪽)

확인적 요인분석에서 특정 요인과 특정 변수의 관계를 정할 수 있으려면 미리
분석된 요인구조를 알고 있어야 한다. 탐색적 요인분석이 일반적으로 확인적 요
인분석에 선행하는 것은 이러한 이유 때문이다. 즉, 탐색적 요인분석을 먼저 실시
하여 알게 된 요인구조를 확인적 요인분석을 통해 재검증한다.

4) 적합도의 평가

요인분석에서는 연구에서 설정한 모형을 평가할 때 적합도지수를 고려한다. 적
합도지수(fit index)란 설정한 모형이 수집한 자료와 일치하는 정도를 반영하는 다
양한 지표를 말한다. 따라서 적합도지수를 계산하려면 미리 모형을 구성해야 한

다. 확인적 요인분석은 미리 모형을 구성하기 때문에 적합도지수를 이용해 평가를 실시하는 것이 쉽게 이해될 것이다. 탐색적 요인분석의 경우에도 추정기법으로 최대우도법(maximum likelihood)을 사용하면 모형의 적합도를 평가할 수 있다. 앞서 살펴본 바와 같이 요인의 수를 정하는 절차나 회전을 실시하는 절차는 수학적으로 결정되는 것이 아니라 연구자가 다양한 요소를 고려하여 진행하게 된다. 그러므로 여러 가지 대안이 고려될 수 있으며, 대안이 되는 여러 모형의 적합도를 계산하여 비교한 뒤 상대적으로 나은 모형을 선택할 수 있다. 적합도지수는 매우 다양하며, 각 지표의 점수를 고려하여 적합도가 좋은 모형과 수용 가능한 모형, 적합도가 나쁜 모형을 결정하게 된다. 많이 사용되는 적합도지수에 대해서는 구조방정식 부분에서 자세히 다루기로 하겠다.

5) 기본 가정 점검 및 추천 프로그램

탐색적 요인분석의 가정은 그리 엄격하지 않다. 일반적으로 다음 조건을 만족하면 탐색적 요인분석을 실시할 수 있다.

- 분석에 포함되는 관측변수들은 모두 연속척도여야 한다. 즉, 등간척도와 비율척도인 경우에만 요인분석을 실시할 수 있으며, 명목척도나 서열척도는 기본적으로 탐색적 요인분석을 실시할 수 없다.
- 관측변수들 간의 상관계수는 0이 아니어야 한다. 요인분석은 관측변수들 간의 상관관계를 이용해 잠재변수를 탐색하는 분석기법이다. 따라서 관측변수들 간에 어느 정도의 상관관계가 있어야 한다.
- 관측변수들은 정규분포를 따른다. 추정방식에 따라 다르지만, 일반적으로 많이 사용되는 최대우도법의 경우 관측변수들이 정규성 가정을 만족해야 실시할 수 있다. 정규성 가정을 만족하지 않는 경우에는 다른 방식으로 추정을 실시해야 한다.

탐색적 요인분석을 실시할 때 필요한 표본의 크기에 대해서는 명확한 수학적 기준이 제시되어 있지 않다. 다만, 50개 이하의 표본은 매우 열악하고(very poor),

100개는 열악(poor), 200개는 보통(fair), 300개 이상은 좋은(good) 것으로 간주하는 것이 일반적이다(Comrey & Lee, 2013).

탐색적 요인분석을 실시하기 위해서는 요인의 수를 정해야 할 뿐만 아니라, 회전 작업 등을 실시해야 하기 때문에 별도의 프로그램을 사용한다. 대표적인 프로그램으로는 CEFA(Comprehensive Exploratory Factor Analysis)와 Factor를 들 수 있다. CEFA는 오하이오 주립 대학교의 심리학과 교수인 Browne 교수가 개발한 프로그램으로 손쉽게 탐색적 요인분석을 실시할 수 있도록 구성되어 있다(https://psychology.osu.edu/dr-browne-software). Factor는 스페인의 로비라비르힐리 대학교의 연구팀이 개발한 프로그램이다(https://psico.fcep.urv.es/utilitats/factor/Download.html).

확인적 요인분석은 기본적으로 구조방정식의 형태를 취하고 있기 때문에 구조방정식과 동일한 가정을 공유하며, 분석 프로그램 또한 동일하다. 이 프로그램들에 대해서는 구조방정식 부분에서 자세하게 다루기로 하겠다.

6. 구조방정식

1) 개념

구조방정식(structural equation modeling)은 측정변수나 잠재변수들 간의 관계에 대한 가설을 검증하는 이론 기반(theory-driven)의 데이터 분석기법이다. 앞서 소개한 요인분석과 관련지어 설명하면, 구조방정식은 확인적 요인분석과 경로분석(path analysis)을 통합한 분석기법이라고 볼 수 있다. 확인적 요인분석은 잠재변수와 측정변수의 관계만 분석하지만, 구조방정식은 잠재변수들 간의 관계 또한 분석할 수 있는 기법이다.

구조방정식의 중요한 특징은 이론 기반의 분석기법이라는 점이다. 이론 기반 분석의 개념이 생소할 수 있는데, 핵심은 '이론과 데이터/자료 중 어디에 중점을 두어 분석하는가?'라고 볼 수 있다. 이론에 중점을 두어 이론과 자료가 일치하는지를 확인하는 분석기법은 이론 기반의 분석기법이라 불리고, 자료에 중점을 두어 자료가 어떤 원리를 보여 주고 있는지를 확인하는 분석기법은 데이터 기반 (data-driven)의 분석기법이라 불린다. 구조방정식은 이론 기반의 분석기법에 해당하기 때문에 분석에 앞서 검증하고자 하는 이론 혹은 모형을 수립하고, 해당 모형이 자료와 일치하는지의 여부를 분석한다.

　구조방정식의 예를 [그림 12-15]에 제시하였다. 제시된 대로 구조방정식은 크게 측정모형과 구조모형으로 구분할 수 있다. 측정모형(measurement model)이란 각 잠재변수/요인과 해당 요인을 반영하는 측정변수들로 구성된 부분을 말하며, 구조모형(structural model)이란 요인들 간의 관계를 나타내는 경로모형 부분을 의미한다. 구조방정식에서의 경로계수는 회귀계수와 유사하며, 두 요인 간의 관계 강도와 방향성에 대한 정보를 제공한다.

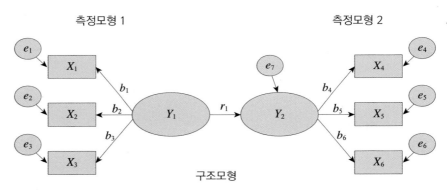

[그림 12-15] 구조방정식의 예

2) 분석논리 및 절차

　구조방정식에서는 연구모형이 가정한 공분산 행렬(covariance matrix)과 실제 자료의 공분산 행렬이 일치하는 정도를 분석한다. 측정변수들 간의 공분산 행렬은 다양한 방식으로 분해할 수 있다. 구조방정식에서는 특정 모형을 구성하는 미지수들을 추정할 수 있도록 공분산 행렬을 분해한 뒤, 실제 공분산 행렬과의 일치도를 분석한다. 일치도가 높으면 좋은 모형이라 판단하고, 일치도가 낮으면 나쁜 모형으로 간주한다.

　따라서 구조방정식 분석 과정에서 특별히 중요한 두 작업은 검증할 모형을 구성하는 작업과 구성된 모형의 적합도/일치도를 분석하는 작업이다. 우선 모형을 구성할 때에는 이론적으로 타당하게 구성하는 것이 중요하다. 일차적으로는 각 잠재변수들과 측정변수들의 관계가 타당해야 하며, 각 잠재변수들 간의 관계 또한 타당해야 한다. 특히 구조방정식에서는 잠재변수들 간의 관계를 특정할 수 있는데, 이에 대한 이론적인 근거가 충분히 제시되어야 한다. 예컨대, 특정한 잠재변수가 다른 잠재변수에 영향을 미치는 인과적 관계를 맺고 있는 것으로 모형을 구성했다면, 이에 대한 이론적 근거를 충분히 제시해야 하며, 다른 대안적 가능성(예: 반대의 인과관계, 제3변인에 의한 상호관계)에 대한 반론 또한 제시할 수 있어야 한다. 최종적으로 구성된 모형이 이론적으로 타당한지 그렇지 않은지는 비판의 대상이 될 수 있다. 아무리 모형과 자료의 적합도가 좋을지라도 이론적으로 타당하지 않으면 해당 모형은 받아들여지지 않을 수 있다.

이론적으로 타당한 모형을 구성한 뒤에는 구성된 모형과 자료의 일치도를 분석한다. 일치도 분석은 크게 2단계로 진행된다. 첫 단계에서는 측정모형의 적합도가 양호한지를 평가한다. 측정모형의 적합도는 확인적 요인분석을 통해 평가할 수 있다. 일반적으로 구조방정식은 잠재변수가 여러 개이므로, 측정모형 적합도 분석에서는 잠재변수들이 서로 공변(covary)하는 것으로 설정한 뒤 확인적 요인분석을 실시한다. 측정모형의 적합도가 양호하다면 다음 단계로 진행하지만, 적합도가 양호하지 않다면 그 원인을 분석하여 측정변수를 일부 조정하거나 측정도구 자체를 변경하는 등의 방법을 사용해 적합도를 개선해야 한다. 이러한 방법으로도 측정모형의 적합도가 개선되지 않는다면, 이후의 과정은 진행할 수 없다.

측정모형의 적합도가 양호한 것으로 확인되었다면, 다음으로 경로에 대한 분석을 실시한다. 경로분석을 실시할 때에는 가장 먼저 전체 모형의 적합도를 분석한다. 연구자가 검증하고자 하는 모형대로 경로를 설정한 뒤 전체 모형과 자료의 일치도를 분석하는 것이다. 측정모형에서는 모든 잠재변수가 서로 공변하는 것으로 설정했다면, 구조모형을 포함한 전체 모형 분석에서는 잠재변수들 간의 관계를 특정하게 된다. 경우에 따라서는 특정 변수의 효과를 통제하기 위해 별도의 변수를 추가하기도 한다. 이렇게 구성된 전체 모형의 적합도가 양호한 것으로 나타났다면, 각 경로에 대한 세부 분석을 진행한다.

각 경로에 대한 분석은 기본적으로 회귀분석과 유사하다. 프로그램을 이용해 분석을 실시하면 각 경로의 강도와 방향성에 대한 정보가 주어지며, 경로계수의 통계적 유의도에 대한 정보 또한 주어진다. 이 정보를 토대로 요인들 간의 관계 강도와 방향성, 통계적 유의성을 해석한다.

3) 적합도의 평가

적합도를 평가할 때에는 적합도지수를 이용한다. 모형과 자료의 적합도를 평가하는 방법은 매우 다양하며, 각 방법에 따라 사용할 수 있는 지수들도 달라진다. 현재 매우 다양한 지수가 개발되어 사용되고 있으며, 연구자는 개발된 지수들 가운데 적절한 것을 선별해서 사용할 수 있다. 여기에서는 가장 많이 사용되는 지수를 유형별로 선별하여 간단하게 제시하도록 하겠다.

먼저, 가장 기본적으로 사용되는 지수는 χ^2이다. 이 통계량은 표본의 분포가 이론적인 분포와 같은지의 여부를 검증할 때 쓰이는 것으로, 영가설은 '표본의 분포가 이론적인 분포와 같다.'이다. 따라서 영가설을 기각하지 않아야 좋은 모형이라고 판단할 수 있다. 이 지수는 가장 엄격한 지수이며, 많은 경우 영가설을 기각하게 된다. 따라서 χ^2를 단독으로 사용하기보다는 다른 지수들과 함께 사용할 때가 많다.

두 번째 지수는 실제로 관측된 공분산 행렬과 이론적으로 가정된 공분산 행렬 간의 일치도를 잔차(residual)를 이용해 분석하는 Standardized Root Mean Square Residual(SRMR)이다. 이 지수가 0.1보다 작게 나오면 그 모형은 수용 가능한(acceptable) 수준인 것으로 판단할 수 있다(Schermelleh-Engel, Moosbrugger, & Müller, 2003). 이 지수는 구조방정식에 포함된 미지수(parameter)가 많아질수록 점수가 높아지는 한계를 가지고 있다.

세 번째 지수는 모형의 복잡성을 고려하면서 관측된 공분산 행렬과 이론적으로 가정한 공분산 행렬의 일치도를 평가하는 Root Mean Square Error of Approximation(RMSEA)이다. RMSEA는 SRMR과 유사하지만 과도하게 미지수가 많은 복잡한 모형에 페널티를 부여한다는 차이점이 있다. 이 지수가 0.08, 혹은 0.1보다 작으면 수용 가능한 모형으로 간주할 수 있다(Schermelleh-Engel et al., 2003).

네 번째 지수 집단은 이론적으로 가정한 모형이 기초 모형과 차이가 있는지를 평가하는 지수들로 구성되어 있다. 여기에서 말하는 기초 모형(baseline model)은 측정변수들 간에 '관계가 없다'고 가정하는 모형을 의미한다. 즉, 아무런 관계가 없다고 가정한 모형과 이론 모형 간에 차이가 있는지를 평가하는 지수들이라고 볼 수 있다. 여기에 포함되는 지수로는 Comparative Fit Index(CFI)를 들 수 있다. CFI는 0.9 이상이면 좋은 모형으로 간주할 수 있다(Bentler, 1990).

제시된 지수들 이외에도 사용 가능한 지수들이 많이 있다. 연구자는 필요에 따라 특정한 지수들을 선별하여 사용할 수 있는데, 일반적으로는 적합도지수의 특성을 고려하여 각 유형별로 하나 이상의 지수를 제시한다. 〈표 12-3〉에는 앞서 소개한 지수들을 간단히 정리하여 제시하였다. 적합도지수 선정에 대한 보다 자세한 논의는 Hong(2000)의 논문을 참고하기 바란다.

〈표 12-3〉 적합도지수의 예

지수	최저 합치도	이론적 최고 합치도	수용 가능한 기준
χ^2	큰 양의 숫자	0	
SRMR (Standardized Root Mean Square Residual)	큰 양의 숫자	0	0.08 (혹은 0.1) 이하
RMSEA (Root Mean Square Error of Approximation)	큰 양의 숫자	0	0.08 (혹은 0.1) 이하
CFI (Comparative Fit Index)	0	1.0	0.9 이상

4) 구조방정식의 응용

구조방정식은 활용범위가 매우 넓은 분석기법이다. 회귀분석처럼 준거변수와 예측변수들 간의 관계를 분석할 수도 있으며, 조절관계나 매개관계에 대한 모형도 간단히 분석할 수 있다. 이뿐만 아니라 모형들 간의 비교 분석도 가능하다. 예컨대, 3개의 대안 모형이 있다면, 이 모형들 중 어떤 모형이 가장 자료를 잘 설명하는지 분석할 수 있다. 이렇게 모형들을 비교 분석할 때에는 가장 단순한 모형을 하나 구성한 뒤 이 모형에서 경로를 단계적으로 추가하면서 자료와의 적합도가 얼마나 변하는지를 분석한다. 일반적으로 모형이 복잡해질수록(경로가 많아질수록) 자료와의 일치도는 높아지지만, 경로를 추가했을 때 적합도 개선 정도가 통계적으로 의미 없는 수준일 수도 있다. 이를 고려하여 최적의 모형을 선정하는 것이 가능하다.

구조방정식의 또 다른 활용 사례는 다집단분석이다. 다집단분석(multi group analysis)이란 질적으로 다른 집단들을 대상으로 동일한 구조방정식모형이 성립할 수 있는지를 분석하는 것이다. 예컨대, 남자 집단과 여자 집단에서 각각 특정한 구조방정식모형이 적절하게 자료를 설명하는지 확인하고자 할 때 다집단분석을 사용할 수 있다. 이때 연구자는 구조방정식모형의 각 부분에 제약을 가할 수 있다. 전체적인 요인의 구조와 경로가 동일하다고 제약을 가할 수 있을 뿐만 아니라, 경로계수가 동일하다고 제약을 가할 수도 있다. 만일 경로계수가 동일하다고 제약을 가했을 때에도 다집단분석의 적합도가 양호한 것으로 확인되었다면, 비교한 집단은 전체적인 구조뿐만 아니라 경로의 강도까지도 동일한 것으로 해석할 수 있다.

5) 기본 가정 점검 및 추천 프로그램

구조방정식의 기본 가정은 엄격하지 않다. 하지만 일반적으로 다음 2개의 가정을 기본적으로 요구하고 있다.

- 다변량 정규분포: 요인분석과 마찬가지로 추정방식이 최대우도법일 경우 다변량 정규분포 가정을 만족해야 한다. 측정변수들이 정규분포를 만족하면 다변량 정규분포를 만족한 것으로 간주한다.
- 선형성: 변수들이 선형관계를 이루고 있는 것으로 가정한다. 변수들 간의 관계 강도는 모두 선형성을 가정하여 추정된 값이다. 따라서 변수들이 선형관계를 이루고 있지 않을 경우에는 다른 분석모형을 사용하는 것이 좋다.

구조방정식은 일반적으로 많은 수의 관측변수를 포함하며, 그에 따라 비교적 큰 규모의 표본이 요구된다. 표본의 크기에 대해서는 절대적인 기준이 없지만, 일반적으로 추정하는 미지수의 5배 정도의 표본이 필요하며(Bentler & Chou, 1987), 적어도 150 이상의 표본이 필요한 것으로 보고 있다(Anderson & Gerbing, 1988).

구조방정식을 실시할 수 있는 프로그램은 다양하다. 대표적인 프로그램으로는 LISREL(linear structural relations)을 들 수 있다. 이 프로그램은 명령어를 직접 입력해야 하지만, 모델의 세부사항을 직접 결정할 수 있다는 장점이 있다. LISREL은 유료 프로그램이며, 학생들이 사용할 수 있는 버전을 무료로 제공하고 있다(http://www.ssicentral.com/index.php/product/lisrel). 무료 프로그램인 R에도 구조방정식을 실시할 수 있는 패키지가 있다. 가장 많이 사용되는 패키지는 lavaan(Rosseel, 2012)이며, 이외에도 sem(Fox, 2006) 등이 많이 사용된다. 가격이 비싸기는 하지만 사용하기 편리한 프로그램으로 M-Plus를 들 수 있다. 이 프로그램도 명령어를 입력하는 형식이지만 명령어 체계가 간단한 편이다. 또한 개발자가 직접 웹페이지를 운영하면서 프로그램 사용과 관련된 다양한 질문에 응답해 주어 분석에 도움을 얻을 수 있다(https://www.statmodel.com). 마지막으로 SPSS의 추가 모듈인 AMOS(Analysis of a Moment Structures)로도 구조방정식을 실시할 수 있다.

7. 비모수 통계

1) 변수의 변환

종속변수가 정규분포를 따르지 않을 경우 모수 통계기법들을 사용할 수 없다. 이때 일차적으로 고려하는 것은 종속변수가 정규분포를 따르도록 수학적 변환을 시도하는 것이다. 가장 많이 사용되는 수학적 변환은 로그변환이다. 로그변환(log transformation)은 종속변수의 값에 로그를 취하여 변환하는 것을 말한다. 로그변환을 실시할 경우 일부는 정규분포를 따르게 되는 것으로 확인되고 있다.

로그변환을 실시해도 정규분포 가정을 만족하지 못하는 경우가 있는데, 이런 경우에는 다른 변환방법들을 시도한다. 예컨대, 역수 변환을 하거나 제곱근을 산출한 뒤 다시 역수로 변환하는 방법 등을 사용할 수 있으며, Box-Cox 변환 등의 보다 통합적이고 체계적인 방법을 사용할 수도 있다(Osborne, 2010). 이러한 방법들을 사용했을 때에도 정규성 가정이 만족되지 않는 경우에는 비모수 통계모형, 혹은 로버스트 통계량(robust statistic)을 사용한다.

2) 비모수 통계모형

비모수 통계(nonparametric statistics)는 정규성 가정을 만족하지 못하는 종속변수를 다루는 통계기법들을 의미한다. 여기에 포함되는 기법들은 모집단 모수에 대한 특별한 가정을 하지 않기 때문에 분포 특성에 상관없이 사용할 수 있다. 가장 빈번하게 사용되는 비모수 통계모형으로는 카이자승(Chi-square)검증과 Mann-Whitney U 검증, Wilcoxon 기호등위검증(signed ranks test), Kruskal-Wallis H 검증, Friedman 검증, Spearman 순위상관계수(rank-order correlation)를 들 수 있다. 〈표 12-4〉에는 대표적인 비모수 통계모형과 각 모형에 대응하는 모수 통계모형이 간략하게 정리되어 있다.

〈표 12-4〉 대표적인 비모수 통계기법

분석 유형	비모수 통계기법	모수 통계기법
명목변수 자료의 비교	카이자승(Chi-square)검증	없음
서로 독립적인 두 표본의 평균비교	Mann-Whitney U 검증	서로 독립적인 표본들에 대한 t 검증
서로 관련된 두 표본의 평균비교	Wilcoxon 기호등위검증	서로 관련된 표본들에 대한 t 검증
서로 독립적인 3개 이상 표본의 평균비교	Kruskal-Wallis H 검증	일원분산분석
서로 관련된 3개 이상 표본의 평균비교	Friedman 검증	반복측정 분산분석
두 서열변수의 상관관계 분석	Spearman 순위상관계수	Pearson 적률상관계수 (product-moment correlation)

(1) 카이자승검증

카이자승검증은 표본의 빈도 분포가 영가설로 제시된 기대 분포와 얼마나 다른지를 검증하는 기법이다. 간단히 말하면, 기대하는 값과 실제 빈돗값이 얼마나 다른지를 확인하는 방법이다. 차이가 크면 영가설을 기각하고, 차이가 크지 않으면 영가설을 채택한다. 카이자승검증에서 활용하는 통계량 카이자승의 공식은 다음과 같다.

$$X^2 = \sum \frac{(f_o - f_e)^2}{f_e}$$

f_o＝유목의 관찰빈도
f_e＝유목의 기대빈도

카이자승검증은 다양한 목적으로 활용될 수 있다. 가장 빈번하게 사용되는 두 가지 목적은 적합도 검증과 독립성 검증이다. 적합도 검증에서는 연구자가 설정한(기대한) 이론적인 빈도분포가 실제 자료의 빈도분포와 일치하는지를 검증한다. 예를 들어, 어떤 연구자는 우리나라 고등학교 3학년 학생들이 서로 다른 비율로 교과목을 선호할 것이라고 가정할 수 있다. 이때 영가설은 '교과목 선호도가 서로 다르지 않다.'일 것이다. 선정된 교과목이 모두 4개라면, 100개의 표본을 선발할 경우 각각 25개 정도의 빈도로 선호도가 조사될 때 영가설 채택 가능성이 높아질 것이다. 반대로 각 교과목의 선택빈도가 영가설이 기대하는 것과 유의하게 다르다면, 영가설을 기각하고 연구가설을 채택할 수 있다.

독립성 검증은 두 변수의 관계가 서로 독립적인지의 여부를 판단할 때 사용할 수 있다. 여기에서는 한 변수의 빈도분포가 다른 변수의 유목들과 관련이 있는지의 여부를 기대빈도와 관찰빈도를 이용해 분석한다. 보다 구체적으로 말하면, 두 변수가 서로 독립적일 때의 기대빈도를 계산한 뒤, 실제 관찰빈도와 얼마나 차이가 나는지를 분석하여 영가설 채택 여부를 결정한다. 관찰빈도가 기대빈도와 유사하다면 영가설을 채택하고, 차이가 유의하다면 영가설을 기각한다. 예를 들어, 성별과 선호 교과목의 관계를 분석하고자 할 때, 두 변수가 서로 독립적이라는 가정하에 기대빈도를 계산할 수 있다. 즉, 남학생 100명의 각 교과목 선호도가 A＝20, B＝20, C＝30, D＝30으로 조사되었다면, 여학생 100명의 교과목 선호도에 대한 기대빈도를 A=20, B=20, C=30, D=30으로 설정할 수 있다. 만일 여학생들의 교과목 선호도 관찰빈도가 기대빈도와 유사하다면 영가설을 채택하고, 유사하지 않다면 영가설을 기각한다.

(2) Mann-Whitney U 검증

Mann-Whitney U 검증은 서로 독립적인 두 표본의 평균을 비교할 때 사용할 수 있는 비모수 통계모형이다. 이 방법은 t 검증과 달리 표본값들의 순위를 분석한다. 만일 두 표본의 평균 차이가 크다면, 두 표본에서 추출한 모든 값의 순위를 분석했을 때 두 표본의 값들이 각각 양극단에 몰려 있을 것이다. 반대로 두 표본의 평균이 서로 유사하다면, 두 표본의 값들이 한쪽에 몰려 있지 않고 고루 섞여 있을 것이다. 이러한 원리를 이용하여 두 표본의 순위 차이를 보여 주는 통계량 U를 계산한다. U 공식은 다음에 제시되어 있다. 제시된 바와 같이 통계량 U는 비교하는 두 집단에 대해 각각 계산한다. 최종 검증에는 계산된 두 값 중 작은 값을 사용한다.

$$U_A = n_A n_B + \frac{n_A(n_A+1)}{2} - \sum R_A$$

$$U_B = n_A n_B + \frac{n_B(n_B+1)}{2} - \sum R_B$$

$$n = \text{표본 수}$$
$$\sum R = \text{순위합계}$$

두 표본 간의 점수 차이가 커서 순위가 양극단에 몰려 있다면, U값은 0에 가까워진다. 반대로 두 표본이 서로 비슷하여 순위가 섞여 있다면, U값이 증가한다. 따라서 U값이 작을수록 영가설('두 집단의 값은 구조적 차이가 없다.')을 기각할 가능성이 높아지고, U값이 클수록 영가설을 채택할 가능성이 높아진다.

(3) Wilcoxon 기호등위검증

Wilcoxon의 기호등위검증은 반복측정 자료와 같이 서로 관련이 있는 두 평균의 차이를 검증할 때 사용할 수 있는 비모수 통계모형이다. 다음은 검증의 절차이다.

① 짝을 이룬 두 점수의 차이를 계산한다.

② 차이의 절댓값을 순서대로 나열하고 순위를 매긴다.

③ 절댓값의 순위에 다시 원래 차이의 기호를 붙인다.

④ +기호를 가진 순위들을 모두 합하여 T_+를 계산하고, -기호를 가진 순위들을 모두 합하여 T_-를 계산한다. 두 값 중 절댓값이 작은 것을 검증통계량 T로 정한다.

⑤ 두 평균의 차이가 충분히 크다면, T_+와 T_-값의 차이가 클 것이며, 최종적인 T값도 매우 작을 것이다. 매우 강한 효과가 있을 경우에는 차이점수의 기호가 모두 +이거나 모두 -가 될 것이고, 이때의 T값은 0이 된다. T값이 충분히 작다면 영가설을 기각한다.

　제시된 절차대로 통계량 T값을 산출한 뒤, 유의수준에 따라 계산된 T 임계치를 이용해 영가설('두 평균은 서로 다르지 않다.') 기각 여부를 결정할 수 있다. T 임계치는 통계학 교과서 등의 자료를 이용하면 쉽게 확인할 수 있다.

(4) Kruskal-Wallis H 검증

　Kruskal-Wallis 검증은 3개 이상의 독립 표본들의 평균 차이를 검증할 때 사용할 수 있는 비모수 통계모형이다. 검증 논리는 Mann-Whitney 검증과 유사하지만, 집단 수가 3개 이상이기 때문에 새로운 통계량 H를 사용한다. H의 공식은 다음과 같다.

$$H = \frac{12}{N(N+1)} \sum_{j=1}^{K} \left(\frac{R_j^2}{n_j}\right) - 3(N+1)$$

N=모든 사례 수
K=집단(표본) 수
n_j=j번째 집단의 사례 수
R_j=j번째 집단의 순위합계

　공식에 제시된 바와 같이 비교하는 집단별로 순위합을 계산하여 통계량 H를 산출한다. 표본들 간의 점수 차이가 커서 순위가 몰려 있다면, 표본별 순위합을 제곱한 값이 증가하게 되고, 결국 H값이 커지게 된다. 반대로 표본들 간의 점수 차이가 작아서 순위합이 서로 유사하다면, 상대적으로 H값이 작아지게 된다. 따라서 N 수를 고려했을 때 H값이 일정한 수준 이상으로 커지면, 영가설을 기각하고 표본들 간의 점수가 서로 다르다고 판단한다. 반대로 H값이 정해진 기준을 넘지 못한다면, 영가설을 채택하고 표본들 간 점수 차이가 없는 것으로 판단한다.

(5) Friedman 검증

Friedman 검증은 3개 이상의 서로 관련된 표본들의 평균 차이를 검증할 때 사용할 수 있는 비모수 통계모형이다. 동일한 도구로 3번 이상 반복 측정하여 수집된 자료를 분석하는 것이 대표적인 예이다. Friedman 검증에서는 통계량 Q를 사용한다. Q의 공식은 다음과 같다.

$$Q = \frac{12n}{K(K+1)} \sum_{j=1}^{K} (\bar{r}_{.j} - \frac{K+1}{2})^2$$

$$\bar{r}_{.j} = \frac{1}{n} \sum_{i=1}^{n} r_{ij}$$

n＝사례 수
K＝처치 수(측정 수)
r＝순위

공식을 보면, 각 사례별(i)로 처치(j)의 순위를 매긴 뒤 처치별 평균값을 계산한다는 것을 알 수 있다. 처치 간에 큰 차이가 없다면, 처치별 평균값은 중간으로 수렴할 가능성이 높다. 이 경우 각 평균순위에서 $(K+1)/2$ 값을 빼 주면 작은 값이 도출된다. 결과적으로 Q값은 작아지게 된다. 반대로 처치들 간에 차이가 있다면, 처치별 평균값 간에 차이가 커질 것이고, 그에 따라 평균순위 제곱값도 커질 것이다. 결과적으로 Q값은 커지게 된다. 이러한 원리를 이용하여, 유의수준에 따른 기준을 정해 두고 Q값이 해당 기준을 넘어설 경우 영가설('평균들 간에 차이가 없다.')을 기각하는 방법을 사용할 수 있다.

(6) Spearman 순위상관계수

Spearman 순위상관계수는 순윗값을 이용해 상관계수를 산출하는 방법을 말한다. 앞서 두 변수의 상관관계를 확인하기 위해 Pearson 상관계수를 이용한다고 언급한 바 있다. Pearson 상관계수는 두 변수의 공분산을 두 변수 표준편차의 곱으로 나누어 계산한다. 만일 두 변수가 선형적 관계를 맺고 있다면, Pearson 상관계수는 두 변수의 관계 강도와 방향에 대한 정확한 정보를 제공한다. 하지만 경우에 따라서는 선형적 관계가 아닌 다른 형태의 의미 있는 관계가 존재할 수도 있다. 예컨대, [그림 12-16]에 제시된 두 변수의 관계는 비록 선형관계는 아니지만 유의미한 패턴을 띠고 있다.

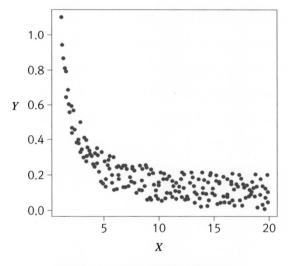

[그림 12-16] 비선형적 관계의 예

[그림 12-16]과 같은 자료는 선형적 패턴을 따르지 않기 때문에 Pearson 상관계수를 사용하기에 적절하지 않다. 이때 선택할 수 있는 대안은 각 자료의 순위를 매긴 뒤 순위를 이용해 상관계수를 산출하는 것이다. 상관계수 산출공식은 Pearson 상관계수와 동일하다. 계수를 계산할 때 사용하는 값이 원자료가 아닌 순위자료라는 점이 다를 뿐이다. 이 방법을 사용할 경우, 비록 두 변수의 실질적인 양적 관계에 대한 정밀한 정보를 얻을 수는 없지만, 관계의 일관성/경향성은 파악할 수 있다. 이렇게 자료의 순위를 매겨 순윗값으로 상관계수를 산출하는 방법

을 Spearman 상관계수라 하며, Pearson 상관계수와 구분하기 위해 r_s로 표기한다.

(7) 로버스트 통계

로버스트 통계(robust statistics)는 모집단의 분포에 대한 특별한 가정을 하지 않는, 또한 극단치 등의 영향을 적게 받는, 그래서 '튼튼하다(robust)'고 말할 수 있는 통계량, 혹은 통계모형을 의미한다. 따라서 로버스트 통계는 비모수 통계이기도 하다.

앞서 소개한 비모수 통계모형들은 주로 평균 비교와 상관분석에 활용될 수 있는 모형들이다. 하지만 정규분포를 따르지 않는 종속변수를 이용해 회귀분석을 실시하고 싶은 경우도 있을 것이다. 예컨대, 일반인들을 대상으로 자살사고에 대한 연구를 진행하고자 한다면, 자살사고의 빈도가 매우 낮을 것이기 때문에 정규분포가 아닌 치우친 분포를 얻게 될 가능성이 높다. 이런 경우 로그변환을 해도 정규분포 가정을 만족하지 못할 가능성이 있다. 이때 사용할 수 있는 대표적인 방법은 로버스트 회귀(robust regression)이다. 로버스트 회귀는 정규분포 가정을 만족해야 하는 회귀와는 다른 방법을 이용해 계수를 추정한다. 이와 같이 각 통계모형별로 분포 특성에 크게 영향을 받지 않는 로버스트 통계량을 이용하여 추정을 실시하는 방법들이 제안되어 있다. 이와 관련된 자세한 내용은 로버스트 통계 서적을 참고하기 바란다.

평균 비교나 상관관계 분석을 위한 간단한 비모수 통계는 대부분의 통계 패키지에서 기본적으로 제공한다. 로버스트 회귀를 지원하는 통계 프로그램으로는 *R*을 들 수 있다. 많이 사용되는 *R* 패키지는 quantreg(Koenker, Portnoy, Ng, Zeileis, Grosjean, & Ripley, 2018)이다.

요약

- 종속변수가 정규분포 가정을 만족하는 경우에는 모수 통계모형을 적용할 수 있다. 두 평균 차이를 검증하고자 할 때에는 t 검증을 이용할 수 있으며, 3개 이상의 평균 차이를 검증하고자 할 때에는 분산분석을 실시할 수 있다.

- 하나의 종속변수와 여러 개의 독립변수의 관계를 분석하고자 할 때에는 회귀분석을 이용할 수 있다. 또한 종속변수에 대한 두 변수의 상호작용효과 분석이나 매개효과 분석에도 회귀분석을 활용할 수 있다.

- 종속변수가 2개 이상일 경우에는 다변량분석을 실시한다. 2개 이상의 종속변수 평균을 동시에 비교하고자 할 때 다변량분산분석을 이용할 수 있다.

- 여러 개의 관측변수에 영향을 미치는 잠재변수의 구조를 파악하려면 요인분석을 이용한다. 요인분석은 탐색적으로 실시하거나 확인적으로 실시할 수 있다.

- 여러 개의 잠재변수들 간의 관계를 분석하고자 할 때 구조방정식을 활용할 수 있다. 구조방정식은 연구자가 상정한 모형과 실제 자료의 일치도를 분석하는 방식을 취하며, 매우 다양한 방식으로 응용될 수 있다.

- 종속변수가 정규분포 가정을 만족하지 않는 경우에는 비모수 통계모형을 사용할 수 있다.

연습문제

1. D는 학습 프로그램이 성적에 미치는 영향을 연구하고 있다. 가설검증을 위해 표본을 추출한 뒤 프로그램 전후의 성적이 동일하다고 가정했을 때의 t값을 계산했다. 유의수준이 0.05, 유의확률이 0.01일 때 가설검증의 결과를 간단히 기술하시오.

2. 동일한 연구결과가 반복적으로 확인될 가능성을 높이는 방법이다. 틀린 것을 고르시오.

   ① 사례 수를 증가시킨다.
   ② 2종 오류를 줄인다.
   ③ 효과크기를 증가시킨다.
   ④ 유의수준을 줄인다.

3. 이원분산분석에서는 세 가지 효과를 검증할 수 있다. 각 효과를 검증하는 절차를 기술하시오.

4. 다음은 회귀분석에 대한 설명이다. 틀린 것을 모두 고르시오.

   ① 최적의 회귀식은 실제 데이터와 회귀식에 의해 예측된 값의 차이 제곱합이 가장 큰 식이다.
   ② 회귀식 전체의 타당성에 대한 분석은 SST(Sum of Squares of Regression)을 SST(Sum of Squares Total)로 나누어 계산한 통계량을 이용한다.
   ③ 회귀식의 각 변수의 계수는 t 검증을 이용해 유의성 검증을 실시한다.
   ④ 특정 변수의 효과를 통제할 때에는 위계적 회귀분석을 실시하여 계숫값의 변화량을 확인한다.

5. I는 외로움과 스마트폰 중독의 관계를 정기적인 운동이 조절할 것이라고 예상하고 있다. 이 가설을 검증하기 위해 회귀분석을 실시하여 다음과 같은 결과를 얻었다. 결과를 해석하시오(단, 유의수준=0.05).

*전체 모형
$R^2=0.35$, $F=67.88$(유의확률=0.0004)
*계수

	표준화 계수	t
(상수)		5.43***
외로움	0.59	12.43***
정기적인 운동	0.01	0.4
외로움 × 정기적인 운동	0.02	0.2

주. ***$p < 0.001$

6. J는 외로움과 스마트폰 사용의 관계를 가상적인 친밀감 욕구가 매개할 것이라고 보고 자료를 수집하였다. Baron과 Kenny의 방법을 이용해 매개효과 분석 절차를 진행한 결과, 다음과 같은 결과가 도출되었다. 결과를 해석하시오(단, 유의수준=0.05).

(1) 스마트폰 사용을 준거변수로 두고 가상적인 친밀감 욕구를 예측변수로 투입했을 때의 회귀계수=0.22($p=0.04$)

(2) 가상적인 친밀감 욕구를 준거변수로 두고 외로움을 예측변수로 투입했을 때의 회귀계수=0.04($p=0.07$)

(3) 스마트폰 사용을 준거변수로 두고 외로움과 가상적인 친밀감 욕구를 예측변수로 투입했을 때 외로움의 회귀계수=0.39($p < 0.001$)

(4) 스마트폰 사용을 준거변수로 두고 외로움을 예측변수로 투입했을 때의 회귀계수=0.39($p < 0.001$)

7. 탐색적 요인분석과 확인적 요인분석의 차이점을 설명하시오.

8. 구조방정식과 회귀분석의 차이점을 제시하시오.

부록

- 용어 사전
- 연습문제 해답

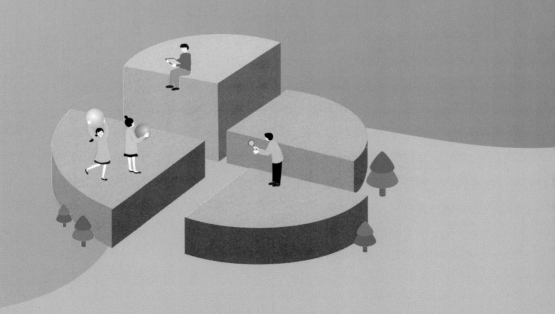

용어 사전

1종 오류(type I error): 영가설이 참임에도 불구하고 영가설을 기각할 확률

2종 오류(type II error): 영가설이 거짓임에도 불구하고 영가설을 채택할 확률

가설(hypothesis): 연구자가 검증하고자 하는 잠정적인 예언이나 아이디어

개관논문(review paper): 특정 주제나 문제를 다룬 연구들의 결과를 전체적으로 검토하고 분석하여 작성한 논문. 개관연구를 논문으로 작성한 것

개관연구(review study): 특정 주제나 문제를 다룬 경험적 연구들의 결과들을 전체적으로 비교, 검토하는 연구

개념(concept): 일정한 현상을 일반화하여 언어나 수학적 기호 등을 이용해 추상적으로 표현한 것

개념적 정의(conceptual definition): 어떤 개념을 다른 개념들로 재규정하는 것

검사자 간 신뢰도(inter-rater reliability): 2명 이상의 채점자들이 채점을 하고 서로 간의 일치도를 분석하여 확인하는 신뢰도

검사-재검사 신뢰도(test-retest reliability): 검사를 두 차례 실시한 뒤 두 시기의 점수 간 상관계수로 확인하는 신뢰도. 검사의 시간적 안정성을 반영함

검증(test): 어떤 주장이 맞는지를 확률을 적용하여 알아내는 과정

검증가능성(testability): 경험적 자료를 이용해 옳고 그름을 확인할 수 있는지의 여부

검증력(power): 1에서 2종 오류를 뺀 값. 검증력이 크다는 것은 대립가설이 참임에도 기각할 확률이 낮다는 것을 의미함

결정계수(coefficient of determination): 회귀분석에서 결정계수란 준거변수의 전체 분산 중 회귀식에 의해 설명되는 부분의 비율을 의미함

결측치(missing data): 피검사자가 응답을 거부하여 아무런 자료 없이 비어 있는 경우

경청(active listening): 피면담자의 말을 주의 깊게 듣는 것

경험적 연구(empirical study): 특정 가설을 설정한 뒤 자료를 수집하고 분석하여 해당 가설을 검증하는 형식의 연구

경험주의(empiricism): 철저한 관찰과 경험적 인식을 통해서만 현상을 이해하려는 철학적 입장

계통적 표집(systematic sampling): 모집단의 각 요소에 번호를 할당한 뒤 일정한 번호 간격으로 표본을 추출하는 방법

고유요인(unique factor): 하나의 측정변수에만 특정적으로 영향을 미치는 요인

공변관계(covariant relationship): 하나의 개념이 변할 때 다른 개념도 함께 변하는 관계

공분산(covariance): 두 변수가 서로 관계를 가지며 분포하는 모양을 전체적으로 나타내는 분산

공존타당도(concurrent validity): 검사점수가 현재 존재하는 준거와 밀접한 정도

공통요인(common factor): 여러 측정변수에 영향을 미치는 공통적인 요인

과학(science): 검증 가능한 설명이나 예언의 형태로 지식을 구축하고 조직화하는 체계적인 활동

과학적 연구(scientific research): 과학적 방법을 이용해 수행하는 연구

교조주의(dogmatism): 기존의 학설이나 이론의 명제를 종교의 교조(dogma)와 같이 취급하면서, 연역적인(deductive) 방법을 통해서만 새로운 사실을 이해하려는 태도나 입장

구간추정(interval estimation): 추정의 결과를 구간과 확률로 나타내는 추정

구성타당도(construct validity): 검사도구가 특정 구성개념을 정확히 측정하는 정도

구성개념(construct): 추상적이고 잠재적인 개념

구조모형(structural model): 구조방정식모형에서 잠재변수들 간의 관계를 나타내는 경로모형 부분

구조방정식(structural equation modeling): 측정변수나 잠재변수들 간의 관계에 대한 가설을 검증하는 이론 기반의 데이터 분석기법

구조화된 인터뷰(structured interview): 질문의 내용과 응답을 채점하는 방식이 구체적으로 정해진 인터뷰

군집표집(cluster sampling): 모집단이 여러 개의 군집으로 구분될 수 있을 때, 전체 모집단을 대표하는 군집을 선정하여 표본을 추출하는 방법

귀무가설/영가설(null hypothesis): 연구가설의 반대가설로 자료를 통해 기각하고자 하는 가설

긍정심리학(positive psychology): 인간의 긍정적 측면, 특히 인간의 긍정적 경험과 특질, 긍정적 조직에 대해 체계적으로 연구하는 학문 분야

기술(description): 개념 등을 이용하여 현상을 있는 그대로 묘사하는 것

기술통계(descriptive statistics): 특정 집단의 속성을 숫자를 이용하여 기술하는 것과 관련된 통계학

내용타당도(content validity): 도구가 측정하고자 하는 것의 내용 영역을 잘 반영하고 있는 정도. 일반적으로 관련 전문가가 판단함

내적 일관성/내적 일치도(internal consistency): 한 검사의 문항들이 동일한 속성을 측정하는 정도

내적 타당도(internal validity): 인과적 관계를 검증하는 연구에서 특정 개념들의 인과관계가 보장되는 정도. 제3변수의 효과가 잘 통제될수록 내적 타당도가 높아짐

다변량분산분석(multivariate analysis of variance): 종속변수가 2개 이상인 분산분석

다변량분석(multivariate analysis): 종속변수가 2개 이상인 분석

다중공선성(multicollinearity): 회귀분석에서 예측변수들 간에 상관관계가 강하여 예측변수들의 설명력을 과대 추정하게 되는 문제

단변량분석(univariate analysis): 종속변수가 하나인 분석

단순무작위표집(simple random sampling): 모집단의 각 요소에 번호를 할당한 뒤 난수표나 컴퓨터 프로그램 등을 활용하여 무작위로 표본을 추출하는 방법

단순주효과(simple main effect): 분산분석에서의 단순주효과란 하나의 독립변수 수준에 따른 다른 독립변수의 효과를 의미함

단위사상(elementary events): 특정 표본공간의 단위 원소

독립변수(independent variable): 두 변수가 인과관계를 맺고 있을 때 원인에 해당하는 변수

등간척도(interval scale): 속성의 다름과 크기 차이에 대한 정보를 제공할 뿐만 아니라, 수치 사이의 간격까지 동일한 척도

디브리핑(debriefing): 연구절차가 마무리된 뒤에 연구자가 참여자에게 실시하는 면담

라포르(rapport): 면담자와 피면담자가 서로를 협력적인 관계로 인식하는 상태

라틴방격설계(Latin-square design): 반복측정설계에서 각 처치가 각 시점에 동일한 빈도로 나타나도록 배치하는 설계

매개변수(mediating variable): 어떤 두 변수의 인과관계를 매개하는 변수

메타분석(meta-analysis): 여러 연구에서 추출된 계량적 연구결과를 통합적으로 분석하는 통계적 방법

명목척도(nominal scale): 대상을 그 특성에 따라 특정한 카테고리로 분류하여 기호를 부여하는 척도

명제(proposition): 참과 거짓을 판별할 수 있는 의미 있는 평서문. 일반적으로 개념에 대한 기술을 담고 있거나 개념들 간의 관계에 대한 내용을 포함함

모수(parameter): 모집단의 속성

모수 통계(parametric statistics): 종속변수의 정규성을 가정한 통계

모집단(population): 연구대상이 되는 전체 집단

무선변수(random variable): 표본공간(sample space)상에서 정의된 실수 함수로, 표본공간을 정의역으로 하고 실수를 공역으로 하며, 표본공간상에 있는 모든 단위사상에 대해 실수를 할당하는 규칙

무작위배치(randomization/random assignment): 연구 참여자를 무작위로 실험집단과 통제집단에 할당하는 것

무작위추출/무선추출(random sampling): 모집단에서 무작위로 표본을 추출하는 것

문헌검토(literature review): 특정 주제를 다룬 기존의 연구들을 체계적으로 검토하는 것

반복측정설계(repeated measures design): 종속변수를 여러 차례에 걸쳐 반복적으로 측정하는 실험설계

반분신뢰도(split-half reliability): 검사의 문항들을 반으로 나눈 뒤 두 묶음 간의 상관계수로 확인하는 신뢰도. 검사의 내적 일치도를 반영함

반영(reflection): 피면담자의 말에 담긴 정서적 내용을 파악하여 언어적으로 다시 전달해 주는 것

반증주의(falsification): 어떤 아이디어가 틀렸다는 것을 확인하려는 목적으로 자료를 이용해야 한다고 보는 입장. 자료를 통해 어떤 아이디어가 틀렸음을 확인하고 잠정적으로 다른 대안을 채택함

범위(range): 최곳값과 최젓값의 차이

변별타당도(discriminant validity): 이론적으로 관련이 없는 변수들과 실제로 구별되는 정도

변산도(variability): 수집된 자료의 값이 흩어진 정도

변수(variable): 개념을 수치로 표현한 것. 때로는 변화하는 수치로 표현할 수 있는 개념 자체를 의미하기도 함

부분매개(partial mediation): 매개모형에서 독립변수와 매개변수, 매개변수와 종속변수의 관계가 독립변수와 종속변수 관계의 일부를 설명하는 경우

분산(variance): 편차를 제곱하여 모두 더한 뒤 전체 자료 수로 나눈 값

분산분석(analysis of variance): 분산을 분석하여 평균치들의 차이 유의도를 검증하는 방법. 차이를 검증하는 평균치가 3개 이상일 때 사용함

비모수 통계(nonparametric statistics): 종속변수가 정규성 가정을 만족하지 않아도 사용할 수 있는 통계모형 혹은 기법

비율척도(ratio scale): 명목척도와 서열척도, 등간척도의 특성을 모두 포함하고 있으며, 비율에 대한 정보까지 제공하는 척도. 절대영점을 가지고 있어 모든 산술적 연산이 가능함

비확률표집(non-probabilistic sampling): 확률에 기반하기보다 현실적인 접근 가능성이나 편의 등에 기반해서 실시하는 표집

사회적 바람직성 편향(social desirability bias): 다른 사람들에게 바람직한 모습으로 보이도록 반응하는 경향

산포도(scatter plot): 직각 좌표계에서 두 변수에 대응하는 관측값을 점들로 표시한 그림

상관계수(correlation coefficient): 하나의 변수가 변할 때 다른 변수의 변화 패턴(선형적 변화)을 분석하여 두 변수의 관계 방향과 강도에 대한 정보를 제공하는 수학적 지표

상관관계(correlation): 두 개념 간에 선형적인(linear) 공변관계가 있는 경우

상대균형화(counterbalancing): 반복측정설계에서 모든 처치 순서를 균형화하는 것

상호작용효과(interaction effect): 독립변수가 2개 이상인 분산분석에서 독립변수들 간의 상호작용이 종속변수에 미치는 영향

서열척도(ordinal scale): 대상을 분류하고 명칭을 부여할 뿐만 아니라, 대상이 지닌 특성의 대소관계에 따라 순위를 매기는 척도

설명(explanation): 개념들 간의 인과관계를 밝히는 것

센트로이드(centroid): 각 집단의 평균 벡터

속임수(deception): 연구목적 달성을 위해 참여자를 속이는 행위

수렴타당도(convergent validity): 서로 유사하거나 이론적으로 관련이 있는 변수들과 실제로 밀접한 관계를 맺고 있는 정도

신뢰구간(confidence interval): 모집단의 평균이 포함될 가능성이 있다고 추정하는 구간

신뢰도(reliability): 측정을 반복했을 때 일관된 결과를 얻는 정도

신뢰수준(confidence level): 모집단의 평균이 신뢰구간 안에 존재할 확률

실험(experiment): 두 변수의 인과관계를 확인할 목적으로 원인에 해당하는 변수에 처치를 한 뒤 결과에 해당하는 변수의 변화를 확인하는 연구방법

실험자 효과(experimenter effects): 과제를 실시하는 실험자, 혹은 검사자의 고유한 특성이 피검사자의 반응에 영향을 미치는 현상

_____ 생리사회적 효과(bio-social effects): 성별과 나이, 인종 등 검사자의 생리사회적 특성이 피검사자의 반응에 영향을 미치는 현상

_____ 심리사회적 효과(psycho-social effects): 성격이나 유능감, 권위, 태도 등 검사자의 심리사회적 특성이 피검사자의 반응에 영향을 미치는 현상

_____ 상황 효과(situational effects): 반응에 대한 피드백과 같은 검사자의 상황적 변인이 피검사자의 반응에 영향을 미치는 현상

_____ 기대 효과(expectancy effects): 검사자가 갖는 특정한 기대가 피검사자의 반응에 영향을 미치는 현상

실험집단(experiment group): 실험처치를 받는 집단

안면타당도(face validity): 응답자가 판단하기에 측정하고자 하는 개념을 정확히 측정하는 것으로 보이는 정도

양적 자료(quantitative data): 숫자로 표현되는 자료

연구(research): 어떤 일이나 사물에 대해 깊이 있게 조사하여 이치나 사실을 밝혀내는 것

연구문제(research question): 특정 주제에 대한 내용을 다루면서 구체적인 대답이 제시될 수 있는 형태의 문제

연구설계(research design): 연구를 성공적으로 진행하기 위해 사전에 연구방법을 계획하는 것

연구주제(research topic): 연구하고자 하는 중심 개념이나 테마 등을 의미함. 연구주제는 추상적이고 넓은 범위를 가진 상위 주제에서부터 보다 구체적이고 좁은 범위를 가진 하위 주제에 이르기까지 다양한 수준을 가지고 있음

연속무선변수(continuous random variable): 표본공간에서 취하는 값이 연속집합인 경우의 무선변수

연속척도(continuous scale): 척도 단위 간의 간격이 동일한 척도

연속확률분포(continuous probability distribution): 연속무선변수의 확률분포

연습효과(practice effect): 동일한 과제를 반복 수행함에 따라 과제의 방법이나 자극 등에 익숙해져 수행이 향상되는 현상

예언타당도(predictive validity): 검사점수가 미래에 나타날 관련 행동이나 현상(미래의 준거)을 예언하는 정도

예측(prediction): 특정 개념의 상태를 통해 미래의 다른 개념의 상태를 예상하는 것

완전매개(complete mediation): 매개모형에서 독립변수와 매개변수, 매개변수와 종속변수의 관계가 독립변수와 종속변수의 관계를 모두 설명하는 경우

왜도(skewness): 확률분포의 비대칭성을 나타내는 지표

외적 타당도(external validity): 연구에서 도출한 결과가 일반화될 수 있는 정도. 연구참여자의 특성 및 연구 환경이 실제와 유사할수록 외적 타당도가 높아짐

요인분석(factor analysis): 측정변수들 간의 상관관계를 분석하여 측정변수들 이면에 숨어 있는 잠재변수 구조를 분석하는 기법

요인설계(factorial design): 2개 이상의 독립변수 효과를 동시에 확인할 수 있도록 집단을 구성하여 실험을 실시하는 설계법

유의성 검증(significance test): 유의수준과 유의확률을 비교하여 영가설 채택 여부를

판단하는 검증 방법

유의수준(significance level): 최대로 부담할 수 있는 1종 오류의 한계치

유의확률(significance probability): 검증통계량보다 더 극단적인 값이 얻어질 확률

이론(theory): 사물의 이치나 지식 따위를 해명하기 위해 정연하게 일반화한 명제들의 체계

이산무선변수(discrete random variable): 표본공간에서 취하는 값이 이산집합인 경우의 무선변수

이산확률분포(discrete probability distribution): 이산무선변수의 확률분포

이상치(outlier): 정상적인 범위를 벗어난 자료

이원분산분석(two-way analysis of variance): 집단 혹은 조건을 구분하는 기준이 2개인 분산분석

인용지수(citation index): 해당 학술지에 실린 논문들이 얼마나 많이 인용되는지를 지수로 구성한 것

일원분산분석(one-way analysis of variance): 집단 혹은 조건을 구분하는 기준이 1개인 분산분석

임계치(critical value): 유의수준을 도출하는 통계량 값

입증주의(verification): 어떤 아이디어와 일치하는 자료를 찾아 아이디어의 타당성을 확인하고자 하는 입장

자기보고형 질문지(self-reports): 피검사자가 직접 문항을 읽고 답하도록 구성한 측정도구

잠재변수(latent variable): 측정변수들 이면에 있으면서 측정변수들 간의 상관관계에 영향을 미칠 것으로 예상되는 가상적인 변수. 요인(factor)이라 부르기도 함

재진술(restating content): 피면담자의 말에 담긴 사실적 내용을 간단히 요약하거나 다른 말로 바꿔 다시 말해 주는 것

적합도지수(fit index): 연구자가 구성한 잠정적인 모형과 실제 자료의 일치 정도를 분석하기 위해 개발된 지수

전제(premise): 논리적인 추론을 할 때 결과의 기초가 되는 명제로 이론을 구성하는 명제들의 토대를 이룸

전통적/서술적 개관(traditional or narrative review): 연구자가 정한 특정 기준에 따라 연

구결과들을 선별적으로 수집하여 비교분석하는 개관연구

점추정(point estimation): 추정의 결과를 하나의 값으로 나타내는 추정

정규분포(normal distribution): 평균값을 중심으로 좌우 대칭이며 표준편차가 클수록 완만한 곡선을 그리는 연속확률분포

정규성(normality): 종속변수가 정규분포를 따르는 것

조작/처치(manipulation/treatment): 두 변수의 인과관계를 확인할 목적으로 원인에 해당하는 변수의 변화를 유발하는 작업

조작적 정의(operational definition): 특정 개념을 구체적이고 측정할 수 있는 조건으로 기술하는 것

조작확인(manipulation check): 실험조작이 적절히 이루어졌는지를 확인하는 절차

조절변수(moderating variable): 어떤 두 변수의 관계 강도를 변화시키는 다른 변수

조절효과(moderation effect): 두 변수의 관계 강도가 다른 한 변수에 의해 변하는 현상

종속변수(dependent variable): 두 변수가 인과관계를 맺고 있을 때 결과에 해당하는 변수

주성분분석(principle component analysis): 데이터 축약을 목적으로 데이터를 보다 간명하게 설명하는 주성분을 추출하는 분석기법. 요인분석과 유사한 공식을 갖지만 고유요인을 0으로 가정하고 분석을 진행한다는 점이 다름

주효과(main effect): 분산분석에서의 주효과란 특정한 하나의 변수가 종속변수에 미치는 영향을 의미함

준거타당도(criterion validity): 도구가 측정하려고 하는 개념의 외부준거(external criterion)와 관련을 맺고 있는 정도

준실험설계(quasi-experimental design): 통제집단을 설정하지만 무작위배치는 실시하지 않는 실험설계

중심경향(central tendency): 자료에서 얻어진 값들이 어떤 값을 중심으로 몰리는 경향

중심경향치(measure of central tendency): 중심경향을 나타내는 특정한 값

중심극한정리(central limit theorem): 모집단의 분포와 관계없이 표본의 크기가 커지면 ($n \geq 30$) 표본평균의 분포가 정규분포를 따른다는 정리

중앙치(median): 관측값을 크기 순서로 배열했을 때 가운데 위치하는 값

지식체계(knowledge system): 특정 주제에 대한 과학적 연구들에 의해 수집된 개별적 지식들이 일관된 논리에 따라 조직되어 체계를 이루고 있는 것

진실험설계(true experimental design): 통제집단을 설정하고 실험집단과 통제집단에 무작위배치를 실시하는 실험설계

질적 자료(qualitative data): 숫자 이외의 방법으로 표현되는 자료

첨도(kurtosis): 중심경향치를 중심으로 자료가 집중되어 있는 정도를 나타내는 지표

체계적 개관(systematic review): 특정 연구문제를 다룬 연구들의 결과를 체계적이고 포괄적인 방식으로 수집하여 분석하는 개관연구

최대우도법(maximum likelihood method): 원하는 값이 나올 확률을 최대로 만드는 모수를 선택하는 방법

최빈치(mode): 관측값 중 가장 많이 얻어진 값

추리통계(inferential statistics): 작은 집단의 정보를 활용하여 보다 큰 집단의 속성을 유추하는 것과 관련된 통계학

추정(estimation): 표본의 통계량을 이용해 모집단의 모수를 추리하는 과정

측정(measurement): 어떤 속성을 수량화하는 것

측정모형(measurement model): 구조방정식모형에서 잠재변수들과 각 잠재변수를 반영하는 측정변수들로 구성된 부분

측정변수(measurement variable): 연구자가 측정도구를 이용하여 직접 측정하는 변수

층화(stratification): 실험설계에서 층화란 종속변수에 영향을 미칠 수 있는 중요한 변수를 파악하여 실험집단 및 통제집단 인원 할당기준으로 삼는 것을 의미함

층화표집(stratified sampling): 모집단을 여러 동질적인 하위집단으로 구분한 뒤 표본을 추출하는 방법

코딩(coding): 자료 분석을 위해 피검사자의 응답을 분석 가능한 형태로 변환하는 작업

탐색적 요인분석(exploratory factor analysis): 특정한 요인구조를 확정하지 않고 탐색적으로 요인분석을 실시하는 것

통계량(statistic): 표본의 속성. 무선변수의 수학적 결합

통계학(statistics): 데이터의 수집, 분석, 해석, 제시, 조직화 등을 다루는 수학의 한 분야

통제(control): 특정 개념을 변화시켜 다른 개념의 변화를 유도하는 것

통제집단(control group): 실험처치를 받지 않는 집단

편의표집(convenience sampling): 연구자가 접근하기에 편한 대상을 표본으로 선발하는 방법

편차(deviation): 자룟값에서 평균값을 뺀 값. 자료가 평균으로부터 떨어진 정도를 반영함

평균(mean): 모든 관측값의 합을 자료의 개수로 나눈 값

표본공간(sample space): 모든 단위사상의 집합

표본(sample): 모집단을 대표하는 보다 작은 집단

표준편차(standard deviation): 분산의 제곱근을 취하여 얻는 값

표준오차(standard error): 표집분포의 표준편차

표준정규분포(standard normal distribution): 평균이 0이고 표준편차가 1인 정규분포

표집(sampling): 모집단에서 표본을 추출하는 과정

표집분포(sampling distribution): 모집단에서 표본을 무수히 선정한 후 모든 표본에서의 통계량 값을 구하여 구성한 가상적인 분포

확률분포(probability distribution): 무선변수가 취하는 값과 각각의 확률을 나타낸 분포

확률표집(probability sampling): 모집단에 포함된 요소들의 추출확률을 고려한 표집

확인적 요인분석(confirmatory factor analysis): 특정한 요인구조를 확정하고 해당 구조가 자료와 일치하는 정도를 분석하는 것

회귀분석(regression analysis): 변수들 간의 선형적 관계에 기초하여 예측변수들로 준거변수의 변화 패턴을 설명하는 통계적 기법

효과크기(effect size): 어떤 현상의 크기 혹은 강도를 수량화한 것

제1장 심리학 연구의 기초

1. 경험주의란 철저한 관찰과 경험적 인식을 통해서만 현상을 이해하려는 철학적 입장을 말한다.

2. 입증주의의 한계는 아무리 많은 자료를 이용해도 어떤 아이디어가 참이라고 확증할 수 없다는 점이다. 이에 대한 대안으로 제시된 반증주의에서는 어떤 아이디어가 거짓임을 확인하는 수단으로 자료를 이용한다. 자료를 이용해 어떤 아이디어가 틀렸다는 것을 확증하고, 임시적으로 반대 아이디어를 받아들이는 방식을 취한다.

3. 개념이란 일정한 현상을 일반화하여 언어나 기호 등을 이용해 추상적으로 표현한 것을 의미하며, 명제란 참과 거짓을 판별할 수 있는 의미 있는 평서문을 뜻한다. 명제는 일반적으로 개념에 대한 기술을 담고 있거나 개념들 간의 관계에 대한 내용을 포함한다. 이론이란 사물의 이치나 지식 따위를 해명하기 위해 정연하게 일반화한 명제들의 체계를 말한다. 정리하면, 이론은 명제들로 구성되고, 명제는 개념들로 구성된다.

4. ①

5. 심리학 연구에서 다루는 개념들은 대부분 직접 관찰이 불가능한 것이다. 따라서 간접적인 방식을 이용하여 측정해야 하며, 이 과정에서 다양한 오류가 발생할 수 있다. 또한 심리학에서 다루는 개념들은 다양한 변수의 영향을 받는다. 따라서 인과관계를 검증하기가 매우 까다로우며, 이 때문에 제3변수를 통제하기 위한 많은 방법이 개발되어 있기도 하다.

제2장　연구주제

1. 연구주제를 선정할 때 사용할 수 있는 기준으로는 개인적 관심과 기존 지식체계의 요구, 연구 분야의 주요 흐름, 실질적 요구를 들 수 있다.

2. 개관연구가 진행되었다는 것은 많은 연구자가 관심을 가지고 있다는 것을 의미하며, 해당 주제가 지식체계 성장에 중요한 주제일 가능성이 높다는 것을 의미한다. 또한 해당 주제를 다룬 연구들이 어느 정도의 규모를 갖추었다는 것을 의미하기 때문에 중요한 개념이나 이론들에 대한 기본적 틀이 잡혀 있을 가능성이 높다. 또한 개관연구를 진행하기 위해 검토한 연구들을 모두 참고문헌으로 제시하기 때문에 지식체계를 탐색할 때 유리한 면이 있다.

3. 메타분석

4. 특정 주제와 관련된 주요 이론이나 모형은 많은 연구의 경험적 지지를 얻는 경우가 많다. 이는 해당 이론이나 모형이 진실을 반영할 가능성이 높다는 것을 의미하기 때문에, 세부 주제나 연구문제를 탐색하는 튼튼한 기반이 될 수 있다.

5. 좋은 이론의 첫 번째 기준은 반증가능성이다. 어떤 이론이든 자료를 이용해 반증 가능해야 좋은 과학적 이론이 될 수 있다. 두 번째 기준은 경제성이다. 동일한 설명력을 가지고 있다면, 보다 단순한 이론이 좋은 이론이다. '단순하다'함은 보다 적은 수의 개념과 명제를 가지고 있다는 것을 의미한다. 세 번째 기준은 예측력이다. 좋은 이론은 실제 현상을 정확히 예측하는 이론이다. 네 번째 기준은 생산성이다. 좋은 이론은 새로운 이론이나 지식의 생성을 촉진하는 이론이다. 다섯 번째 기준은 검증가능성이다. 좋은 이론은 측정 가능한 개념들로 구성되어 있어야 한다.

제3장　연구문제와 연구가설

1. 명제와 명제의 관계를 분석할 때 사용할 수 있는 방법으로는 전제의 진위 여부를 분석하는 것과 명제들 간의 관계를 논리성, 정확성, 완결성 등의 측면에서 분석하는 것을 들 수 있다.

2. 개념과 변수의 관계

3. 조절

4. 두 변수는 공변해야 하며, 원인에 해당하는 변수가 결과에 해당하는 변수보다 선행해야 하고, 두 변수의 관계에 영향을 미치는 제3변수가 없어야 한다.

제4장 연구설계의 기초와 측정

1. 연구설계의 목적은 최소한의 자원을 투입하여 완성도 높은 연구(타당도가 높은 연구)를 수행하는 것이다.

2. 내적 타당도가 인과관계를 다룬 연구에 국한된 협소한 의미를 갖는다면, 내적 타당도와 외적 타당도는 트레이드오프(trade-off)관계를 이룬다. 내적 타당도를 확보하기 위해 제3변수를 많이 통제할수록 외적 타당도는 낮아지기 때문이다.

3. 신뢰도란 측정을 반복했을 때 일관된 결과를 얻는 정도를 의미한다.

4. 검사-재검사 신뢰도를 확인하는 방법은 충분한 시간 간격을 두고 두 번에 걸쳐 검사를 실시한 뒤, 두 검사점수 간의 상관관계를 분석하는 것이다.

5. 내용타당도

6. 수렴타당도란 서로 유사하거나 이론적으로 관련이 있는 변수들과 실제로 밀접한 관계를 맺고 있는 정도를 의미한다. 변별타당도는 이론적으로 관련이 없는 변수들과 실제로 구별되는 정도를 의미한다.

7. ③, ④

제5장 상관연구 설계

1. 집단 간 평균 비교

2. B는 연속변수를 이용하여 두 집단을 구분한 뒤 평균을 비교하고 있다. 이러한 방법을 사용할 경우, 집단 구분 기준이 임의적일 수 있으며, 기준에 따라 결과가 달라지는 문제가 발생할 수 있다. 또한 자료의 정보를 충분히 활용하지 못한다는 한계도 있다.

3. C가 고려할 수 있는 대안적 측정방법은 관찰이다. 관찰은 연구자가 직접 관찰을 통해 참여자의 행동을 측정하기 때문에 기억왜곡이나 의도적인 조작을 줄일 수 있다.

4. ①

제6장 실험설계

1. 준실험설계와 진실험설계의 차이는 실험집단과 통제집단에 참여자를 할당할 때 무작위배치를 했는지의 여부이다. 무작위배치를 실시하여 두 집단 간 동질성을 확보한 경우를 진실험설계라 하고, 무작위배치를 실시하지 않은 경우를 준실험설계라 한다.

2. 요인설계

3. B가 사용할 수 있는 설계법은 반복측정설계, 혹은 피험자내설계이다. 이 방법을 사용할 경우 하나의 조작 효과가 다음 조작에 영향을 미칠 수 있는데, 이를 이월효과라 한다.

4. 반복측정설계에서 이월효과를 제거하기 위해서는 처치/조작 순서를 무선으로 결정하거나, 상대균형화를 실시할 수 있다. 상대균형화란 모든 처치 순서를 균형화하는 것을 말한다. 처치의 수가 많을 경우에는 라틴방격설계를 실시하기도 한다. 라틴방격설계란 각 시점에 각 처치가 동일한 빈도로 나타나도록 배치하는 설계를 말한다.

5. 처치가 5개일 경우 다음과 같이 라틴방격설계를 실시할 수 있다.

	첫 번째 처치	두 번째 처치	세 번째 처치	네 번째 처치	다섯 번째 처치
A	1	2	3	4	5
B	2	3	4	5	1
C	3	4	5	1	2
D	4	5	1	2	3
E	5	1	2	3	4

제7장 자료수집

1. ①, ②

2. 단순무작위표집은 표본의 크기가 클 경우 모집단을 잘 대표할 가능성이 높아진다. 반면, 표본의 크기가 작을 경우에는 우연에 의해 편향된 표본이 추출될 수 있다. 이러한 한계를 보완하기 위해 사용할 수 있는 방법은 층화표집이다. 층화표집은 모집단을 여러 동질적인 하위집단으로 구분한 뒤 각 집단에서 무작위 표본을 추출하는 방법이다.

3. 군집표집이란 모집단이 여러 개의 군집으로 구분될 수 있을 때, 전체 모집단을 대표하는 군집을 무작위로 선정하여 표본을 추출하는 방법이다. 이 방법은 각 군집이 모집단을 잘 대표할 때 유용한 방법이다. 각 군집이 서로 이질적일 경우에는 무작위로 선정된 군집이 모집단의 특성을 잘 대표하지 못할 가능성이 있다.

4. 우선 경청과 재진술, 반영의 기술을 적절히 사용할 수 있다. 또한 솔직하고 개방적인 태도와 피면담자를 존중하는 태도, 피면담자의 상황을 이해하여 적절히 반응하는 등의 방법을 사용하면 면담자-피면담자의 신뢰관계를 강화할 수 있다.

5. A는 과제를 이용해 자료를 수집하려는 계획을 가지고 있다. 과제를 이용한 자료수집에서 주의해야 할 검사자/실험자 특성으로는 성별과 같은 생리사회적 효과와 성격이나 태도와 같은 심리사회적 효과, 피검사자의 피드백과 같은 상황 효과, 검사자의 기대 효과 등을 들 수 있다.

제8장　자료분석

1. 결측치 사례를 제거하는 첫 번째 방법은 어떤 변수이든 간에 결측치가 있는 사례는 모두 제거하는 방법이다(listwise deletion). 예컨대, 100명을 대상으로 40개의 변수 데이터를 모았는데, 이 중 1명의 20번 변수 자료가 비어 있고 다른 1명의 10번 변수 자료가 비어 있다면, 해당 참여자들의 데이터를 모두 삭제하는 것이다. 두 번째 방법은 분석에 사용되는 변수에서 결측이 나타난 사례만 제거하는 방법이다(pairwise deletion). 예컨대, 두 변수의 상관분석을 실시하고자 할 때 해당 변수들에서 결측치가 나타난 사례만 제거하고 분석을 진행하는 것이다.

2. 결측치 제거 시 자료의 손실이 너무 클 경우에는 특정 수치를 입력하는 방식을 사용할 수 있다. 여기에는 무작위 수치를 입력하는 방법과 중심경향치를 입력하는 방법, 회귀식 등의 공식을 이용하여 예측된 값을 입력하는 방법 등이 포함된다.

3. 먼저, 참여자가 의도적으로 응답을 왜곡한 경우에 심각한 오류가 담긴 자료가 수집될 수 있다. 또한 참여자가 무성의하게 응답한 경우에도 유사한 문제가 발생할 수 있다. 마지막으로, 연구자가 참여자의 응답을 처리하는 과정에서 실수를 했거나, 혹은 기계적인 처리 과정에서 오류가 발생한 경우에도 같은 문제가 나타날 수 있다.

4. 회귀분석

5. 분산분석

제9장 논문작성 및 투고

1. 참여자 모집방법과 기준, 참여자 수, 전체 참여자의 특성(예: 성별, 인종 구성비율)을 파악할 수 있는 정보, 참여자에게 지급한 보상의 내용, 기타 학술지에서 요구하는 정보(예: 연구윤리심의위원회 승인번호)

2. ①, ②

3. 연구의 한계 부분에서는 연구에 내재되어 있는 다양한 한계를 기술할 수 있다. 대표적인 예로는 표본의 한계와 측정의 한계(측정방법의 한계, 측정도구의 한계), 연구설계의 한계 등을 들 수 있다.

제10장 연구윤리

1. A는 참여자에 대한 속임수를 실시한 뒤 이 사실을 알리지 않았다. 연구의 목적을 달성하기 위해 속임수를 사용한 경우에는 연구의 특정 시점에 이 사실을 반드시 알려야 한다. 일반적으로는 연구가 종료되는 시점에 참여자와 연구자가 만나 디브리핑을 실시한다. 이때 속임수에 대한 내용을 알리고 필요할 경우 정서적 안정 등을 위한 후속 조치를 취한다.

2. 첫째, 연구 참여를 거부할 수 있는 권리를 충분히 보장하지 못했을 가능성이 있다. 참여자들은 연구 참여를 거부할 경우 불이익을 받을 수 있는 사람들이기 때문이다. 둘째, 연구 참여에 대한 정당한 보상을 지급하지 않았다. 셋째, 연구 참여로 인해 받은 피해를 회복시키기 위한 후속 조치를 하지 않았다.

제11장 통계의 기초

1. ①, ②

2. 분산은 편차의 제곱합을 자료 수로 나누어 계산하는 대표적인 변산도 지표이다. 분산

은 유용한 변산도 지표이지만, 편차를 제곱해서 계산하기 때문에 편차와 단위 수준이 달라져 직관적인 해석이 어렵다. 이러한 한계를 보완하기 위해 분산의 제곱근을 구하여 단위 수준을 맞춰 준 지표가 표준편차이다. 즉, 표준편차는 분산의 제곱근이다.

3. A: 상관, B: 산포도, C: 공분산, D: 상관계수, E: 평균, F: 음(마이너스, −), G: 표준편차의 곱

4. ①, ②, ④

5. A: 2종 오류(β), B: 1종 오류(α), (1) 1종 오류(α), (2) 2종 오류(β), 검증력

6. ③, ④

▪️ 제12장 주요 통계모형

1. 유의확률이 유의수준보다 작으므로 영가설을 기각한다. 즉, 학습 프로그램은 효과가 없지 않다.

2. ④

3. 먼저, 상호작용효과를 검증한다. 상호작용효과가 유의할 경우에는 단순주효과를 검증한다. 상호작용효과가 유의하지 않을 경우에는 주효과를 검증한다.

4. ①, ②, ④

5. 외로움과 정기적인 운동의 상호작용 항에 대한 t 검증 결과가 유의하지 않으므로 영가설을 채택한다. 즉, 조절효과는 없는 것으로 판단한다.

6. 독립변수인 외로움과 종속변수인 스마트폰 사용의 관계가 유의하므로 (1)은 만족했다고 볼 수 있다. 하지만 독립변수인 외로움과 매개변수인 가상적 친밀감 욕구의 관계가 유의하지 않으므로 (2)를 만족시키지 못했다. (2)가 충족되지 못했으므로 이후의 과정은 큰 의미가 없다. 따라서 외로움과 스마트폰 사용의 관계에서 가상적 친밀감 욕구의 매개효과는 유의하지 않은 것으로 판단한다.

7. 탐색적 요인분석이란 특정한 요인구조를 미리 정하지 않고 탐색적으로 분석을 실시하는 요인분석을 말한다. 확인적 요인분석이란 요인구조를 미리 정한 뒤 그 구조가 자료와 잘 일치하는지를 확인하는 요인분석을 말한다.

8. 구조방정식과 회귀분석은 개념들 간의 관계 강도와 방향을 분석할 수 있다는 측면에서 유사하다. 하지만 구조방정식은 회귀분석과 달리 측정오차를 인정하고 분석에 포함시키는 반면, 회귀분석은 측정오차가 없다고 가정한다.

참고문헌

고려대학교 부설 행동과학연구소(1999). 심리척도 핸드북. 서울: 학지사.

서장원, 권석만(2014). 한국판 고통 감내력 부족 척도의 타당화: 한국 대학생 집단을 대상으로. 심리학회지: 임상, 33(4), 783-798.

조용래(2007). 정서조절곤란의 평가: 한국판 척도의 심리측정적 속성. 심리학회지: 임상, 26(4), 1015-1038.

한국심리학회(2012). 학술논문 작성 및 출판 지침. 서울: 박영사.

Alloy, L. B., & Ahrens, A. H. (1987). Depression and pessimism for the future: Biased use of statistically relevant information in predictions for self versus others. *Journal of Personality and Social Psychology, 52*, 366-378.

Altmann, J. (1974). Observational study of behavior: Sampling methods. *Behaviour, 49*, 227-266.

American Psychological Association. (1983). *Publication manual*. Washington, DC: American Psychological Association.

Anderson, J. C., & Gerbing, D. W. (1988). Structural equation modeling in practice: A review and recommended two-step approach. *Psychological Bulletin, 103*, 411-423.

Bandalos, D. L., & Finney, S. J. (2010). Exploratory and confirmatory factor analysis. In G. R. Hancock, & R. O. Mueller (Eds.), *Quantitative Methods in the Social and Behavioral Sciences: A Guide for Researchers and Reviewers* (pp. 93-114). New York: Routledge.

Barlow, D. H., Allen, L. B., & Choate, M. L. (2004). Toward a unified treatment for emotional disorders. *Behavior Therapy, 35*, 205-230.

Barlow, D. H., Ellard, K. K., Sauer-Zavala, S., Bullis, J. R., & Carl, J. R. (2014). The origins of neuroticism. *Perspectives on Psychological Science, 9*, 481-496.

Baron, R. M., & Kenny, D. A. (1986). The moderator-mediator variable distinction in social psychological research: Conceptual, strategic, and statistical considerations.

Journal of Personality and Social Psychology, 51, 1173−1182.

Bartlett, M. S. (1951). The effect of standardization on a Chi−square approximation in factor analysis. *Biometrika, 38*(3/4), 337−344.

Battle, J. (1978). Relationship between self−esteem and depression. *Psychological Reports, 42*, 745−746.

Beck, A. T. (1979). *Cognitive therapy of depression*. New York: Guilford press.

Beck, A. T., Brown, G., & Steer, R. A. (1989). Prediction of eventual suicide in psychiatric inpatients by clinical ratings of hopelessness. *Journal of Consulting and Clinical Psychology, 57*(2), 309−310.

Beck, H. P., Levinson, S., & Irons, G. (2009). Finding little Albert: A journey to John B. Watson's infant laboratory. *American Psychologist, 64*, 605−614.

Bentler, P. M. (1990). Comparative fit indexes in structural models. *Psychological Bulletin, 107*, 238−246.

Bentler, P. M., & Chou, C. P. (1987). Practical issues in structural modeling. *Sociological Methods & Research, 16*, 78−117.

Box, G. E. (1949). A general distribution theory for a class of likelihood criteria. *Biometrika, 36*(3/4), 317−346.

Brown, M. B., & Forsythe, A. B. (1974). Robust tests for the equality of variances. *Journal of the American Statistical Association, 69*, 364−367.

Brown, R. A., Lejuez, C. W., Kahler, C. W., Strong, D. R., & Zvolensky, M. J. (2005). Distress tolerance and early smoking lapse. *Clinical Psychology Review, 25*, 713−733.

Burchell, B., & Marsh, C. (1992). The effect of questionnaire length on survey response. *Quality and Quantity, 26*, 233−244.

Callender, J. C., & Osburn, H. G. (1977). A method for maximizing split−half reliability coefficients. *Educational and Psychological Measurement, 37*, 819−825.

Campbell, D. T., & Fiske, D. W. (1959). Convergent and discriminant validation by the multitrait−multimethod matrix. *Psychological Bulletin, 56*, 81−105.

Campbell, D. T., & Stanley, J. C. (1963). *Experimental and quasi−experimental designs for research*. Chicago: Rand McNally & Company.

Campbell−Sills, L., Barlow, D. H., Brown, T. A., & Hofmann, S. G. (2006). Effects of suppression and acceptance on emotional responses of individuals with anxiety and mood disorders. *Behaviour Research and Therapy, 44*, 1251−1263.

Carmines, E. G., & Zeller, R. A. (1979). *Reliability and validity assessment*. London: Sage publications.

Cattell, R. B. (1966). The scree test for the number of factors. *Multivariate Behavioral Research, 1*, 245−276.

Cloitre, M. (1998). Sexual revictimization: Risk factors and prevention. In V. M. Follette, J. I. Ruzek, & F. R. Abueg (Eds.), *Cognitive−behavioral therapies for trauma*(p. 278−304). New York: Guilford Press.

Cohen, J. (1988). *Statistical power analysis for the behavioral sciences* (2nd ed.). Hillsdale, NJ: Erlbaum.

Comrey, A. L., & Lee, H. B. (2013). *A first course in factor analysis*. Hove: Psychology Press.

Creswell, J. W. (2002). *Educational research: Planning, conducting, and evaluating quantitative*. Upper Saddle River, NJ: Prentice Hall.

Cronbach, L. J. (1951). Coefficient alpha and the internal structure of tests. *Psychometrika, 16*, 297−334.

Cronbach, L. J., & Meehl, P. E. (1955). Construct validity in psychological tests. *Psychological Bulletin, 52*, 281−302.

Crowne, D. P., & Marlowe, D. (1960). A new scale of social desirability independent of psychopathology. *Journal of Consulting Psychology, 24*, 349−354.

Davis, S. F., Hanson, H., Edson, R., & Ziegler, C. (1992). The relationship between optimism−pessimism, loneliness, and level of self−esteem in college students. *College Student Journal, 26*, 244−247.

Dyer, C. (2006). *Research in Psychology: A practical guide to methods and statistics*. London: Wiley.

Elmes, D. G., Kantowitz, B. H., & Roediger III, H. L. (2011). *Research methods in psychology*. Belmont: Wadsworth publishing.

Fairbairn, C. E., & Sayette, M. A. (2013). The effect of alcohol on emotional inertia: A test of alcohol myopia. *Journal of Abnormal Psychology, 122*, 770−781.

Faul, F., Erdfelder, E., Lang, A.−G., & Buchner, A. (2007). G*Power 3: A flexible statistical power analysis program for the social, behavioral, and biomedical sciences. *Behavior Research Methods, 39*, 175−191.

Fox, J. (2006). Teacher's corner: Structural equation modeling with the sem package in R. *Structural Equation Modeling, 13*, 465−486.

Fredrickson, B. L., Mancuso, R. A., Branigan, C., & Tugade, M. M. (2000). The undoing effect of positive emotions. *Motivation and Emotion, 24*(4), 237−258.

Freeman, D., Haselton, P., Freeman, J., Spanlang, B., Kishore, S., Albery, E., ······ & Nickless, A. (2018). Automated psychological therapy using immersive virtual reality for treatment of fear of heights: A single−blind, parallel−group, randomised controlled trial. *The Lancet Psychiatry, 5*, 625−632.

Fridlund, A. J., Beck, H. P., Goldie, W. D., & Irons, G. (2012). Little Albert: A neurologically impaired child. *History of Psychology, 15*, 302−327.

Fujita, F., Diener, E., & Sandvik, E. (1991). Gender differences in negative affect and well−being: The case for emotional intensity. *Journal of Personality and Social Psychology, 61*(3), 427−434.

Furnham, A., & Brewin, C. R. (1990). Personality and happiness. *Personality and Individual Differences, 11*, 1093−1096.

Graham, J. W. (2009). Missing data analysis: Making it work in the real world. *Annual Review of Psychology, 60*, 549−576.

Gratz, K. L. (2003). Risk factors for and functions of deliberate self−harm: An empirical and conceptual review. *Clinical Psychology: Science and Practice, 10*, 192−205.

Hallgren, K. A. (2012). Computing inter−rater reliability for observational data: An overview and tutorial. *Tutorials in Quantitative Methods for Psychology, 8*, 23−34.

Hancock, G. R., Mueller, R. O., & Stapleton, L. M. (Eds.). (2010). *The reviewer's guide to quantitative methods in the social sciences*. New York: Routledge.

Harré, R. (2002). *Great scientific experiments*. Oxford: Oxford University Press.

Harris, B. (1979). "Whatever Happened to Little Albert?" *American Psychologist, 34*, 151−160.

Hayes, A. F. (2009). Beyond Baron and Kenny: Statistical mediation analysis in the new millennium. *Communication Monographs, 76*, 408−420.

Hayes, A. F., & Rockwood, N. J. (2017). Regression−based statistical mediation and moderation analysis in clinical research: Observations, recommendations, and implementation. *Behaviour Research and Therapy, 98*, 39−57.

Hayes, S. C., Wilson, K. G., Gifford, E. V., Follette, V. M., & Strosahl, K. (1996). Experiential avoidance and behavioral disorders: A functional dimensional approach to diagnosis and treatment. *Journal of Consulting and Clinical Psychology, 64*, 1152−1168.

Haynes, S. N., Richard, D., & Kubany, E. S. (1995). Content validity in psychological assessment: A functional approach to concepts and methods. *Psychological Assessment, 7*, 238–247.

Henrich, J., Heine, S. J., & Norenzayan, A. (2010). The weirdest people in the world?. *Behavioral and Brain Sciences, 33*, 61–83.

Henson, R. K. (2001). Understanding internal consistency reliability estimates: A conceptual primer on coefficient alpha. *Measurement and Evaluation in Counseling and Development, 34*, 177–189.

Hill, C. E. (2019). *Helping skills: Facilitating, exploration, insight, and action.* Washington, DC: American Psychological Association.

Hong, S. H. (2000). The criteria for selecting appropriate fit indices in Structural Equation Modeling and their rationales. *Korean Journal of Clinical Psychology, 19*, 161–177.

Hsee, C. K. (1998). Less is better: When low–value options are valued more highly than high–value options. *Journal of Behavioral Decision Making, 11*, 107–121.

Joiner, T. (2005). *Why people die by suicide.* Cambridge, MA: Harvard University Press.

Kaiser, H. F. (1960). The application of electronic computers to factor analysis. *Educational and Psychological Measurement, 20*, 141–151.

Kalodner, C. R., Delucia, J. L., & Ursprung, A. W. (1989). An examination of the tension reduction hypothesis: The relationship between anxiety and alcohol in college students. *Addictive Behaviors, 14*, 649–654.

Kearns, N. T., Blumenthal, H., Natesan, P., Zamboanga, B. L., Ham, L. S., & Cloutier, R. M. (2018). Development and initial psychometric validation of the Brief–Caffeine Expectancy Questionnaire (B–CaffEQ). *Psychological Assessment, 30*, 1597–1611.

Klonsky, E. D., May, A. M., & Saffer, B. Y. (2016). Suicide, suicide attempts, and suicidal ideation. *Annual Review of Clinical Psychology, 12*, 307–330.

Koenker, R., Portnoy, S., Ng, P. T., Zeileis, A., Grosjean, P., & Ripley, B. D. (2018). *Package 'quantreg'.* Available at http://cran.r–project.org/web/packages/quantreg.

Kuhn, T. S. (1962). *The structure of scientific revolutions.* Chicago: University of Chicago press.

Kwak, S. G., & Kim, J. H. (2017). Central limit theorem: The cornerstone of modern statistics. *Korean Journal of Anesthesiology, 70*, 144–156.

Levitt, J. T., Brown, T. A., Orsillo, S. M., & Barlow, D. H. (2004). The effects of acceptance versus suppression of emotion on subjective and psychophysiological response to carbon dioxide challenge in patients with panic disorder. *Behavior Therapy, 35*, 747-766.

Leyro, T. M., Zvolensky, M. J., & Bernstein, A. (2010). Distress tolerance and psychopathological symptoms and disorders: A review of the empirical literature among adults. *Psychological Bulletin, 136*, 576-600.

Linehan, M. M. (1993). *Cognitive behavioural therapy of borderline personality disorder*. New York: Guilford.

Little, R. J., & Rubin, D. B. (2019). *Statistical analysis with missing data*. Hoboken: John Wiley & Sons.

MacKinnon, D. P., Fairchild, A. J., & Fritz, M. S. (2007). Mediation analysis. *Annual Review of Psychology, 58*, 593-614.

Mahalanobis, P. C. (1936). On the generalized distance in statistics. *Proceedings of the National Institute of Sciences of India, 12*, 49-55.

McHugh, R. K., & Otto, M. W. (2012). Refining the measurement of distress intolerance. *Behavior Therapy, 43*, 641-651.

Mennin, D. S., Heimberg, R. G., Turk, C. L., & Fresco, D. M. (2005). Preliminary evidence for an emotion dysregulation model of generalized anxiety disorder. *Behaviour Research and Therapy, 43*, 1281-1310.

Meyers, R. G. (2014). *Understanding empiricism*. New York: Routledge.

Nolen-Hoeksema, S., Larson, J., & Grayson, C. (1999). Explaining the gender difference in depressive symptoms. *Journal of Personality and Social Psychology, 77*, 1061-1072.

Olson, C. L. (1974). Comparative robustness of six tests in multivariate analysis of variance. *Journal of the American Statistical Association, 69*, 894-908.

Osborne, J. (2010). Improving your data transformations: Applying the Box-Cox transformation. *Practical Assessment, Research, and Evaluation, 15*, Article 12.

Paulhus, D. L., & Vazire, S. (2007). The self-report method. In R. W. Robins, R. C. Fraley, & R. F. Krueger (Eds.), *Handbook of research methods in personality* (pp. 224-239). London: Guilford.

Peirce, C. S. (1877). The fixation of belief. *Popular Science Monthly, 12*, 1-15. Reprinted In E. C. Moore (Ed.) (1972), *Charles S. Peirce: The essential writings*. New York:

Harper & Row.

Peugh, J. L., & Enders, C. K. (2004). Missing data in educational research: A review of reporting practices and suggestions for improvement. *Review of Educational Research, 74*, 525–556.

Popper, K. (1959). *The logic of scientific discovery*. Abingdon–on–Thames: Routledge.

Rachman, S. (1997). A cognitive theory of obsessions. *Behaviour Research and Therapy, 35*, 793–802.

Rencher, A. C. (2002). *Methods of multivariate analysis* (2nd ed.). New York: Wiley.

Roemer, L., Litz, B. T., Orsillo, S. M., & Wagner, A. W. (2001). A preliminary investigation of the role of strategic withholding of emotions in PTSD. *Journal of Traumatic Stress, 14*, 149–156.

Rogers, R. (2001). *Handbook of diagnositc and structured interviewing*. New York: Guilford Press.

Rokeach, M. (1954). The nature and meaning of dogmatism. *Psychological Review, 61*, 194–204.

Rosenthal, R. (2002). Experimenter and clinician effects in scientific inquiry and clinical practice. *Prevention & Treatment, 5*(1), 38.

Rosseel, Y. (2012). Lavaan: An R package for structural equation modeling and more. Version 0.5–12 (BETA). *Journal of Statistical Software, 48*, 1–36.

Rude, S., & McCarthy, C. (2003). Emotion functioning in depressed and depression–vulnerable college students. *Cognition & Emotion, 17*, 799–806.

Saklofske, D. H., Kelly, I. W., & Janzen, B. L. (1995). Neuroticism, depression, and depression proneness. *Personality and Individual Differences, 18*, 27–31.

Salkovskis, P. M. (1985). Obsessional–compulsive problems: A cognitive–behavioural analysis. *Behaviour Research and Therapy, 23*, 571–583.

Salters–Pedneault, K., Roemer, L., Tull, M. T., Rucker, L., & Mennin, D. S. (2006). Evidence of broad deficits in emotion regulation associated with chronic worry and generalized anxiety disorder. *Cognitive Therapy and Research, 30*, 469–480.

Schermelleh–Engel, K., Moosbrugger, H., & Müller, H. (2003). Evaluating the fit of structural equation models: Tests of significance and descriptive goodness–of–fit measures. *Methods of Psychological Research Online, 8*, 23–74.

Schwarz, N. (1999). Self–reports: How the questions shape the answers. *American Psychologist, 54*, 93–105.

Seligman, M. E. P., & Csikszentmihalyi, M. (2000). Positive psychology: An introduction. *American Psychologist, 55*, 5−14.

Shapiro, S. S., & Wilk, M. B. (1965). An analysis of variance test for normality (complete samples). *Biometrika, 52*, 591−611.

Shrout, P. E., & Bolger, N. (2002). Mediation in experimental and nonexperimental studies: New procedures and recommendations. *Psychological Methods, 7*, 422−445.

Simons, J. S., & Gaher, R. M. (2005). The Distress Tolerance Scale: Development and validation of a self−report measure. *Motivation and Emotion, 29*, 83−102.

Stanton, J. M., Sinar, E. F., Balzer, W. K., & Smith, P. C. (2002). Issues and strategies for reducing the length of self−report scales. *Personnel Psychology, 55*, 167−194.

Trafton, J. A., & Gifford, E. V. (2011). Biological bases of distress tolerance. In M. J. Zvolensky, A. Bernstein, & A. A. Vujanovic (Eds.), *Distress Tolerance: Theory, research, and clinical applications* (pp. 80−102). New York: The Guilford Press.

Tull, M. T. (2006). Extending an anxiety sensitivity model of uncued panic attack frequency and symptom severity: The role of emotion dysregulation. *Cognitive Therapy and Research, 30*, 177−184.

Watson, J. B., & Rayner, R. (1920). Conditioned emotional reactions. *Journal of Experimental Psychology, 3*, 1−14.

Woods, S. A., & Hampson, S. E. (2010). Predicting adult occupational environments from gender and childhood personality traits. *Journal of Applied Psychology, 95*(6), 1045−1057.

찾아보기

저자 소개

서장원(Seo, Jang-Won)

서울대학교 건축학과를 졸업하고 동 대학교 심리학과 대학원에서 임상·상담심리학 전공으로 석사 학위 및 박사 학위를 취득하였다. 서울아산병원 정신건강의학과에서 임상심리 레지던트 수련과정을 수료하였으며, 한국심리학회 공인 임상심리전문가이자 보건복지부 공인 정신건강임상심리사(1급)이다. 현재 전북대학교 심리학과 교수로 재직하고 있다. 저서 및 역서로는 『인터넷 중독』, 『심리학 개론』(공저), 『긍정 임상심리학 핸드북』(공역) 등이 있다.

심리학 연구방법의 기초

Fundamentals of Psychological Research Methods

2022년 8월 10일 1판 1쇄 인쇄
2022년 8월 20일 1판 1쇄 발행

지은이 • 서장원
펴낸이 • 김진환
펴낸곳 • (주) **학지사**

04031 서울특별시 마포구 양화로 15길 20 마인드월드빌딩
대표전화 • 02)330-5114   팩스 • 02)324-2345
등록번호 • 제313-2006-000265호

홈페이지 • http://www.hakjisa.co.kr
페이스북 • https://www.facebook.com/hakjisabook

ISBN 978-89-997-2710-8 93180

정가 18,000원

출판미디어기업 **학지사**

간호보건의학출판 **학지사메디컬** www.hakjisamd.co.kr
심리검사연구소 **인싸이트** www.inpsyt.co.kr
학술논문서비스 **뉴논문** www.newnonmun.com
교육연수원 **카운피아** www.counpia.com